Bibliothèque générale des Sciences sociales

R. Allier, G. Belot, Bon Carra de Vaux,
F. Challaye, A. Croiset, L. Dorison, E. Ehrhardt,
E. de Faye, Ad. Lods, W. Monod, A. Puech.

Morales
et
Religions

PARIS FÉLIX ALCAN

MORALES ET RELIGIONS

MORALES ET RELIGIONS

LEÇONS PROFESSÉES

A L'ÉCOLE DES HAUTES ÉTUDES SOCIALES

PAR MM.

**R. ALLIER, G. BELOT, LE BARON CARRA DE VAUX,
F. CHALLAYE, A. CROISET, L. DORISON, E. EHRHARDT,
E. DE FAYE, AD. LODS, W. MONOD, A. PUECH**

———

PARIS

FÉLIX ALCAN, ÉDITEUR

LIBRAIRIES FÉLIX ALCAN ET GUILLAUMIN RÉUNIES

108, BOULEVARD SAINT-GERMAIN, 108

—

1909

Morales et Religions, par MM. R. ALLIER, G.
BELOT, le baron CARRA DE VAUX, F. CHALLAYE. A.
CROISET, L. DORISON, E. EHRHARDT, E. DE FAYE, AD.
LODS, W. MONOD, A. PUECH. 1 vol. in·8º de la
Bibliothèque générale des Sciences sociales, cartonné
à l'anglaise. 6 fr. (Félix Alcan, éditeur.)

Cet ouvrage est constitué par la réunion d'une
série de Conférences professées à l'École des
Hautes Études sociales sur les différentes conceptions morales inhérentes à diverses formes de
la pensée religieuse. Il est précédé d'une étude
générale des rapports de la religion et de la morale
au point de vue sociologique.

*Morale et R ligion — La Morale Juive — la Mo-
rale des prophètes — Morale et religion dans l'antiquité grecque   La morale de Saint Paul — La
rencontre du christianisme et de l'hellénisme, l'école
d'Alexandrie — La morale de l'Islam — Luther —
La morale des Quakers — La morale japonaise*, tels
sont les divers sujets traités dans ce livre.

Tel qu'il est présenté, ce volume permettra.
tout en jetant quelques regards sur des
civilisations plus ou moins différentes de la
nôtre, d'embrasser à peu près, dans leur ensemble,
les principales origines de nos traditions morales
et religieuses. C'est là un motif d'intérêt plus que
suffisant pour justifier cette publication.

AVANT-PROPOS

Nous présentons au public une série de Conférences professées à l'École des Hautes Études sociales pendant l'année scolaire 1907-1908, sur les différentes conceptions morales inhérentes à diverses formes de la pensée religieuse. Nous les faisons précéder d'une étude générale des rapports de la religion et de la morale au point de vue sociologique.

Sur une question aussi vaste et aussi difficile que celle qui fait l'objet de ce volume, il eût été, en tout état de cause, malaisé de constituer un ensemble vraiment complet. Pourtant nous aurions souhaité pouvoir éviter certaines lacunes trop sensibles, que l'on ne manquera pas de constater ici, et qu'il nous faut expliquer et excuser. D'une part, en effet, certains sujets n'ont pu être traités, soit que nous n'ayons pu trouver un homme compétent qui voulût bien accepter la tâche, soit même que nous ayons été privés, par des circonstances fâcheuses, de conférences promises. D'autre part, quelques-unes des conférences réellement faites n'ont pas trouvé place ici : les unes, parce que leurs auteurs n'ont pas jugé bon de les rédiger ; d'autres, parce qu'un très respectable scrupule scientifique arrêtait celui-là même qui avait charmé et instruit son auditoire, de nous donner son exposé sur, un problème qu'il estimait encore imparfaitement résolu par la science.

Peut-être aurions-nous dû être arrêté nous-même par un scrupule de ce genre, lorsque s'est proposée à nous cette tâche ardue et sans doute prématurée de préluder à cette série d'études particulières par un examen du problème général des rapports de la morale et de la religion. Il ne manquera pas de critiques pour nous faire observer qu'il faudra sans doute encore bien des années de recherches dans le domaine exploré par les auteurs du présent volume, avant que l'histoire et la sociologie puissent répondre scientifiquement à ces simples questions préliminaires : Qu'est-ce que la religion ? Qu'est-ce que la morale ? Nous n'ignorons pas ce qu'il peut y avoir de fondé dans une telle objection et de respectable dans le sentiment qui la dicterait. Pourtant nous avons passé outre. D'abord notre travail ne pourrait être qualifié de téméraire que s'il était plus ambitieux, et nous avons surtout visé à montrer comment diverses solutions de la question se rattachaient à diverses méthodes adoptées pour la poser. Et puis, si le savoir humain, en de pareilles études, devait se taire jusqu'à ce qu'il ait découvert du définitif, quand serait-il en droit de parler ? On ne voit pas qu'en aucune matière il se soit jamais imposé une telle obligation, ni qu'il ait jamais avancé autrement qu'en

consentant à commencer par des ébauches plus ou
moins grossières. A condition d'être consciencieuse
et désintéressée, la pensée comme l'action doit consentir à certains risques. A plus forte raison, dans
des questions que pose avec instance la légitime
curiosité du public éclairé, le silence de ceux qui
savent un peu ne peut-il profiter qu'aux préjugés
moins scrupuleux de ceux qui ne savent pas du tout.

Tel que nous le présentons au public, et malgré
les lacunes que nous sommes les premiers à y
regretter, ce volume lui permettra, tout en jetant
quelques regards sur des civilisations plus ou moins
différentes de la nôtre, d'embrasser à peu près, dans
leur ensemble, les principales origines de nos traditions morales et religieuses. C'est là, pensons-
nous, un motif d'intérêt suffisant pour justifier cette
publication.

G. B.

MORALES ET RELIGIONS

I

MORALE ET RELIGION

Par G. BELOT,

Professeur au lycée Louis-le-Grand.

La question des rapports de la morale et de la religion présente pour la conscience contemporaine un intérêt particulièrement vif. D'une part, en effet, la spéculation morale s'efforce de justifier et de définir une morale indépendante des dogmes religieux, de quelque nom qu'on la désigne : morale rationnelle, morale scientifique, ou morale positive. D'un autre côté, parallèlement à cé mouvement de la pensée philosophique, un mouvement se continue et s'accentue dans la vie politique des nations civilisées, qui tend à affranchir l'État de la tutelle des Églises ou même de toute solidarité avec elles.

Mais nous devons laisser ici de côté cet aspect de la question pour n'envisager le problème qu'au point de vue sociologique. Bien qu'il ne faille jamais, suivant nous, attendre de l'histoire la solution directe des questions pratiques, morales ou politiques, elle peut cependant nous éclairer sur la vraie position de ces questions, et nous aider à démêler le sens et la portée des sentiments qui nous animent au moment où il nous faut prendre un parti dans l'action. L'histoire et la sociologie, nous l'avons montré ailleurs, ne sauraient, par elles-mêmes, nous dicter une con-

duite. Mais elles aident singulièrement à dissiper les préjugés, à affranchir notre jugement, à comprendre ce que
nous sentons, et ce que nous voulons. A la condition, il
est vrai, qu'on soit déjà exempt de prévention lorsqu'on
les aborde, ce sont de précieux et indispensables auxiliaires
de la critique.

Nous nous demanderons donc si ces deux fonctions que
nous appelons morale et religion, et que distinguent
aujourd'hui ceux même qui ne consentent pas à les séparer,
nous apparaissent dès l'origine comme différentes, ou si,
au contraire, elles se confondent tout d'abord pour ne se
différencier que d'une manière progressive. Dans le premier cas, comment comprendre l'intime union qui, en fait,
les a rendues si longtemps et si largement solidaires ?
Dans le second, comment s'explique une différenciation
qui, si elle résulte de la nature même des choses, devrait
s'être, de tout temps, manifestée en quelque mesure ?

Toutefois, avant d'en venir à l'examen de ces deux
thèses, qui semblent seules bien caractérisées, il nous faut
dire deux mots, pour la mettre hors de cause, d'une solution d'un ordre assez différent et qui a pour elle des écrivains assez autorisés, puisque de diverses manières Tiele,
Byron Jevons, A. Sabatier y adhèrent. C'est une thèse
qui rappelle celle que B. Constant développait déjà dans
son ouvrage de 1823. Elle consiste à supposer que sur un
fond de religiosité primitive et irréductible les morales et
les religions particulières se sont développées parallèlement. Les morales ne dériveraient pas des religions ni
inversement, mais elles découleraient toutes deux d'une
source commune plus profonde et plus pure, à laquelle
elles aspirent à remonter. Cette religiosité première consis-
terait essentiellement dans le « sentiment du péché », ou

comme l'écrit Tolstoï dans le « sentiment de notre limitation
au sein de l'univers infini » ; ou enfin suivant l'expression
de Sabatier, dans le sentiment de « l'âme en détresse qui
entre en commerce avec la puissance mystérieuse dont elle
sait qu'elle dépend et que dépend sa destinée ».

Une telle thèse est à mi-chemin entre une théorie purement philosophique qui essayerait de formuler une définition idéale, une notion abstraite de la religion en général,
et une thèse proprement historique et sociologique. Elle
nous présente comme un *fait* primitif ce qui suivant nous
n'est qu'une *idée* tardivement dégagée par une réflexion
religieuse assez raffinée, sous l'influence du christianisme
et même d'un christianisme assez spécial. Les thèses chrétiennes et plus spécialement protestantes sur le péché, sur
la chute, sur la révélation primitive et universelle ont évidemment inspiré cette théorie du phénomène religieux et à
cet égard elle serait déjà suspecte au point de vue historique. Des tendances et des prédilections subjectives aussi
manifestes compromettent une interprétation qui doit se
justifier par des faits, ou tout au moins par des vraisem-
blances objectives.

Or, d'une part une telle thèse apparaît comme historiquement arbitraire et même absolument invérifiable. Nulle
part on ne peut constater ce stade primordial de la religiosité, qui précéderait les religions positives les plus rudimentaires et les plus grossières. Et il est même presque
contradictoire qu'on puisse le constater, puisque la religion se bornerait alors à un état subjectif et absolument
vague, sans se manifester par aucun fait social observable,
par aucune institution définie. C'est donc bien la confusion
du fait et de l'idée qui tout d'abord rend caduque la théorie
que nous examinons.

Mais en outre elle prête au primitif des sentiments propres à une civilisation très avancée et à une certaine partie de cette civilisation. Par exemple, comme le remarque M. Durkheim[1], le sauvage ne se sent nullement en présence d'un infini. Le monde pour lui est très limité. Il l'était encore pour les Anciens, et c'est, remarque M. Boutroux, un complet revirement qui s'opère de la pensée antique à la pensée moderne, lorsque celle-ci en vient à considérer la perfection, qu'un Aristote, non sans motifs, avait cru liée à la limitation, comme exigeant au contraire l'infinitude. Si nous reprenons encore la définition de Sabatier, nous reconnaîtrons qu'il n'en est pas un élément qui convienne non seulement aux *Naturvölker*, mais même à un très grand nombre de peuples civilisés anciens ou modernes. Pour tout dire, cette définition ne conviendrait qu'à un petit nombre d'âmes chrétiennes. Peut-on parler « de l'âme en détresse » d'un Cafre ou d'un Afridi ? L'âme voluptueuse d'un adorateur d'Astarté, l'âme sanguinaire d'un sectateur d'Huitzlipochtli est-elle une « âme en détresse » ? Quelle détresse observer chez le positif disciple de Confucius ou chez le Taoiste ? A poser ainsi la question on risque vraiment de provoquer le sourire. Il y a quelque chose de plus qu'étrange à concevoir l'état mental de ces gens-là — et ces gens-là, c'est les neuf dixièmes de l'humanité — à l'image de celui des « témoins » salutistes qui s'avancent dans un *Revival* pour confesser leurs péchés, prêcher la repentance et proclamer leur conversion.

Ni le « mystère » non plus n'entoure vraiment une multitude de divinités primitives, ni le sentiment de la

1. *Année Sociologique*, 1898 (Paris, F. Alcan). Sur la *Définition du phénomène religieux*. Nous aurons plus d'un emprunt à faire à cet important article.

dépendance n'est absolu à l'égard de dieux que l'on croit pouvoir menacer ou corrompre, ni enfin la préoccupation de la « destinée » au sens où un chrétien peut l'entendre ne peuvent se constater comme des éléments constants de toutes les religions.

Abandonnons donc une thèse qui non seulement ne peut s'appuyer sur les faits, mais présente un anachronisme, mieux encore, qu'on nous passe l'expression. un « anapsychisme » trop évidents.

Restent alors en présence l'affirmation de l'identité primordiale de la religion et de la morale, et celle de leur distinction initiale et essentielle. La première est celle qu'implique la sociologie de M. Durkheim ; la seconde a été soutenue par M. L. Marillier [1] entre autres.

I

Essayons d'abord de présenter la première en la faisant provisoirement nôtre pour lui laisser, autant qu'il est en nous, tout son intérêt et toute sa force.

Cette thèse est en relation avec la méthode sociologique même que M. Durkheim a si fortement définie dans un de ses livres. Si nous voulons en effet définir sociologiquement, c'est-à-dire d'une manière objective, la morale et la religion, il est tout d'abord essentiel de nous débarrasser des notions subjectives que ces termes impliquent actuellement pour nous. Il faut faire abstraction de ce qui *pour nous* est moral ou religieux. Mainte action, qui est à nos yeux foncièrement immorale, a pu être moralement obligatoire dans une autre civilisation ; mainte action réputée

1. Art. *Religion* de la Grande Encyclopédie.

aujourd'hui indifférente a fait partie intégrante d'autres codes moraux, soit qu'elle y fût prescrite, soit qu'elle y fût condamnée. Les exemples pulluleraient, et sont banals. De la même manière rien n'est plus variable que le contenu des religions. Ni les croyances ni les pratiques qu'elles comportent ne peuvent donc définir la religion dans sa généralité comme fait sociologique. Et cependant nous reconnaissons bien, en gros du moins, dans les institutions d'un peuple ce que nous appelons sa religion. C'est donc que nous pouvons la caractériser ainsi, non en vertu de sa ressemblance intrinsèque avec la nôtre et de sa conformité avec nos sentiments religieux, mais en raison d'une certaine homogénéité que les diverses religions présentent dans leur forme, au point de vue de leur fonction sociale. C'est donc du dehors et comme des choses données que nous devons les regarder, et par des caractères tout d'abord extérieurs que nous devons les définir.

Si nous observons ainsi le phénomène, nous arriverons après élimination de quelques hypothèses que certaines religions ne vérifieraient pas, à la définition suivante de la religion : « Les phénomènes religieux consistent en croyances obligatoires, connexes à des pratiques définies qui se rapportent à des objets donnés dans ces croyances » ;... subsidiairement s'y trouvent également comprises « les croyances ou les pratiques facultatives qui concernent des objets similaires ou assimilés aux précédents[1] ».

Ce n'est là sans doute qu'une définition initiale destinée à nous permettre de reconnaître le fait religieux plutôt qu'à

---

1. Durkheim. *Op. cit.*, p. 22 et 28. Il est entendu que l'auteur ne prétend pas ici définir la nature même de la religion, mais nous fournir simplement une détermination première qui nous permette de discerner le phénomène religieux en vue de l'étude ultérieure ; mais celle-ci seule en ferait connaître la véritable nature.

nous le faire connaître en lui-même. Elle ne détermine pas
encore sa nature intime ni sa fonction sociale, que nous
pourrons entrevoir tout à l'heure. Pourtant, dès à présent,
le rapprochement entre la religion et la morale s'impose à
nous. En effet nous devons éviter, selon la même méthode,
non seulement de définir la morale par les exigences de
notre propre conscience, mais de la définir non plus par
aucune finalité, par aucun bien, même très général, qui
serait consciemment ou inconsciemment poursuivi par les
sociétés humaines. Et cependant, nous devons pouvoir
constituer une définition générale de la moralité, puisque si
différente que soit d'une société à une autre la règle morale
admise, toutes les sociétés ont une règle de ce genre que
nous reconnaissons assez facilement comme leur morale,
même si nous la condamnons à notre point de vue. Dès
lors, c'est uniquement par sa *forme* et non par son contenu
que la morale doit se définir, comme déjà Kant l'avait
voulu, pour d'autres raisons et au nom d'une méthode
toute différente : la morale d'un peuple c'est la règle de
conduite que ce peuple considère comme *obligatoire;* et
comme, de cette obligation, il faut au sociologue un signe
extérieur, observable, c'est l'existence de *sanctions* atta-
chées à certaines règles qui nous les signale comme cons-
tituant les éléments d'un code moral déterminé [1].

Ainsi donc l'obligation et la sanction, c'est-à-dire la
contrainte sociale exercée sur les individus, voilà le trait
essentiel par lequel se caractérisent en commun la morale
et la religion en général. Sans doute il reste une différence,
c'est que d'un côté l'obligation s'applique surtout à des
croyances, de l'autre à des actes [2]. Mais cette différence est

1. Cf. Durkheim. *Division du travail,* p. 24 et suiv. (Paris. F. Alcan).
2. Durkheim. *Année Sociolog.,* II, 1898, p. 22.

en somme relativement secondaire, puisque de part et d'autre il y aura forcément des croyances et des actions liées les unes aux autres : les croyances religieuses entraînent certaines pratiques également obligatoires, par lesquelles elles se manifestent. Inversement les pratiques morales ne sont pas sans supposer nombre de croyances, formulées ou implicites ; telles par exemple les croyances relatives à l'autorité des rois, à l'ordre familial, au respect des morts, croyances qui partout sont plus ou moins teintées d'un caractère religieux.

Peut-être, d'autre part, serions-nous tentés de trouver une autre différence entre les pratiques religieuses et les actes moralement obligatoires : c'est que les premières nous apparaissent comme essentiellement cérémonielles et symboliques, tandis que l'importance des préceptes moraux réside surtout dans la valeur intrinsèque des actes et de leurs résultats. Mais si plausible que soit à notre point de vue cette distinction, elle est loin d'être incontestable sociologiquement. A l'accepter telle quelle, on oublierait deux choses. On méconnaîtrait d'abord que la croyance religieuse spontanée est essentiellement réaliste et qu'elle attache aux cérémonies religieuses autant et plus d'efficacité qu'aux actes par lesquels nous essayons de modifier directement la réalité ; ce n'est jamais qu'une incrédulité relative qui nous fait établir entre la « pratique » religieuse et l'action réelle une distinction primitivement impossible et qui suppose déjà, avec une certaine connaissance expérimentale des choses, une critique plus ou moins avancée des croyances. On perdrait de vue ensuite que la morale commence par être surtout une sorte de « conformisme » : ce qu'on doit faire, on le fait surtout parce qu' « il le faut », parce que c'est la règle ou l'usage, et sans se référer, même

si elle existe, à la valeur des résultats; ce qui choque dans
la faute, c'est qu'elle viole l'ordre prescrit et la croyance
à l'autorité de la loi. Ainsi le formalisme qu'on reconnaît si
aisément comme un des caractères de la religion est aussi,
dans une mesure beaucoup plus large qu'il ne nous le sem-
blerait de prime abord, celui de la morale; et inversement,
si formaliste que soit la religion, elle comporte, surtout à
l'origine, la croyance à la valeur pratique de ses formalités.
Toute distinction semble donc s'effacer, à cet égard, entre
la morale et la religion.

Faisons maintenant un pas de plus[1]. Si la morale apparaît tout d'abord comme un conformisme, sa valeur consistera moins en ce qu'elle imposerait des prescriptions bien
fondées, que dans le fait même qu'elle impose des prescriptions quelles qu'elles soient. Les règles peuvent être inutiles, mais il est utile qu'il y ait une règle. Or la règle
morale, reconnaissable à son caractère socialement obligatoire, n'est pas seulement une discipline individuelle, c'est
une discipline collective : elle ne vaut pas seulement pour
ordonner chaque volonté en elle-même, elle vaut surtout
pour ordonner les diverses volontés entre elles. Elle est un
principe de cohésion sociale. Ainsi, comme nous avons
retrouvé, sous un aspect sociologique, quelque chose du
formalisme kantien, nous retrouvons aussi quelque chose
du critère kantien de l'universalité : la valeur d'une règle
morale réside à ce point de vue en ce qu'elle est une règle
commune. Quel que soit le contenu de la règle, elle établit
ainsi une communion entre les esprits et les volontés, par ce

---

1. Il va de soi que nous essayons de construire ici, à notre manière, et sous la forme qui nous paraît la plus plausible, la thèse de
l'identité originelle de la morale et de la religion. sans l'attribuer, telle
quelle, à qui que ce soit.

seul fait qu'elle a un caractère collectif, supra-individuel.

Mais si d'autre part l'ordre social est principalement fondé sur la religion, si les croyances et les pratiques religieuses sont, comme on ne peut guère le contester, le pivot même de la vie collective à ses origines, étant l'expression essentielle de l'unité d'une société, la religion à ce point de vue apparaît comme un principe moral ou, pour mieux dire, comme le principe moral formel dans toute sa pureté. C'est la religion qui contient essentiellement cette autorité supra-individuelle, supérieure même au pouvoir personnel de ses interprètes ou de ses agents, supérieure à la puissance visible des chefs politiques ou militaires qui ne commandent qu'en son nom ; c'est elle par conséquent qui est l'organe de cette discipline sociale dans laquelle nous avons vu l'essence même de la moralité.

Aucune distinction ne saurait donc être établie en principe entre la religion et la morale.

Nombre de considérations plus particulières pourraient être alléguées à l'appui de cette thèse. C'est d'abord le phénomène bien connu du *Tabou*, qu'on a coutume depuis Byron-Jevons de considérer comme le prototype de l'obligation morale, et qui a les caractères d'un phénomène religieux. C'est ensuite le rôle du *Totem* dans l'organisation des clans australiens. C'est le Totem, c'est-à-dire l'ancêtre mythique, ordinairement animal, qui définit l'individualité collective du clan, et c'est en fonction de cette idée du Totem qu'est organisée toute la vie du clan, que sont formulées toutes les règles du mariage et de la famille. Aucune distinction n'est possible dans le clan australien entre la société civile et la société religieuse. La croyance au Totem est incontestablement homogène à toutes les croyances et représentations mythiques auxquelles nous attribuons le caractère religieux dans des civilisations plus avancées, et nous la voyons présider d'une manière directe et précise à la constitution de la société et aux relations entre les personnes, c'est-à-dire qu'elle remplit une fonction morale.

Dans le même ordre d'idées, il nous suffira de rappeler le caractère *national* de toutes les religions primitives. De même que les règles de la vie morale qui nous paraissent aujourd'hui valoir d'une manière universelle entre tous les hommes ne sont d'abord reconnues qu'entre les membres d'une même société, de même l'autorité de chaque divinité est tout d'abord confinée dans les limites d'un groupe social déterminé dont elle est la divinité propre. Lui rendre un culte, c'est se reconnaître incorporé socialement au peuple de ses adorateurs ; la conquête est essentiellement consacrée par l'obligation imposée au vaincu d'honorer le Dieu ou les dieux du vainqueur, et c'est en emportant ses dieux qu'une population fugitive conserve moralement quelque chose de la patrie perdue. Et ce qui est vrai des groupes nationaux les plus étendus est vrai aussi des sous-groupes, des villes, des familles ou même des groupes qui présentent jusqu'à un certain point un caractère conventionnel, comme des corporations ouvrières. Chacun a ses dieux, a ses génies, qui personnifient le groupe et président aux obligations et aux relations personnelles qu'il comporte.

Nous sommes ainsi amenés à faire encore un pas en avant. Peut-être ici dépasserons-nous les faits et nous livrerons-nous à des conjectures impossibles à démontrer en toute rigueur. Elles semblent toutefois provoquées d'une manière très directe par les observations qui précèdent. Si aux origines on voit les frontières d'une religion et celles d'une société coïncider, si chaque divinité est la divinité d'un groupe défini, et si chaque groupe a les siennes qui lui sont propres, ne serait-ce pas que les dieux ne sont rien de plus que les symboles mêmes sous lesquels la collectivité affirme son unité, sa réalité comme être collectif ? C'est lui-même que le peuple toltèque adore en Quetzacoatl, lui-même qu'Israël adore en Jahveh. Et si la divinité en vient à s'unifier, si la religion tend à devenir universaliste, ce serait elle-même encore que l'Humanité idéalement unifiée adorerait sous le nom du Dieu unique. On sait qu'Auguste Comte prétendait substituer l'Humanité à Dieu dans sa religion ; il aimait à remplacer dans nombre de formules proverbiales ou classiques le nom de Dieu par celui de l'Humanité, et retrouvait ainsi des vérités nouvelles sous des dictons usés ou discrédités : « L'homme s'agite et l'Humanité le mène » ; « Aide-toi, l'Humanité t'aidera ». Mais il n'y avait là pour Auguste Comte qu'une construction *pratique* pour la société positive, et non une théorie sociologique. Car il ne pensait pas que ce fût elles-mêmes que les sociétés humaines aient réellement adorées sous le nom de leurs dieux, puisque suivant lui l' « état théologique » résultait essentiellement d'un besoin intellectuel, du besoin d'expliquer les choses, les phénomènes de la nature, l'univers Mais ce qu'Auguste Comte n'envisageait que comme une construction religieuse, l'école néo-positiviste semble incliner à le transformer en une théorie sociologique des origines et de la nature même de la religion. Où les sociétés prendraient-elles l'idée d'êtres mystérieux à la fois réels et impossibles à percevoir, à la fois humains et surhumains, susceptibles d'être priés, dignes surtout d'être adorés, si ce n'est dans le sentiment confus de la puissance et de la volonté collectives, transcendante aux individus, et pourtant réalisée seulement en eux et par eux ? Nous sommes en elle et elle est en nous, comme les religions les plus élevées le disent de la divinité, et elle est cependant hors de nous et distincte de notre individualité, comme elles l'affirment également. Théorie infiniment séduisante, avouons-le, et qui si elle ne peut assurément se présenter comme une vérité scientifiquement établie, constitue au moins une construction consistante et propre à interpréter avec bonheur et élégance un grand nombre de faits de la psychologie et de la sociologie religieuses.

Objectera-t-on que la plupart des dieux ont été tout d'abord des astres, des forces physiques, des êtres ou des phénomènes remarqués dans la nature extérieure pour leur puissance ou leur importance, le soleil, les astres, la mer, etc. ? On pourra encore répondre que cela importe peu. Il a bien fallu donner un corps. un substrat visible ou tout au moins imaginable à cet être moral invisible qu'était la divinité. Peu importe sous quelle figure la société s'est divinisée ; l'homme primitif a une imagination très complaisante, et il admet très aisément qu'un être est tout autre chose que ce qu'il paraît, qu'un loup est un sorcier, qu'un serpent est un démon, qu'un cygne est Jupiter. Mais le fait essentiel c'est l'acte même de la *divinisation*, c'est l'idée d'une divinité. Or une divinité, sous quelque figure qu'elle soit reconnue, ce serait toujours une puissance ayant quelque chose d'humain, et avec laquelle la société peut entrer en communication ; et l'acte qui *divinise* un être quelconque, résulterait toujours du sentiment que l'individu éprouve d'être en rapport de dépendance et de subordination, mais aussi de respect et d'amour avec une puissance humaine supérieure. Ici encore la matière divinisée serait chose secondaire et l'essentiel serait la forme même de l'idée divine, l'acte *moral* qui divinise. On pourrait dire d'une telle théorie qu'elle constitue une sorte d'animisme social. La théorie animiste consiste à supposer, comme le fait M. Spencer, que si les astres, les arbres, les fontaines sont divinisés, c'est parce qu'on y a logé des âmes humaines, les esprits des morts. Ici, ce ne sont plus les âmes individuelles dont la présence transformerait leur habitat en objets sacrés et en dieux. Ce serait l'âme collective, non pas une âme de trépassé, mais l'âme vivante, actuelle, impérissable de la société qui serait projetée ainsi dans un corps fourni par la nature extérieure à l'imagination nécessairement matérialiste de ses adorateurs.

Ainsi, en résumé la morale et la religion seraient à l'origine essentiellement une seule et même fonction d'unification et de discipline sociales, un seul et même fait de subordination de l'individu au groupe et de conscience collective.

II

Nous ne pensons pas avoir affaibli la thèse que nous venons de présenter brièvement ; et malgré tout elle nous paraît comporter des difficultés insurmontables. Peut-être ne se sont-elles effacées qu'en raison de la méthode suivie et du parti pris qu'elle impliquait de ne considérer la religion et la morale qu'au point de vue de leur pure forme. Peut-être les mettrons-nous facilement en évidence si, au lieu d'essayer de trouver d'emblée une définition générale de la religion, nous en considérons les cas les plus notoires, les plus typiques, les plus incontestés. C'est là peut-être une méthode moins savante et moins rigoureuse dans sa forme, mais elle nous semble tout aussi légitime et même inévitable. En un moment de la recherche où nous ne possédons encore aucune définition scientifique de la fonction sociale considérée, il nous faut bien prendre pour base, au risque d'exclure des faits qui seraient sur les confins imprécis du domaine religieux, les faits moyens les plus caractérisés qui en occupent le centre et présentent les traits les plus communs et les plus accusés. Du même coup nous ne laissons plus entièrement de côté le contenu des phénomènes religieux.

Dans ces conditions, nous reconnaîtrons que deux séries de croyances, dont la gamme est elle-même très étendue, forment le noyau de la plupart des religions les plus nettement caractérisées comme telles : la croyance à des êtres divins, à des dieux, et la croyance à une survivance des âmes, à un monde des morts. Nous voudrions montrer que ni les raisons, ni les objets de ces croyances n'ont à l'origine un caractère moral, mais qu'au contraire ce caractère s'y ajoute après coup, et qu'il est progressivement acquis par ces croyances, pour des raisons que nous essaierons d'indiquer.

Tout d'abord, en ce qui concerne les dieux, ils paraissent avoir toujours été à l'origine des puissances naturelles. En Chine c'est Tao, le ciel, en Egypte Râ, le soleil, au Pérou Inti, le soleil et Mama-Oello, la lune, au Mexique Tlaloc, le ciel. Tout le primitif panthéon égyptien, un des plus anciens qui nous soient connus, est un panthéon naturaliste où le ciel, le soleil, la lune, le Nil, la terre sont adorés sous diverses formes et sous divers noms[1]. Il en

---

1. Pour le détail on peut se reporter à Chantepie de la Saussaye, *Manuel d'histoire des religions*, en particulier, p. 87 et suiv. de la traduction française.

est de même dans l'ancienne Babylonie où l'on sait quel rôle dominant ont joué sous les noms de Bel, de Mardouk, de Nebo, de Tammouz, les dieux soleil. Isthar est l'étoile du matin, Sûr la lune, Nibib, Saturne[1]. Les dieux de l'Époque védique ont également un caractère naturaliste à l'origine, quoique cette couche de naturalisme ait été recouverte ultérieurement par la religion des Devas plus anthropomorphiques. C'est Dyaus-pitar le ciel père, Pritthivi, la terre, Varuna, le génie des eaux[2]. Toute cette théologie primitive est une cosmogonie et non une morale ni une sociologie symbolique. Même chez les Grecs, dont la tendance anthropomorphique est si accusée, un panthéon naturaliste paraît bien avoir précédé le panthéon humanisé de l'âge classique. Toute la théogonie hésiodienne en témoigne. Ouranos, Océan, Tethys, la Terre, voilà les dieux de cette première génération céleste. Sous les divinités mêmes de l'âge classique il n'est pas difficile de retrouver ces divinités de la nature, qui non seulement n'avaient encore aucun caractère moral, mais étaient à peine conçues d'une manière anthropomorphique. Zeus c'est le ciel brillant, l'air lumineux, Apollon, le soleil, Artémis, la lune. Héra était une déesse à tête de vache, et Athéné une déesse à tête de hibou. Sous Poseidôn on peut voir un dieu-cheval, dieu de la vie agricole et de l'élevage[3]. Ainsi non seulement on ne peut pas dire qu'on retrouve l'humain et le social sous la figure de dieux empruntés à la nature, mais c'est précisément l'inverse : sous des apparences très humanisées et très anthropomorphiques des divinités relativement récentes chez qui la fonction

1. *Ibid.*, p. 129 et suiv.
2. Voir Tiele, *Manuel*, § 768 et suiv. ; Chantepie, p. 320 et suiv.
3. Chantepie, p. 521.

morale et sociale s'est accentuée, ce sont les grandes réalités de la nature extérieure que nous retrouvons divinisées. D'une manière générale on peut dire que partout où l'on peut observer plusieurs couches de religions superposées, les cultes les plus simples et les plus populaires, qu'on peut présumer les plus primitifs, sont essentiellement naturalistes et se rapprochent d'une magie plus ou moins utilitaire. C'est ce que l'on nous signale pour la Péninsule malaise [1]. D'une manière analogue nous voyons Râ, dieu solaire à l'origine, devenir après coup, par une sorte d'évhémérisme spontané, un premier roi de l'Égypte qui l'avait adoré ; il devient le Dieu national parce qu'il a été adoré par la nation, loin que ce soit la nation elle-même qui se soit divinisée sous la figure du soleil [2]. Les légendes mêmes par lesquelles les peuples ont symbolisé, en les projetant au dehors, leur propre évolution religieuse, témoignent de l'antériorité de la phase naturaliste sur la phase anthropomorphique et sociomorphique des religions. C'est ainsi que les dieux naturalistes de la Grèce barbare sont détrônés par Zeus et les dieux qui l'environnent, et que les Asuras védiques sont supplantés par les Devas qui leur ravissent l'Amrta, la boisson divine. Indra, c'est-à-dire, selon Jacobi, Ἀνήρ, l'Homme, devient alors le grand Dieu.

Ainsi l'idée d'un dieu de l'humanité ou même simplement d'un dieu de la société est une idée relativement tardive, tandis que celle de divinités de la nature semble se produire d'emblée et sans intermédiaire ; sans doute elles intéressent l'homme et les sociétés, par cela seul qu'ils sont plongés dans la nature et qu'ils en dépendent, parce que le

---

1. D'après Skeat, *Année Sociol.*, IV, p. 169.
2. Voir Chantepie de la Saussaye, p. 88.

soleil, le ciel, l'atmosphère, la mer, les fleuves, par exemple le Nil, sont les grands et évidents dispensateurs de toutes sortes de biens et de maux *communs*. Mais c'est d'abord à ce premier milieu extérieur et aux forces redoutables ou salutaires qu'il contient que s'adresse le culte des hommes, et non pas exclusivement au milieu social qui, malgré tout, ne conditionne la vie humaine qu'en seconde ligne.

Et d'ailleurs pourquoi, de tous les mystères qui l'entourent, de toutes les puissances qui le dominent, le mystère et la puissance de la société auraient-ils seuls frappé l'homme primitif, provoqué l'explication mythique qui satisfaisait sa curiosité, ou la pratique religieuse qui calmait ses craintes? A tout prendre, la société, il ne la voit pas comme telle ou plutôt, par ce qu'il en voit, il croit la connaître. C'est le sociologue qui nous révèle ce qu'elle a de mystérieux, absolument comme c'est le psychologue qui nous apprend que la vie psychique a des dessous insondables, alors que la conscience spontanée et naïve croit se saisir elle-même tout entière. Supposer que le primitif est provoqué à créer des dieux par le sentiment qu'il aurait, sans le comprendre, du Grand Être social, c'est lui prêter une âme bien moderne.

La nature extérieure, au contraire, le frappe nécessairement à la fois par son éclat, et par son mystère. En un sens il la connaît d'emblée, il la perçoit, il en éprouve directement la puissance et la domination, s'il n'en sait pas encore toute la grandeur. Et en même temps il l'ignore profondément; il ne la voit que du dehors et il sent qu'elle a des profondeurs cachées; elle lui réserve bien des surprises déconcertantes et hostiles, et pourtant elle est la source de tous ses biens. Il y a bien là de quoi expliquer l'origine de ces sentiments complexes et souvent contradictoires d'étonnement, de respect, de crainte, de défiance et de reconnaissance qui se traduisent par un culte religieux.

Mais, reprendra-t-on cependant, diviniser, faire des dieux, n'est-ce pas malgré tout former l'idée de quelque puissance infiniment respectable, digne de vénération, de prières, de sacrifice? Or quelle puissance aurait ce caractère, sinon une puissance morale? Une réalité physique, conçue comme telle, ne saurait provoquer de tels sentiments, ni de telles pratiques. Les êtres de la nature que l'on divinise ne sont donc que la figure d'une réalité d'un tout autre genre.

Mais raisonner ainsi, c'est d'abord, encore une fois, raisonner avec nos sentiments à nous, et manquer par conséquent à la première règle de méthode qu'on a posée, de ne pas être dupe de notre propre subjectivité, de ne pas prêter aux sociétés que nous étudions des idées tirées de notre propre conscience. Il est clair, en effet, que si l'adorateur du soleil avait conçu le soleil comme un être « purement physique », il ne l'eût pas « adoré ». Mais c'est précisément ce qu'il était incapable de faire. Il faut une longue expérience à l'humanité pour arriver à ces antithèses qui nous sont familières du vivant et du non-vivant, du matériel et du spirituel, du naturel et du surnaturel, etc. Comment en conclure que ce n'est pas le soleil *comme tel* qu'il adorait? Certes ce n'était pas *notre* soleil, mais c'était bien le *sien*.

On oublierait ensuite que les dieux primitifs ne sont nullement l'objet des sentiments de vénération *morale* que nos religions vouent à la divinité. Ce sont souvent des monstres que les hommes redoutent et prient, mais sans cesser pour cela de les trouver méchants et cruels. Sans doute, du seul fait qu'on les adore collectivement, que les croyances et le culte dont ils sont l'objet sont communs à tout un groupe social, résulte que la religion est dans une société un principe de cohésion. Mais c'est une raison tout à fait insuffisante pour en faire un principe moral, car on en dirait autant des conditions générales que le milieu extérieur impose à la vie collective. Le jour et la nuit, le retour des saisons, les grands phénomènes de la nature comme les débordements du Nil, déterminent toutes sortes de sentiments collectifs et d'activités communes. Il est clair qu'aucune association, qu'aucune sympathie même ne seraient possibles à des êtres dont les conditions d'existence seraient absolument différentes. La théorie naturaliste de l'origine de la religion ne rencontre donc de ce côté aucune objection solide.

Il semble constant que les dieux primitifs n'ont en eux-mêmes aucun caractère ni aucune fonction d'ordre proprement moral. Ils n'interviennent en aucune façon dans les rapports des hommes entre eux. Ce à quoi les hommes sont obligés les uns envers les autres diffère profondément de ce à quoi ils sont obligés envers les dieux. Le fait seul de l'obligation est commun, et si l'on prétend que ce fait est à l'origine un fait religieux (tabou), on peut soutenir avec autant de force que c'est dans leurs rapports entre eux que les hommes ont appris à se sentir obligés, et par conséquent aussi à se sentir obligés à l'égard des dieux. L'obligation religieuse est peut-être une extension de l'obligation morale plutôt qu'inversement. Loin d'apparaître d'emblée comme les fondateurs et les initiateurs de la morale, les dieux n'en sont donc que les bénéficiaires, pour autant qu'ils sont l'objet d'obligations *spéciales*. En tout cas, ils ne se soucient d'abord que des crimes commis à leur propre égard [1]. Sans doute ils sont ultérieurement appelés en garantie des serments, et des contrats, et en vertu de leur puissance même ils demeurent les gardiens de la moralité générale. Mais s'ils sont appelés à sanctionner cette règle, c'est qu'en un sens elle leur préexiste. Ce qui rend la chose plus frappante encore, c'est qu'à ce moment même où ils sont invoqués comme garants de la morale, ils n'y sont pas encore soumis eux-mêmes, et leur immoralité, qui cependant n'échappe pas, ne choque pas, car on ne leur demande pas d'être des *modèles*. Etant au-dessus de l'homme, ils sont au-dessus de la loi. C'est donc que l'idée de la loi est née en dehors de l'idée des dieux qui n'y ajoutent, et tardivement, qu'une sorte d'autorité extérieure, suivant un mécanisme psychologique que nous expliquerons plus loin. L'idée d'imiter la divinité et de faire consister la moralité dans cette imitation est une idée extrêmement tardive ; il faut pour qu'elle se produise que l'homme ait d'abord moralisé ses dieux. Et Aristote dit encore qu'il serait insensé de prétendre qu'on aime Zeus [2].

La moralité est donc née en dehors de la religion et pour des causes tout à fait indépendantes de la conception qu'on se faisait des dieux. La morale n'a pu faire qu'utiliser cette croyance à son profit. D'autre part les dieux restent longtemps tout à fait étrangers à la morale déjà reconnue parmi les hommes. Lors même qu'ils en arrivent à l'imposer, ils ne la pratiquent pas. Si leur immoralité finit par faire scandale, comme l'indiquent Xénophane et Platon (les apologistes chrétiens ont usé et abusé de cet argument contre le paganisme), c'est que d'abord il vient un moment où il

1. Marillier, art. cité. dans la *Grande Encyclopédie.*
2. Cf. Chantepie de la Saussaye, p. 585 : Aristote. *Ethic. Nic.,* II. 11.

semble absurde qu'on puisse exiger d'autrui une conduite
qu'on n'observe pas soi-même. Mais ce sentiment même
suppose toute une série de progrès moraux. Il a fallu que
s'efface le principe aristocratique selon lequel le souverain
est au-dessus de la loi, selon lequel le noble croit indigne
de lui de payer ses dettes. Il a fallu que la forme de la
réciprocité commence à l'emporter dans les relations
morales sur la forme unilatérale, et c'est là encore un progrès que la morale impose à la religion, car celle-ci, par
elle-même, en raison de la transcendance des dieux, n'aurait pu y parvenir. Si les dieux ont ainsi aidé l'homme à
concevoir la loi morale comme supérieure à lui-même, il
vient un moment dans le développement de la conscience,
où l'homme a dû concevoir cette même loi comme supérieure aux dieux.

Nous arriverions à des conclusions tout à fait analogues
si nous considérions les conceptions relatives à la survivance des âmes et à la vie d'outre-tombe.

Tout d'abord les causes originelles de cette croyance
aux âmes et à leur survie n'ont rien à voir avec la vie
morale. Ce sont d'abord des causes purement physiques
que nombre d'anthropologistes ont souvent mises en évidence, les ombres, les reflets. Les revenants n'ont pas
d'ombre ; Virgile dans l'Enfer du Dante n'a pas d'ombre ;
et un homme qui n'a pas d'ombre est un damné, un homme
à qui le diable a volé son âme ou qui la lui a vendue. Ce
sont ensuite des causes psychologiques, les rêves, où l'on
semble voyager dans des régions inconnues ou lointaines,
les cauchemars. Ce sont enfin des causes physiologiques,
le sommeil, les syncopes, la démence, l'épilepsie [1]. Une

1. Sur tout cet ensemble de faits on trouvera d'abondantes indica-
tions dans l'informe, mais copieuse compilation d'A. Bastian, *Beiträge*

fois née, la croyance à l'âme entraîne d'elle-même la croyance à la possibilité de sa persistance après la mort, croyance favorisée d'ailleurs par toutes sortes de causes psychologiques (les apparitions en rêve) ou sociales. Sans doute la croyance à la survie est singulièrement favorisée par l'habitude et la solidarité des groupes sociaux qui ne peuvent se résigner d'emblée à la disparition d'un de leurs membres [1]. Mais outre que cela implique l'existence d'une morale familiale beaucoup plutôt que cela ne l'explique, une telle cause ne peut avoir agi que si l'idée de la réalité propre de l'âme et de sa persistance possible était déjà acceptée. A tout prendre la mort ne saurait apparaître tout d'abord ni apparaître exclusivement comme un fait social. Elle est en premier lieu un phénomène naturel qui étonne et offusque l'homme ; il a de la peine à l'accepter et dès lors il cherche en même temps à l'expliquer et à le surmonter en admettant que la vie est l'effet d'un principe distinct et mobile capable d'abandonner le corps d'une façon définitive au décès, comme il le quitte temporairement dans le sommeil. La preuve de l'immortalité que Platon tire de ce que l'âme est la cause de la vie n'est que la forme raffinée d'une « idée sauvage ». Habitué, non sans raison, à admettre sous les choses apparentes toutes sortes de choses cachées et à expliquer ce qu'il perçoit par des causes invisibles, le primitif n'éprouve aucune difficulté à imaginer ni à accepter une telle conception ; elle n'est pas pour lui qu'un cas particulier d'un mode de penser extrêmement général.

Que les idées relatives à l'âme se forment en dehors

zu vergleichend. Psych.: die Seele. etc. Voir aussi Spencer. *Princ. de Sociol.*, I, chap. ix-xiv.

1. Cf. Hertz, *L'idée collective de la mort. Année Sociol.*. 1907.

de tout motif moral, c'est ce que confirme d'ailleurs la manière dont on se représente leur vie dans « l'autre monde ». C'est une existence misérable que celle des ombres dans l'enfer égyptien ou dans l'enfer homérique. Aussi bien, presque partout les morts sont jaloux des vivants et aspirent à reprendre vie en suçant leur sang [1]. Les devoirs que l'on s'impose à leur égard ne sont tout d'abord que des précautions contre leur malfaisance. On les enterre pour les confiner dans leur tombe et les empêcher de rôder dangereusement autour des demeures des vivants, non pour leur assurer un heureux séjour. Ce dernier motif n'est qu'une interprétation perfectionnée d'une coutume antérieure qui reconnaît de toutes autres causes.

D'un rapport enfin entre la conduite morale et l'existence dans l'autre monde, il n'est que très tardivement question. Même chez les Égyptiens chez qui de bonne heure l'idée du jugement des morts a joué un rôle si important, elle ne paraît pas du tout primitive [2]. Ici encore c'est le progrès des idées morales, leur force croissante qui leur a permis d'envahir un domaine où tout d'abord elles étaient absentes. Comme il a fallu que le sentiment moral fût devenu assez intense pour imposer aux dieux la moralité, il a fallu aussi qu'il devînt très fort pour s'irradier pour ainsi dire au delà de la vie présente. Pour croire que l'injustice et le crime ne pouvaient rester sans châtiment et que par conséquent, si l'on y échappait dans cette vie, on y restait exposé dans l'autre, il fallait que les exigences de la conscience fussent devenues singulièrement impérieuses.

Ici donc encore, c'est après coup que la moralité a péné-

1. D'où les idées très répandues sur le *vampirisme*.
2. D'après Chantepie de la Saussaye, p. 105 et 106.

tré et utilisé des idées religieuses nées en dehors. d'elle et
pour des causes absolument indépendantes.

III

Ainsi donc, malgré tout ce que pouvait avoir de plausible et même de séduisant la thèse de l'unité originelle de
la religion et de la morale, la conception contraire paraît
encore plus solide et plus directement en harmonie avec les
faits. Peut-être si nous voulons tirer cette antinomie au
clair, devons-nous remonter à la position même de la question. Si aucune solution absolument décisive ne se présente, c'est sans doute que le problème n'était pas posé
d'une façon parfaitement nette.

Nous avons tout d'abord admis cette règle de méthode,
qui nous prescrit de faire abstraction, en présence d'un tel
problème, des catégories de notre pensée actuelle. Cette
règle est assurément juste, et même évidente, dans une
certaine mesure ; et nous avons vu dans quels contresens
historiques on s'engageait en prêtant au primitif le sentiment
du « péché » et « l'âme en détresse » d'un disciple de
Calvin ou de Jansénius. Pouvons-nous cependant faire plus
ici que de laisser de côté le contenu trop particulier de
notre conscience ? Pouvons-nous oublier absolument nos
catégories ? Mais alors la question que nous posons dis-
paraîtrait elle-même. Nous demandons si la religion et la
morale se distinguent ou non à l'origine. C'est déjà dire
que *nous* les distinguons. Dès lors, ce ne pourra être que
par un artifice de dialectique que nous pourrons arriver à
déclarer qu'elles se .confondent : ce sera une formule sous
laquelle il n'y aura pas pour nous de pensée.

En termes inverses, peut-on réussir à se placer vraiment, au point de vue du primitif, à adopter la manière de penser des sociétés où, par hypothèse, les deux fonctions seraient confondues ? Mais alors la question s'évanouirait de nouveau. Il est très clair que l'indigène de ces tribus australiennes étudiées surtout par MM. Spencer et Gillen, dont Durkheim a plusieurs fois commenté et utilisé les travaux, a quelque chose comme une morale et quelque chose comme une religion. Mais il en use comme M. Jourdain faisait de la prose. Poser le problème comme ils le posent, c'est ne pas le poser, car ils ne le posent pas ; nous ne saurions attribuer à leur esprit aucune de ces catégories générales et abstraites, grâce auxquelles peut prendre naissance pour nous une telle question de philosophie sociale. Ce n'est jamais qu'en un sens très limité que nous pouvons dans des études d'histoire et de psychologie nous *mettre à la place* des hommes que nous étudions, puisqu'alors nous les *serions*, mais nous ne les *connaîtrions* plus. Nous ne pourrions avoir d'eux une pensée plus vraie que celle qu'ils ont eux-mêmes.

Mais supposons même que nous puissions réussir à faire abstraction de nos idées et à entrer complètement dans celles de l'homme antique ou sauvage que nous essayons de connaître. Nous n'aurons réussi qu'à substituer sa subjectivité à la nôtre. Nous saurons, par exemple, que *lui* ne distingue pas sa religion de sa morale. Mais en quoi cette confusion est-elle de sa part plus *vraie* et plus certaine que de notre part la distinction contraire ? Ne peut-il se tromper en confondant, aussi bien et mieux que nous en séparant ? En d'autres termes si, comme nous convie à le penser la sociologie nouvelle, les choses et les fonctions sociales ont quelque réalité distincte de l'idée que s'en font

les sociétés mêmes où on les observe, en quoi serons-nous
vraiment plus avancés et plus près de l'objectif, parce que
nous aurons expliqué ces fonctions. dans chaque milieu,
par les *croyances* propres à ce milieu ? M. Durkheim nous
a souvent enseigné que les croyances à l'aide desquelles
nous interprétons nos institutions et nos mœurs « sont des
effets avant d'être des causes[1] ». Mais les croyances du
primitif sont alors dans le même cas. En quoi sont-elles
plus adéquates que les nôtres aux réalités qu'elles pré-
tendent expliquer? Si par exemple l'Australien explique
ses pratiques exogamiques par ses conceptions totémis-
tiques, en quoi cette explication nous éclaire-t-elle sur les
causes réelles de l'exogamie? Il est infiniment probable — et
cela serait conforme à la règle objectiviste que nous venons
de rappeler — que l'exogamie préexistante a simplement
été interprétée par le totémisme et peut-être seulement
confirmée ou précisée par cette croyance, beaucoup plutôt que ce n'est le Totémisme qui aurait pu susciter de toutes
pièces l'exogamie et les interdictions sexuelles qui s'y
rattachent. Dès lors, quand on aurait établi que pour telle
ou telle société il n'est pas de morale en dehors de la religion, aura-t-on établi que cette société ne se fait pas illusion? On trouverait, parmi nos propres contemporains, une
foule de personnes qui professent expressément que sans
leurs croyances religieuses elles n'auraient aucune morale,
qui théoriquement rattachent à Dieu toutes leurs obligations,
et cependant on montrerait aisément qu'elles se trompent à
cet égard sur leur propre état d'esprit. Comment d'ailleurs,
n'ayant jamais été dans ce cas, peuvent-elles savoir
qu'elles cesseraient de respecter leurs devoirs moraux si

---

1. Voir en particulier *Année Sociologique*, I, p. 67 : *L'interdiction
de l'inceste.* et notre compte rendu, *Revue Phil.*, 1898, II.

elles cessaient de croire en Dieu? Il est clair même qu'en
fait elles éprouvent, sans y prendre garde, à l'égard du
mensonge, du meurtre, une aversion indépendante de toute
opinion religieuse ; elles admirent un acte de dévouement
sans examiner s'il est inspiré par leur religion ; elles payent
leur impôt et observent les lois sans s'être peut-être jamais
demandé quel rapport il peut y avoir entre ces obligations
et leur foi en Dieu ou en l'Église, ni comment on pourrait
déduire celles-là de celle-ci. Elles affirment donc, et très
hautement, une connexion qu'en réalité elles ne voient pas
et ne sauraient rendre explicite.

Ainsi, même si l'on pouvait établir — et nous avons vu
combien il s'en fallait — qu'historiquement tels et tels
peuples rapportent leur morale à leurs croyances religieuses,
ou n'aurait rien établi quant à l'origine réelle de leur
morale. Si nous voulons trouver une « vera causa » de la
morale, nous serons toujours obligés de la chercher dans
les *conditions réelles* de la vie sociale, et non dans les
fictions de l'imagination religieuse à l'aide desquelles on a
interprété les règles une fois formées. Que faute de pouvoir
apercevoir distinctement ces conditions on ait été amené à
les rapporter à des représentations mythiques, c'est ce que
l'on comprend aisément. Mais que ces conceptions mythiques aient pu faire surgir des prescriptions plus ou
moins heureusement adaptées à la réalité, c'est ce qu'on
ne saurait comprendre ; surtout si l'on considère que les
mythes et les religions sont infiniment divers et chan-
geants, tandis qu'une bonne partie des règles morales ont
une généralité et une persistance relativement remar-
quables. Il semble donc bien qu'une explication véritablement scientifique et sociologique de la genèse de la morale
ne doive faire intervenir les croyances religieuses qu'en

seconde ligne, pour rendre compte de certaines détermina-
tions secondaires de la moralité, dérivées directement de
ces croyances, et variant avec elles.

Dira-t-on de nouveau que les croyances et les pratiques
religieuses sont malgré tout un symbole social et comme
un signe de ralliement, que c'est le premier fondement de
l'unification et de l'ordre des collectivités ? Mais nous pourrons encore demander où est ici la cause, où est l'effet,
et si, à ce point de vue plus général aussi, la religion
n'est pas un effet avant d'être une cause. Si elle est le
signe d'une certaine unanimité sociale, c'est donc que
cette unanimité existe à quelque autre titre. Pour que la
société sente sa propre unité sous la forme de la
communauté de croyance religieuse, il faut que cette
unité lui préexiste dans une certaine mesure au moins.
La société fait sa' religion beaucoup plutôt que la religion ne fait la société. La base réelle de toute moralité est
donc donnée avant que la religion puisse en devenir une
traduction. Dire le contraire équivaudrait à dire que c'est
le mot qui crée la chose ou que c'est l'imaginaire qui fait
exister le réel.

Mais il faut maintenant nous rendre compte de plus
près du mode d'union qui s'établit entre la religion et la
morale, ainsi que de la manière dont elles se séparent; et
par là nous comprendrons mieux la valeur respective des
deux thèses que nous avons exposées.

La religion semble née d'un ensemble extrêmement
complexe de besoins et de facultés, que nous ne pouvons
prétendre analyser complètement ici. Il serait outrecuidant
de vouloir présenter en si peu d'espace et au pied levé une
théorie de la religion. Toutefois, ce qu'on peut affirmer
sans crainte, c'est qu'en tout cas le besoin de se représenter

et de comprendre les choses y a joué un rôle considérable
et probablement prépondérant à l'origine. M. Hœffding
pour qui l'essence de la religion réside, on le sait, dans
l'axiome de la « conservation de la valeur », reconnaît
cependant que « les motifs théoriques ont toujours joué un
rôle important dans le développement des conceptions religieuses », et que « chaque grande religion est apparue
dans l'histoire avec une conception du monde[1] ». M. Durkheim de son côté en faisant consister la religion tout d'abord
en « croyances obligatoires », accorde implicitement la
même thèse, puisque avant de se demander pourquoi ces
croyances prennent un caractère obligatoire, il faut bien
se demander pourquoi d'abord elles se produisent en tant
que *croyances;* le propre d'une croyance est bien de satisfaire une curiosité, de résoudre un problème. On peut donc
admettre que les croyances religieuses ont été, plutôt
encore qu'une première forme de la *morale,* une première
forme de la *pensée sociale* des choses et du monde. On
accordera d'ailleurs très facilement que la religion est la
première fonction qui s'organise *consciemment* dans la
société autour de cette pensée. Il n'est pas étonnant dès
lors que, au fur et à mesure qu'elles se manifestent et prennent conscience d'elles-mêmes, les autres fonctions sociales
semblent naître *à l'intérieur de la religion,* qu'elles en
soient comme enveloppées, qu'elles soient plus ou moins
profondément conditionnées par elle. Toutes les thèses
sociologiques qui nous montrent dans la religion « l'origine » de la famille, de l'autorité politique du droit, de la
morale, de l'art et même de la science, peuvent et doivent
donc avoir en ce sens quelque vérité. C'est sous le couvert

1. *Phil. de la religion,* trad. Schlegel, p. 14 et 15 (Paris, F. Alcan).

de la religion et d'idées religieuses que ces différentes
fonctions ont dû se manifester, par cela seul qu'elles trouvaient la fonction religieuse consciemment *organisée avant
elles*. Si l'histoire n'est que la description des apparences
et de l'ordre dans lequel elles se présentent, on pourra
donc dire qu'*historiquement* tout cela sort de la religion.
Mais en ce sens l'idée d'*origine* est une idée confuse et
ambiguë, tout à fait hétérogène à celle d'une *explication*
scientifique. Les confondre, c'est commettre un vaste *cum
hoc ergo propter hoc*. Si la statue est dans le temple, c'est
qu'elle y a été apportée du dehors; ce n'est pas le temple
qui l'a engendrée. Si la croyance religieuse a fourni à l'artiste un thème ou un stimulant, c'est qu'il y avait un
artiste et des facultés esthétiques formées en dehors d'elle.
De même pour la morale.

Nous comprendrons mieux le mécanisme des phénomènes psychiques ou sociaux, si, sans méconnaître la solidarité et l'unité organiques de l'ensemble, nous nous repré-
sentons pourtant les éléments de conscience dans l'âme,
les diverses fonctions sociales dans les sociétés, comme
des êtres plus ou moins autonomes qui travaillent à se
conserver et à se développer avec un instinct vital plus ou
moins sûr. Si, comme on l'a souvent montré, il n'y a pas
d'individualité absolue, inversement et par cela même,
il n'y a pas non plus de portion de la réalité qui n'ait
quelque existence propre et qui soit complètement absorbée
par l'être qui l'enveloppe. On a trop méconnu cette vérité
dans une récente psychologie, par réaction contre l'atomisme
associationniste. On l'a peut-être aussi trop méconnue parfois en sociologie. Si nous consentons à la rétablir, nous
reconnaîtrons aisément dans ces rapports de la religion et
de la morale des phénomènes de *symbiose des croyances*

et de *parasitisme psycho-social,* qui nous en expliqueront les diverses phases.

Trouvant tout d'abord devant elles les croyances religieuses solidement établies et organisées, les idées morales naissantes n'ont pu vivre qu'avec leur assentiment et en s'y adaptant.

A la conception religieuse essentiellement naturaliste et cosmologique, élaborée pour comprendre l'univers, se sont soudées tout naturellement des conceptions relatives à l'homme, à ses origines, à sa dépendance à l'égard des puissances supérieures. *Puisqu'il y avait des dieux,* il fallait les craindre et les honorer comme on craint et comme on honore le chef. Ils pouvaient donner des ordres, infliger des châtiments. La souffrance, la mort seraient injustes si l'homme n'avait commis quelque faute inconnue et inexpiée. Toute une série de devoirs spéciaux surgit au contact des croyances religieuses préexistantes, parce que déjà la notion d'un devoir existe et que « l'autre monde » n'est pas radicalement séparé de celui-ci.

Mais au fur et à mesure qu'elles prennent force et consistance, les idées de la conscience morale travaillent à mettre à leur service les idées religieuses. Elles obligent la divinité à s'occuper de plus en plus des affaires humaines. *Puisqu'il y a des dieux,* et que, à tout prendre leur intervention apparaît de moins en moins dans les phénomènes du monde matériel, on les utilise à garantir l'ordre social. Ils doivent punir le crime, devenir caution de la bonne foi. Ils sont là tout prêts à exprimer, à personnifier, à réaliser ces forces morales que l'on sent, dont on éprouve la réalité et les effets sans pouvoir dire où elles sont, ni ce qu'elles sont. Où est le droit ? Où réside cette force qu'on invoque quand on n'a pas la force ? D'où peut venir l'invincible chevalier qui viendra défendre et justifier Elsa seule et calomniée, sinon de ce monde du rêve et de l'idéal indéfiniment ouvert à nos affirmations ignorantes et à nos désirs impuissants ? L'autre monde et les êtres créés par l'imagination mythique fournissent ainsi un substrat opportun dont s'empare la conscience. La pensée philosophique elle-même dans l'instinctif réalisme de ses débuts ne peut guère se passer de ces supports pour les idées qu'elle élabore. C'est ainsi que jusqu'à nous la métaphysique a mis à profit le Dieu de la religion traditionnelle pour servir de sujet d'inhérence à ses concepts abstraits et issus d'une tout autre origine[1].

C'est de la même manière encore que trouvant toute prête une croyance à la vie future, d'abord simple affirmation de fait, la conscience morale s'en est emparée pour y situer les sanctions qu'elle requérait et donner à ses exigences une force nouvelle. La croyance à cette autre vie, aussi indiscutée qu'indéterminable, se prêtait sans difficulté à cette nouvelle fonction; et même elle y trouvait son compte, car cette fonction la consolidait en mettant à son actif de nouveaux motifs de croire, en intéressant à son maintien toute une nouvelle série de facultés, d'idées et de sentiments. C'était en effet une force pour la croyance en la divinité ou en la vie future que de rendre ainsi des services inattendus pour lesquels elle n'avait pas été faite. Sans doute elle se modifiait aussi en remplissant ce rôle nouveau, mais elle se consolidait en s'enrichissant.

C'est ici que nous entrevoyons un nouveau moment de cette symbiose entre les idées religieuses et les idées

---

1. Nous avons développé cette idée dans notre travail sur la *Triple origine de l'idée de Dieu*, résumé au Congrès de Philosophie de Heidelberg, sept. 1908, et publié dans la *Rev. Philosophique*, Déc. 1908.

morales. Tant que celles-ci sont relativement faibles, elles ont intérêt à s'appuyer sur des croyances plus anciennes, plus générales, plus profondément imprimées dans les esprits. Mais ces croyances religieuses dans la mesure où elles n'étaient que le produit arbitraire de l'imagination mythique devaient, nécessairement, perdre de leur force au fur et à mesure que l'expérience s'étendait sans jamais les vérifier. Les idées philosophiques ou scientifiques, au contraire, et les idées morales en particulier, reposant sur un fond de réalité solide, ne pouvaient manquer de se développer et de prendre consistance. Il devait donc arriver un moment où le contenu représentatif des idées mythiques primitives devait s'effacer presque entièrement, tandis que subsistait surtout la fonction philosophique ou morale qu'elles avaient assumées et qui restait nécessaire. Dès lors on peut dire qu'à leur tour ces croyances menacées se suspendirent avec empressement aux convictions morales moins précaires, qui avaient commencé par leur demander secours. Les rôles sont intervertis. De Dieu, de la vie future, Kant ne se *représente* plus rien, il n'*affirme* même plus rien, sinon ce que la morale lui paraît exiger. De ces idées il ne reste plus que l'affirmation de la valeur absolue de l'ordre moral, tandis que cette affirmation n'avait pu acquérir qu'avec leur aide le caractère absolu qu'on lui prête.

Ces dernières remarques jettent peut-être une lumière décisive sur la question posée, celle de l'unité ou de la dualité de la religion et de la morale. Si au lieu de considérer les *origines* de ces fonctions que, absolument parlant nous sommes peut-être incapables d'atteindre, nous considérons leur évolution progressive et le terme le plus voisin de nous de cette évolution, la méthode ainsi observée ne sera pas moins scientifique, et les résultats ne seront pas

moins objectifs, seulement ils seront nettement observables.
Or, à ce point de vue dynamique, la solution ne semble
pas douteuse. Nous apercevons que la croyance religieuse
et la morale n'ont en somme jamais eu entre elles qu'une
connexion entièrement extérieure et contingente, résultant
de ce qu'elles se sont successivement servi l'une de l'autre.
Nées dans des régions très différentes de la conscience
collective, l'une dans l'imagination mythique, qui s'efforce
d'interpréter le monde, l'autre dans les nécessités pratiques
de la vie sociale, mais développées pourtant à l'intérieur
du même organisme collectif, il a bien fallu qu'elles s'adap-
tent l'une à l'autre. Nous avons indiqué en quel sens la
religion semblait tout d'abord avoir enveloppé le droit et
la morale. Mais progressivement ils s'en séparent. La
religion, chose sociale par excellence à l'origine, devient
de plus en plus une affaire privée, qui ne regarde que l'individu et dont la société ne peut et ne doit tenir aucun
compte. Les devoirs religieux arrivent à n'être plus qu'une
classe particulière d'obligations relatives à des croyances
contingentes et de plus en plus individuelles. Le croyant le
plus fervent ne confond plus avec un malhonnête homme
celui qui n'observe pas le dimanche ou ne fréquente pas
les sacrements. Dès lors nous sommes bien obligés d'admettre que cette indépendance de la morale vis-à-vis de
la religion, même si elle a pu être à un moment donné
méconnue par la *conscience*, était cependant fondée dans
la *réalité* des choses. Aug. Comte établit, avec une rare
sûreté de vue, que si jamais l'état positif de l'esprit arrive
à l'emporter, c'est qu'en un sens il y a toujours eu un
germe de positivité qui en se développant a fini, en vertu
de sa supériorité intrinsèque, par supplanter les autres
modes de penser : « Il n'y a jamais eu, répète-t-il après

Condorcet, un dieu de la pesanteur. » De même, si à un moment donné, la morale et le droit conquièrent leur indépendance vis-à-vis de la religion, c'est que malgré tout il y a toujours eu un minimum de relations sociales directement réglées par certaines convenances réelles, sans recevoir aucune détermination des croyances religieuses. C'est cette activité « profane » qui en se développant et en s'organisant, a engendré la morale, et celle-ci a fait craquer son enveloppe religieuse. Dire que c'est la religion qui a produit la morale, c'est confondre la graine avec sa coque. Celle-ci, plus solide, protège d'abord le grain, mais c'est le grain qui germe, et qui donne la plante tandis que, éclatée et stérile, la coque pourrit dans la terre.

*
* *

Quelques mots suffiront pour conclure et pour prévenir en même temps une objection.

Dans tout ce qui précède nous n'avons pris le terme de religion que dans son acception strictement sociologique. Nous n'ignorons pas qu'on se complaît aujourd'hui à chercher et à attribuer à ce mot une signification différente, plus générale, plus psychologique, plus philosophique peut-être, voisine de celle que nous avons précisément écartée au début. De ce sens, il nous a semblé que nous n'avons ici aucun compte à tenir puisque nous n'avions affaire qu'à une question d'origine ou plutôt de genèse. Très vague et très variable d'ailleurs, l'idée dont il s'agit n'est qu'un produit de la réflexion, qui, légitime ou non, ne saurait être présenté comme l'expression d'un fait historique donné dans l'observation sociale.

Mais il y a plus. D'abord cette recherche même d'un

sens plus profond et moins variable à donner au terme de religion témoigne que la signification populaire, traditionnelle, ne suffit plus. D'autre part, c'est peut-être justement sous la pression de la conscience morale que cette transformation s'opère. Les religions traditionnelles, devenues, nous l'avons dit, affaire privée, impliquant des croyances indémontrables, incommunicables, divisent plutôt aujourd'hui les esprits qu'elles ne les unissent, et ne remplissent plus la fonction d'entente et d'union sociale qu'elles avaient exercées dans l'âge précritique. La conscience morale éprouve la nécessité de retrouver cette satisfaction et elle espère restituer cette fonction à « la religion » en la transformant radicalement, en faisant une part de plus en plus restreinte — à la rigueur elle serait nulle — aux dogmes définis et aux pratiques réglementées, qui sont le tout, ou du moins l'essentiel, des religions positives.

Cette tentative a une analogie frappante avec celle du xviiie siècle, quand il préconise sous des formes diverses la « religion naturelle ». Seulement ce siècle, plus idéologue, cherchait à définir cette religion naturelle par un minimum de dogmes philosophiques et moraux : c'était à la raison qu'on s'adressait pour rétablir la communion universelle des esprits divisés par la foi ; tandis que notre siècle, plus psychologue et plus empirique, cherche l'équivalent d'une religion naturelle dans le sentiment et l' « expérience religieuse », et tend à renvoyer dos à dos la foi littérale et la raison aprioristique.

Les hommes de foi ont toujours trouvé, non sans motif, que la « religion naturelle » n'avait d'une religion que le nom, et qu'elle usurpait d'une manière illégitime et décevante une désignation dont on n'avait pas le droit de changer le sens. Je crains que les hommes de raison ne puissent faire un reproche tout à fait analogue aux tentatives récentes dont nous venons de parler. Comment reconnaître une religion dans une pensée tout intérieure qui n'aurait aucun lien avec une tradition définie, avec cette chose essentiellement sociale qu'est une religion réelle et historiquement vivante? Ou comment cette pensée intérieure, surtout sentimentale, parviendrait-elle à rejoindre les données historiques d'une tradition définie, qui seule pourrait lui conférer un caractère religieux[1]? Tant que cette question restera sans réponse, le philosophe devra, ce nous semble, observer une complète réserve à l'égard des tentatives que nous voyons se produire pour instaurer « la religion » en dehors des religions, ou pour amener les religions à « la religion ». Seulement il ne se trompera guère, à ce qu'il nous semble, s'il juge, en spectateur impartial, que ces tentatives reviennent à réduire la religion à la morale, considérée elle-même dans son principe le plus vague et le plus indéterminé. Par une involution inverse au processus d'affranchissement que nous avons décrit, la religion se résorbe dans la morale qui seule lui donne consistance et réalité observable. Dans cette dernière transformation, la religion, elle aussi, après les autres fonctions sociales, se laïcise.

1. Voir sur ce point la dernière partie de notre mémoire précité sur la *Triple origine de l'idée de Dieu.*

II

LA MORALE JUIVE

Par L. DORISON
Doyen de la Faculté des lettres de l'Université de Dijon.

Etudier le judaïsme, c'est considérer un point de contact essentiel entre nos pays d'Europe et l'Orient. En examiner le ressort moral, c'est toucher au principe de trois religions vivantes. Aussi n'ai-je pas lieu d'étendre le champ de ma recherche. La morale des prophètes a été traitée devant vous : je me bornerai à la Loi ; j'essaierai ensuite d'apprécier la crise actuelle de la morale juive.

Je sais bien qu'à suivre cette méthode on se heurte d'emblée à l'opinion d'un très savant homme, Bénamozegh, le regretté rabbin de Livourne. D'après lui, la Loi n'offre pas matière à une étude de la morale juive, non pas même les prophètes : il faut en chercher ailleurs les documents, dans l'hébraïsme pharisien et la tradition des docteurs. On doit distinguer, disait-il, le code et la religion, la loi civile et la loi morale, sous peine d'aboutir à des conclusions fausses ou injustes. Ne confondez pas la justice et la charité, le citoyen et le monothéiste, le Juif et l'Hébreu. Le Juif est membre d'un État ; l'Hébreu, c'est le disciple et sectateur d'Abraham. Juger la morale juive d'après la morale de Moïse serait aussi équitable que de chercher la morale française dans le Code civil.

Cette distinction rigoureuse a, je crois, surtout pour origine un dessein d'apologétique. Bénamozegh mettait en parallèle la morale juive et la morale chrétienne : comme la loi de l'État juif n'est pas souple à l'égard de l'étranger, et qu'elle ne pouvait pas l'être, il y avait à trouver ailleurs les ressources nouvelles pour présenter sur ce point la morale juive avec avantage.

Mon but est tout différent.

Le temps ne paraît guère à distribuer des palmes entre les confessions. Pour toutes également, le débat porte aujourd'hui sur le fondement même de leur morale, et c'est l'honneur du judaïsme, comme ancêtre, d'avoir à parer les coups le premier, à moins qu'il ne donne le signal attendu de la transformation commune.

Vous me saurez donc gré, je l'espère, de laisser de côté toute polémique, de ne pas énumérer, par exemple, après bien d'autres, les emprunts faits par les traditions évangéliques aux écoles principales de la Judée. Ces questions, je n'en conteste pas la valeur ; elles acquièrent même une particulière importance à répondre aux prétentions de personnes qui tiendraient encore en dehors des lois de l'évolution tout un domaine sacré.

Mais tout ne serait pas dit parce que l'Évangile n'aurait pas un précepte qui lui appartînt en propre, pas même le sermon sur la montagne, pas même l'oraison dominicale, et l'on ne réussit guère à vouloir noyer le fleuve dans sa source.

Un rôle plus utile peut être assumé dans la voie des philosophes du xviiie siècle, et le premier effort consiste, semble-t-il, à ne plus tourner le dos aux religions, mais à tenter de les comprendre.

Et c'est là encore un autre ordre de difficultés préliminaires.

La Bible n'est pas seulement, comme on l'a dit naguère,
chargée d'électricité ; elle ressemble à un fleuve qui roule-
rait dans ses eaux du limon des vieux âges. Elle étale
souvent la scorie, conservée telle quelle par le travail
post-exilien. La morale juive a eu ses étapes : il y a des
degrés dans l'horrible même. Le talion judaïque a dû lutter
un long temps avant d'évincer une justice plus atroce.
Pour dénoncer l'horreur de Jahvéh, nous n'attendons pas
que Josué abaisse son javelot ou que cesse la douleur
muette au cœur d'Aharon : mais sous les dieux étrangers
qu'il combat, nous discernons des idoles plus farouches ;
nous devinons la sombre vallée où l'enfant brûle au feu
de Moloch.

Si l'on rétablit donc, en bonne méthode, dans ces études
le sens de l'histoire, on ne sera plus tenté de repousser du
pied le diamant mêlé à la cendre. Même on lira dans le
Décalogue l'annonce des Droits de l'homme. On compren-
dra que la Révolution française puisse trouver appui et
principe dans la pensée authentique de l'Ancien Testament.

I

La morale juive a son expression principale dans le Décalogue. Les Dix Paroles présentent l'idéal que doit réaliser l'israélite, l'homme qui, « voyant Dieu », veut être
saint parce que Dieu est saint.

Sous des prescriptions encore cérémonielles, trois traits
y constituent l'essentiel de la morale juive : l'esprit d'indépendance, l'esprit de famille, l'esprit de solidarité nationale. En même temps, une pensée domine le tout, savoir :
la révélation de l'égalité et l'égalité devant la révélation.

Envisagez Moïse comme le guide héros qui fonde sur
Jahveh et sa parole l'institution judiciaire, ou comme le
colosse de la légende sous le nom duquel un sacerdoce
veut pétrir et régénérer son peuple depuis le retour : des
deux parts une situation analogue apparaît, celle même
que nos pères de 1791 plaçaient sous l'égide d'un Être suprême ; il faut sortir de la maison d'Égypte ou de Chaldée,.
non pas seulement de corps, mais l'esprit pour toujours
affranchi. Selon le thème de l'Écriture, Jahvéh vient de.
prouver sa force par des coups de stupéur et de miracle :
c'est une civilisation nouvelle, un nouvel homme qui s'é-
bauche, et la foi qui fait sa force est celle de l'égalité dans
la justice. Hors des castes, hors des initiations, hors des
féodalités propriétaires et militaires un peuple s'est formé,
peuple de frères, peuple d'égaux. Jahvéh ne dit pas : « Mes
jugements sont pour les riches, mes mystères sont pour
les forts » ; il proclame : « Mes commandements et ma vie
sont pour vous tous que j'ai sauvés. » Ainsi nos pères ont
écrit dans la charte des droits : « Les distinctions ne
peuvent être fondées que sur l'utilité commune. »

Et que décrètent-ils, ces maîtres de l'opinion après le
désastre ? Ce que décrètent des hommes qui ont l'énergie
de la résurrection. Ils retournent aux principes et en décident l'inviolabilité. Pour que les Pharaons soient à jamais
impuissants contre Israël, il faut river à son principe sauveur ce peuple apprenti : la seule liberté pour cette république sera le service d'un divin Pharaon.

De là ces appels au vasselage de Jahvéh, et l'indivisi-
bilité des consciences, ou la mort. Sous sa brièveté, — au
prix de quels tâtonnements conquise ! — le Décalogue qui a
prévalu surveille avec un soin jaloux l'intégrité de la clef
de voûte. Il faut appartenir au principe corps et âme ; lui

dire : non pas moi, mais toi en moi ! Il faut être à lui, homme ou peuple : cela s'appelle être élu.

C'est alors seulement que s'inscrit au célèbre document, dans un cadre en rapport avec le caractère primitif du récit des dix plaies, la sagesse de Jahvéh avec ses devoirs élémentaires, ceux où l'homme gagne lentement sur la nature si souvent oublieuse de ses obligations, même les plus douces et les plus légères, incapable parfois de se refuser, quelque dam qu'elle cause, à l'impulsive satisfaction de la luxure, de la ruse et du droit du plus fort. La dictature de Jahvéh protégeait donc auprès de l'enfant la faiblesse future des parents vieillis, celle aussi de l'esclave, de la bête de somme, et de l'étranger après elle. Elle requérait contre l'adultère et le vol, contre le meurtre, lequel comprend et la rixe et la justice personnelle sommaire, contre le faux témoignage, contre les désirs des sens et le rongement de l'envie.

Certes, dans un code aussi court, la part semble disproportionnée qui est faite à la sauvegarde religieuse. Mais la grande lutte est inscrite au programme sacré, et elle se présente comme l'aube au seuil de la nouvelle existence. Le Décalogue offre ce roc : l'ordre humain dressé contre la passion, et il poursuit, hors des fourrés des religions orientales, la bataille engagée contre le chaos.

Ainsi se constituait l'effigie de la morale juive.

Trois vertus fondamentales y ont servi d'empreintes et ces vertus ont été constituées à Israël par sa condition presque perpétuellement misérable et glorieuse tout ensemble.

La nation juive vit sous l'oppression et sans cesse relève la tête. On vient de sortir de la servitude : elle vous guette encore. Pour les faibles, c'est toujours la déviation du caractère, le ressort qui devient inerte après qu'on l'a faussé. Pour un peuple bien trempé, voilà le terreau des vertus premières. La volonté de ne pas plier — et pour cela, fortifier le principe de l'État, se fortifier dans le principe ; — la volonté de se relever, — et dans ce dessein, multiplier le nombre des défenseurs ; la volonté de vaincre, — et pour cette raison, faire d'eux un faisceau : être indépendant, être pur, être juste dans une solidarité sincère, tels sont les trois aspects principaux de la conception morale en Israël.

Le premier mot du Décalogue est liberté : « Je suis le Seigneur ton Dieu, qui t'ai ramené de la terre d'Égypte, de la maison de servitude » (*Ex.*, xx, 2), et toute la Bible est animée de cet esprit de liberté : l'indépendance rattachée à Jahvéh. La liberté juive, lors de la révolte contre Rome, a donné sa mesure : elle l'a montrée aussi dans sa résistance à une autre Rome. De nos jours encore, en Europe, des bourreaux massacrent les juifs : ils n'ont pas raison de leur foi. La liberté juive ne peut pas compter ses martyrs. Toute la morale juive tient dans cette idée : ne pas accepter la défaite. C'est se montrer indigne du nom de juif, disait-on naguère, que de trembler devant les événements et devant les hommes : quand une nation est serve de son principe, elle sait faire surgir les Mardochée.

La nation juive est née de l'éruption de sa liberté : chaque année, chaque jour, elle se souvient de la servitude : c'est son image fondamentale, sa Pâque, sa commémoration des raisons de vivre, et son âme n'a pas été domptée.

Cette indépendance, elle accepte même de l'acheter à un prix inouï : l'isolement au milieu des peuples.

Pour mieux préserver elle-même et son principe, elle consent à se séparer des nations. Elle aspire plus haut encore, à l'hégémonie. « En tête, lui est-il dit, non en queue ! » (*Deut.*, xxviii, 13). Jahvéh l'a choisie « pour être au-dessus de toutes les nations » (*Deut.*, xxvi, 18, 19). Par l'argent, par l'esprit, elle se croit mission de subjuguer le monde. Au lendemain de la captivité, après épreuve d'aptitudes nouvelles, c'est le cri de sa vengeance, et sa force par l'espoir : « A l'étranger prête à usure; à ton frère ne prête pas ainsi » (*Deut.*, xxiii, 19-20). « Tiens quitte de sa dette ton frère; mais l'étranger, ne le tiens pas quitte. Tu prêteras à beaucoup de nations, mais toi ne te fais pas prêter; et tu régneras sur beaucoup de nations, mais elles ne régneront pas sur toi » (*Deut.*, xv, 2, 3 et 6).

Il s'agit de constituer Jérusalem exemplaire, et de faire reconnaître à tous les peuples la sagesse de ce peuple (cf. *Deut.*, iv, 6). Il se sait grand, puisque garantie lui est donnée : « Si jamais vient pour toi le temps de la dispersion, d'une extrémité à l'autre du ciel Jahvéh te ralliera » (*Deut.*, xxx, 4; cf. iv, 27).

Un second trait de la morale juive consiste dans l'esprit de famille et dans ses vertus.

Ce trait est fortement gravé dans le Décalogue, à deux reprises. Il inaugure, pour ainsi dire, la partie proprement morale de ce grand document. « Honore ton père et ta mère » (*Ex.*, xx, 12; le *Lévitique* commande la crainte), et, plus bas, sous un aspect à peine différent : « Tu ne convoiteras pas la femme de ton prochain. »

La famille pour la prospérité du peuple, et la chasteté pour la famille, ces deux idées demeurent en rapport étroit. Aux fils de Noé Dieu disait : « Croissez, multipliez, remplissez la terre et dominez-la » (*Gen.*, ix,i), et c'était à sa manière un nouveau premier commandement. En même temps, à travers la crudité et grossièreté des légendes, l'idée de la pudeur avec celle de la chasteté faisait entendre son langage (particulièrement *Gen.*, ix, 20; xxiv; xxix, 20) : car la forte base de l'esprit familial est dans la chasteté. Le *Pentateuque* poursuit de coups terribles l'impudicité et la débauche. Il faut que la vierge israélite soit un symbole de pureté parmi les nations. Comme on lapide la jeune fille qui mensongèrement s'est donnée pour vierge, le mari calomniateur meurt presque sous le bâton pour avoir infligé, dit le législateur, un mauvais renom à une vierge israélite, *parthénon israèlitin* (*Deut.*, xxii, 13). Je ne parle pas de l'inceste (*Lévit.*, xviii), mais l'adultère est-il découvert? C'est la mort pour les deux coupables (*Deut.*, xxii,22). La fiancée même qu'on surprend infidèle est mise à mort avec l'homme qui l'a aimée : elle n'a pas, dit le texte, « crié au secours » à travers le pays (*Ibid.*, 23).

La pureté des mœurs et l'abstinence hors de la famille est un des caractères fondamentaux de la morale juive à toutes les époques. Le témoignage de Philon, à cet égard, trouve encore écho même dans la vie de nos jours. On jugera peut-être excessif le parallèle qu'il établit entre la licence des jeunes gens et la continence israélite jusqu'au mariage ; la seule prétention à cette pureté des mœurs, comme observe Ernest Havet, constitue à l'actif d'Israël un titre d'honneur.

Le troisième principe moral est plus compréhensif : il s'élève de la famille à la nation, et prépare un sentiment universel, celui-là même qui s'inscrit, en principe, dans le pacte abrahamique ; mais la dureté des temps s'est faite la plus forte : Israël a dû se replier sur lui-même, et il s'est borné à formuler avec détail le statut de la fraternité dans la nation.

Le Décalogue en fournit le fondement, mais sous forme enveloppée et comme transposée au mode divin.

« Tu travailleras pendant sept jours et feras tout ton travail ; le septième est le jour du sabbat pour le Seigneur ton Dieu : tu ne feras ce jour-là aucun travail, ni toi, ni ton fils, ni ta fille ; ni ton esclave homme ou femme, ni ton âne, ni ton bétail d'aucune sorte, ni l'étranger qui demeure chez toi. Car c'est en six jours que le Seigneur a fait le ciel... et il s'est reposé le septième : c'est pourquoi il a béni ce septième jour et il l'a consacré. » (*Ex.*, xx, 9 et 10 ; cf. xxiii, 11).

Ce document, auquel nos récents débats n'ont ajouté aucun lustre, garantit le repos — et le pain — à la bête de somme humaine, et c'est au nom du principe vivant, sous la garantie du sacerdoce, afin que, dans la glorification de l'Éternel, place aussi soit faite au sentiment de l'humanité.

Traduisez ce sentiment dans la langue du *Deutéronome* et du *Lévitique*, vous entendez l'appel distinct de l'égalité humaine et de la justice.

La dignité fondamentale et l'égalité de la personne humaine y sont reconnues, en principe, entre les membres de la nation juive.

Si l'esclave pour dettes apparaît en Israël, c'est pour ainsi dire à la dérobée : après sept années, le jour de la liberté peut de nouveau luire pour lui : sa dette est éteinte (*Ex.*, xxi, 2).

Le pauvre même, — et là est la pensée divine encore pour notre barbarie, — le misérable au moins ne doit pas exister en Israël. « Il ne se peut pas faire, avoue avec tristesse le législateur, que manquent les malheureux »

(*Deut.*, xv, 11) ; mais le texte sacré a proclamé auparavant ce qu'on peut appeler l'extinction du paupérisme. « Il ne doit pas arriver, dit-il avec énergie, que tu manges ton pain dans la misère » (*Deut.*, viii, 9). Il faut prêter, on doit venir en aide, et si, en réalité, il y a des pauvres, la fraternité les enserre de ses cercles toujours plus serrés et profonds. Voici le prêt : « S'il y a des malheureux parmi tes frères... tu ne dois pas endurcir ton cœur, ni fermer ta main...; ouvre-la vraiment et prête vraiment — sans intérêts — autant qu'il a besoin et comme il a besoin » (*Deut.*, xxiii, 19-20). C'est peu de chose encore. « Que toujours il soit permis d'entrer sur ton champ et de prendre des épis avec la main, sinon de les faucher; des raisins à vous rassasier, sinon par paniers... Si tu fauches et que tu aies oublié une gerbe sur ton champ, ne rentre pas la prendre : c'est pour l'étranger, pour l'orphelin, pour la veuve, afin que le Seigneur ton Dieu te bénisse dans tous les actes de tes mains... Souvenez-vous que vous avez servi sur la terre d'Égypte » (*Deut.*, xxiii, 25 ; xxiv, 19-22 ; cf. *Lévit.*, xix, 17, 18 ; *Ex.*, xxiii, 4).

Mais voici l'inquiétude de la justice qui gagne de proche en proche. « Tu ne dois pas faire tort au pauvre et au malheureux sur son salaire, que ce soit l'un de tes frères ou bien un étranger. Le jour même, il faut régler, et avant le coucher du soleil, parce que c'est le pauvre et qu'il met dans son salaire son espérance (*Deut.*, xxiv, 25). « Que nul ne foule son prochain, de crainte du Seigneur » (*Lév.*, xxv, 14, 17). « Tu ne dois pas prendre en gage le vêtement de la veuve... Pas de vexations à la veuve... N'entre pas chez ton débiteur pour réclamer ton gage ; attends dehors... Si un homme devient pauvre, tu ne dois pas coucher dans le manteau qu'il t'a donné en gage, rends-le lui sans manquer avant le coucher du soleil : il doit dormir dans son manteau. Et ainsi il te bénira, et il y aura pour toi miséricorde devant le Seigneur » (*Deut.*, xxiv, 17 etc.; 12-13).

Le sentiment de la misère passée, en Israël, crée celui de l'humanité, et cette humanité selon Jahvéh fait entendre quelques paroles délicates pour l'étranger, pour la femme prisonnière; elle pense à la bête de travail et jusqu'aux nids des oiseaux (*Deut.*, xv, 12; *Ex.*, xxiii, 10).

Mais la justice parle plus haut encore dans le *Pentateuque*, et c'est le *Lévitique* qui contient les traits décisifs. Il avise à des lois agraires. Il tente d'organiser cette fraternité nationale. Il s'attaque au fondement de la propriété. Il entreprend d'abolir le prolétariat : il veut en prévenir la formation.

Vous connaissez les pages dans lesquelles H. George a étudié la triste évolution parallèle du progrès et de la pauvreté. Il dénonçait aux deux mondes l'injustice de leur propriété romaine de la terre. Ses reproches jaillissent comme des cris :

« Il ne peut y avoir aucun titre à la possession exclusive du sol, et la propriété de la terre est une injustice pure, hardie et énorme comme l'esclavage personnel. — Au point de vue historique comme au point de vue moral, la propriété privée de la terre est un vol. Nous avons été élevés dans le respect superstitieux des « droits » des propriétaires fonciers comme l'étaient les anciens Égyptiens à l'égard du crocodile. — Les perceptions primaires et persistantes de l'humanité enseignent que tous ont un droit égal à la terre. L'opinion que la propriété privée de la terre est nécessaire à la société est une idée aussi artificielle, aussi peu fondée que celle du droit divin des rois.

« ... Est-ce que le premier arrivé à un banquet a le droit

de retourner toutes les chaises et de dire qu'aucun des autres invités ne partagera la nourriture apprêtée, à moins de passer un marché avec lui? Est-ce que le premier voyageur qui monte dans une voiture a le droit d'étaler tous ses bagages sur les sièges et de forcer ceux qui viennent après lui à rester debout? De même que le voyageur peut, dans le wagon, s'étendre, lui et ses bagages, jusqu'à ce que d'autres voyageurs arrivent, de même un colon peut prendre et cultiver autant de terre qu'il lui plaît jusqu'à ce que d'autres aient besoin de cette terre. »

Et voici qui nous rapproche du *Lévitique* :

« Dans la nature, il n'y a rien qui ressemble à un fief absolu de la terre. Il n'y a sur la terre aucun pouvoir qui puisse légitimement faire la concession d'une propriété exclusive de la terre. Pour toute chose, que sommes-nous, sinon les tenanciers d'un jour? Avons-nous donc fait la terre, pour vouloir déterminer les droits de ceux qui, après nous, seront tenanciers à leur tour? »

Aux maux sans nombre de nos sociétés, H. George préconisait pour remède un système renouvelé de Quesnay et de Turgot : l'impôt unique sur la rente. L'économie politique a répondu parfois à cette thèse avec une sorte de bienveillance; mais eu égard à l'égale difficulté du rachat ou de la spoliation, on réservait l'expérience pour les pays neufs, avec concessions temporaires, par exemple de quatre-vingt-dix-neuf ans, d'ailleurs renouvelables et équivalant pour chacun de nous à la perpétuité :

« C'est, écrivait M. Ch. Gide, la plus value du sol échappant, à intervalles égaux, à la propriété individuelle pour faire retour à l'État... Si, au lieu de pays vieux et où la propriété est depuis longtemps constituée, il s'agissait de pays neufs, les difficultés que nous avons signalées disparaîtraient, et le plan que nous venons d'exposer pourrait certainement être réalisé. Nous avouerons même que dans ces conditions. il nous séduirait assez. L'opération préalable et vraiment impraticable du rachat ne serait pas nécessaire, puisque les terres vacantes dans les pays neufs sont déjà considérées comme propriétés de l'État et concédées par lui. »

C'est donc le lot de terre revenant à la masse pour être confié de nouveau à la propriété individuelle. Sur ce point une intention analogue, quoique différente, et par étapes progressives, se rencontre de l'*Exode* au *Lévitique*, en passant par le *Deutéronome*.

Selon les termes de Reuss, le législateur juif veut que la propriété foncière soit conservée aux familles et qu'il ne se forme pas de prolétariat. Il interdit formellement la vente des bien-fonds : la nue propriété reste aux premiers possesseurs ; ils peuvent vendre d'avance les récoltes de toutes les années qui s'écouleront depuis le moment de la vente jusqu'au jubilé : le prix se réglera d'après la longueur de cette période. Dans l'année du jubilé, le propriétaire rentrera dans ses droits purement et simplement. Le bail de fermage sera expiré.

Dans l'*Exode* (XXIII, 10, 11), ce n'est encore que la loi de relâche, pour la septième année, mais personne. en Israël, n'est délaissé de Jahvéh. « Pendant six ans, tu ensemenceras la terre et récolteras ses produits. La septième année, tu feras relâche et la laisseras se refaire ; et les misérables consommeront, et de même les bêtes des champs. »

Dans le *Deutéronome* (XV, 1), tous les sept ans la réclamation de la dette est interdite : « Quand on aura publié le relâche en l'honneur de Jahvéh, tout créancier qui aura fait un prêt à son prochain se relâchera de son droit, il ne pressera pas son prochain et son frère pour le paiement de sa lettre. »

Le Miséricordieux du *Deutéronome* (IV, 31) est le Compatissant de l'*Exode* (XXII, 22) : il se souvient du plus petit en Israël, et sa menace gronde à l'oreille du mauvais riche : « Garde qu'il ne s'élève en ton cœur une pensée cachée, une désobéissance à la loi, disant : Voici qu'approche la septième année, l'année de relâche, et ton œil se fera méchant pour ton frère qui est dans le besoin, et tu ne lui donneras pas, et il élèvera son cri contre toi vers le Seigneur, et il y aura sur toi un grand péché. »

Le *Lévitique* enfin (XXV) contient le principe et le détail de la législation jubilaire.

« La terre ne doit pas être vendue à titre définitif (*eis bebaiôsin*).

« Tu compteras sept sabbats d'années, sept fois sept années et les jours de ces sept sabbats d'années feront quarante-neuf ans. Le dixième jour du septième mois, vous ferez retentir les sons de la trompette..., et vous sanctifierez l'année, la cinquantième année; vous publierez le relâche dans le pays pour tous ses habitants. Ce sera pour vous le jubilé. Chacun de vous retournera dans sa propriété et chacun retournera dans sa famille. »

Il retournera dans sa propriété, et l'acquéreur en sortira. Pourquoi ? Parce que la terre n'est pas à l'homme. Elle n'est pas au plus petit; elle n'est pas au puissant, au capable, au rusé. Sur la terre d'Israël, il n'y a qu'un propriétaire; tous les autres sont des étrangers, des hôtes de passage devant lui : « la terre est à moi », dit Jahvéh (*Lévit.*, XXV, 23-24).

Tels sont, rattachés au Décalogue, les traits fondamentaux de la morale juive pratique, et le Décalogue suspend ces vertus à Jahvéh. Écartez l'injustice propre à l'habitude par quoi perd son éclat ce que l'on connaît depuis l'enfance ; défalquez tels éléments encore barbares, tels plans rudimentaires : une grande vision surgit de la Loi comme des Prophètes : celle d'une société où les citoyens sont eux-mêmes des prophètes et des prêtres, milieu libre où l'opinion gouverne sous la souveraineté de Jahvéh.

Le sacerdoce de Jérusalem a construit sa Salente impérieuse. Il a entrepris de faire divine la cité du peuple élu. Jérusalem est pour les nations ce fanal unique autour du temple unique : car il faut que Jahvéh puisse y descendre et s'y reposer comme il a fait au jardin d'Éden.

II

Liberté, pureté, fraternité sociale : ce sont là trois vertus dont il semble qu'ait le plus besoin notre temps. On voudrait pouvoir en mettre à profit l'expression toute vive. La pensée ne chemine dans les cœurs que sous les formes colorées du verbe. Celle, en particulier, de la justice éclate dans les Prophètes comme dans la Loi sous des formes impérissables, telles que ni nos écrivains, ni nos poètes, ni, dit avec sarcasme James Darmesteter, nos traités de morale municipale n'en offrent de pareilles.

Mais une barrière invisible s'est dressée entre l'esprit moderne et l'Ancien Testament.

Israël idéal, peuple de saints, c'est la démocratie de Jahvéh. Israël est une nation vouée. Le bien représente ce qu'y a commandé Jahvéh : définition de théocratie.

Sans doute, on peut débattre là-dessus. Dans le pacte du Sinaï, Salvador voit un contrat à deux signatures : celle du peuple, celle de Dieu. Ernest Havet, dont la probité retient toujours l'attention, n'aperçoit pas de gouvernement par le prêtre à Jérusalem. Mais M. Maurice Vernes a discuté avec force, récemment, l'opinion de Salvador. Mettez encore qu'Israël n'est pas en théocratie; Jahvéh y est roi : voilà le point où éclate la crise de la morale juive.

Nous sentons croître de nos jours, je le dirai parce que je le pense, la défaveur, la déchéance de l'idée de Dieu. Jadis Dieu avait nom Jahvéh, puis Jahvéh a changé, dans les prophètes. Plus tard, d'Eichthal l'a montré, Jahvéh devient l'Être suprême, le jour où la Révolution française, afin de traduire dans l'ordre spirituel le changement profond qui s'opérait dans les faits, manifeste hâtivement sa formule nouvelle où De Maistre ne se trompera pas longtemps. Aujourd'hui enfin ce n'est pas sans cause que l'esprit critique s'est attaqué à l'idée de Dieu même comme à la dernière personnification absolue.

On en distingue plusieurs raisons.

L'une est issue de l'idée républicaine. Louis Ménard l'a signalée. Elle paraît, au premier abord, de peu d'importance. Je la crois très active. Nous sommes en république : malgré les lois de l'imitation, laisserons-nous installé un seigneur des seigneurs, un Lord des Lords, monarque dans le ciel ?

Une autre provient de l'abus qui s'est fait de l'idée de Dieu. Et je n'ai pas en vue ici telles façons de parler courantes : un tel a douté de Dieu : pour le punir, Dieu vient de lui prendre son enfant; et bien d'autres. Je pense à des institutions qui ont, pour ainsi dire, pris en son nom la parole; ce sont elles qui tant de fois ont froissé la conscience et choqué la raison, que l'idée de Dieu même en est demeurée compromise. Le mythe personnel est percé à jour. A travers les traits du Père céleste transparaît la dureté d'une vieille idole.

L'idée socialiste constitue une cause encore. Si la révélation actuelle est la pensée de la justice, ne nous étonnons pas que la plupart des socialistes soient des athées : il y a des questions plus pressantes encore que de savoir qui a fait le monde, et en combien de jours. Il s'agit d'organiser humainement des sociétés, et il importe plus, comme on dit, de réaliser Dieu que de le complimenter.

Nous voici donc, nageurs incertains, comme en plein naufrage, dans le tâtonnement de l'ère nouvelle, cherchant le point ferme et la roche. Nous croyons les trouver : ils nous échappent. La morale se fait indépendante, mais l'honneur ne suffit pas, et le désordre extérieur devient le complice ou la cause du désordre intérieur.

Pourtant le mal est-il le mal, parce que Dieu ne veut pas du mal ?

Ce Dieu, comme Jahvéh des prophètes, n'est, en réalité, que l'instinct de la terre ou notre conscience projetée au ciel. Selon le prophétisme d'hier, Jahvéh ne représente que l'apothéose de l'âme humaine. L'idéal des prophètes, voilà leur Dieu et notre Dieu. Substituez le divin à Dieu !

Cette substitution, Darmesteter l'a vantée : le problème résiste et l'on est encore qu'à mi-route.

L'idéalisme critique, il est vrai, pénétrait plus loin de ce côté. Lorsque Renan comparait au sein d'un père ce qu'il appelle le revers de l'infini, il confondait en une seule plusieurs notions d'ordre différent; mais, écartant une personnalité mythique, il retenait la valeur d'un symbole. La doctrine nouvelle ne constituait pas une table rase. Sous

les formes de l'imparfait réel, le symbole représente le parfait conçu. Autrement, qui échapperait au dilemme idéa-
liste touchant la personnalité ou l'impersonnalité de Dieu ?

Hors du symbole, on ne tient que le mythe ou bien le fait
brut, sans prise sur le cœur.

Si la philosophie peut mériter charge d'âmes, elle doit
souder ensemble au feu sacré de la justice fait brut et
symbole. Le fait brut, il est donné par la nature ; le symbole
surgit et de l'histoire et de l'Ancien Testament [1].

Considérez l'évolution des formes organiques sur la
planète: L'animal n'a pas existé de tout temps. Selon la
succession des époques, l'invertébré naît à la vie, poissons
et reptiles apparaissent, mais on ne rencontre pas encore
de mammifères. L'âge secondaire a pris fin : le primate
n'est point né. Aujourd'hui même, les continents se transforment comme à travers des myriades d'années la face de
la terre changeait et la forme diverse de la vie. Selon l'expression de Pierre Leroux la nature végétalise le minéral,
animalise le végétal, hominalise l'animal. L'*homo sapiens*
ne peut évoluer jusqu'à son terme qu'en préparant à son
tour un être nouveau.

Notre univers aspire au divin sous la forme d'un *homo
novus*.

La morale trouve ici son fondement normal. Indépendante des religions, on ne la voit pas inassistée.

Si l'on veut examiner de plus près la morale juive théorique, il peut suffire de l'observer pour ainsi dire, à l'état
pur dans une idée qui semble périmée : l'homme simple-

---

1. Dans ce qui suit, il n'est pas fait usage des textes relatifs à Moïse,
« dieu de l'homme »; mais on peut en apercevoir le corollaire.

ment homme la reconnaîtrait sous l'idée de manquement :
c'est la notion du *péché*.

Quoique développée surtout par le christianisme, l'idée
de péché est juive. D'abord toute rituelle, ainsi que paraît
le démontrer la critique récente, elle se décompose d'ailleurs en deux éléments. L'état de péché est constitué par
la désobéissance à l'égard de Jahvéh[1] ; il y entre aussi
l'idolâtrie de soi-même qui se préfère au bien entrevu.

Si la désobéissance envers un monarque ne nous touche
pas, l'évolution des formes suit comme l'appel d'une « idée
directrice » : moins et plus qu'un ordre, substitut de la
grâce.

Car la *grâce* aussi est une idée juive. Israël n'est-il pas
un élu ? Et pour Israël, Dieu seul existe, nous sommes
l'haleine de son souffle[2].

Mais Philon surtout a développé cette idée.

Je passais un jour par Weimar. En visitant la maison de
Gœthe, on y remarque un des tableaux qu'il s'est amusé
à peindre. Il y représentait comme une ondée rafraîchis-
sante de l'été, tombant du ciel sur la terre. C'est une idée
de Philon d'Alexandrie. L'esprit du philosophe juif est
attentif à ces larges gouttes d'eau de la rosée perpétuelle.
Son ciel est sillonné d'images gracieuses, de grâces mes-
sagères qui descendent porter à la terre les présents
célestes. Que sont, pour Philon, ces « vierges » ? Des
influences régénératrices.

A vrai dire, c'est sous un symbole plus profond qu'il assi-

1. *Ex.*, XX, 5 : *Deut.*. XXIV. 15 et 16 ; XXX. 11, 15, 16, 19, 20.
2. A. Sabatier. *Sur la notion hébraïque de l'esprit*, Paris, Fischbacher.
1879.
A un autre point de vue, l'infini physique, nous dirions l'Abîme au
sens de l'Espace chez Auguste Comte, correspond à l'étymologie un
instant acceptée de « Jahvéh » : être béant.

mile son être à la loi du monde ; il l'emprunte aux Sapientiaux, il·aurait pu citer encore le second Isaïe.

Quelle que soit la date de ce dernier document, il y appert qu'Israël alors a traversé une période d'épreuves cruelle entre toutes. L'écrivain la voit dans l'avenir ; son cœur a crié sous le fouet des souffrances de son peuple ; il a besoin de figures nouvelles pour verser sur tant de plaies la consolation ; Jahvéh lui parle, mais ce n'est plus seulement comme un père : on a soif de tendresse et besoin que la main qui se tend n'ait jamais frappé. « Comme une mère console, je vous consolerai », et il ajoute : « C'est à Jérusalem que vous serez consolés » (*Is.*, LXVI, 13).

Voilà l'image qui, de plusieurs manières, apparaît à Philon dans une époque plus universellement troublée. Elle peut sembler, chez lui, d'autant plus saisissante que, bien avant le quatrième Évangile, sa pensée s'est développée avec plus d'ampleur sur l'image du Verbe fils.

Donc, reprenant la figure centrale des *Proverbes*, Sophia, si chargée de doctrine, Philon l'a présentée sous l'aspect de la souffrance, comme le monde de son temps se montre à lui sous un aspect tragique : « Quant au démiurge, dit-il, qui a fait ce Tout que nous voyons, nous dirons à juste titre qu'il est en même temps le père de ce qui est venu à l'être, et [nous appellerons] mère la science du Créateur. Il s'est uni à elle, quoique non pas à la manière de l'homme, et il a semé la création. Quant à elle, elle a reçu le don de Dieu, la semence, elle a subi les douleurs du terme décisif et enfanté le fils visible, l'unique et bienaimé, qui est ce monde-ci. » C'est ainsi du moins que la met en scène un des écrivains de la divine pléiade (*Prov.*, VIII, 22) : « Dieu m'a possédée, moi toute première entre

ses œuvres, et avant le cours des âges il m'a établie reine »
(*De ebriet.*, 361 M, 29, 362 M.)

Dieu donc est, pour Philon, l'Éternel vivant qui, comme
une mère, opère tout en tous.

De là vient que le même auteur s'adresse à elle dans la
prière :

« Le sage, dit-il, est importuné des faux biens, et s'adressant à la Sagesse, sa mère et nourrice, il a coutume de lui
dire : « O mère, que tu m'as changé en m'enfantant, changé
« non pour la force corporelle, mais pour le courage à
« haïr le mal. Tu m'as rendu actif, prêt à la lutte, moi
« qui, de ma nature, étais pacifique ; et je suis devenu
« batailleur à l'encontre de ceux qui impriment la souil-
« lure à l'adorable beauté de la paix » (*De confus. ling.*,
412 M, 49).

Comme en un temple spirituel où l'homme peut devenir un autre homme et naître une seconde fois, le philosophe juif unit à l'image de la Sagesse la vision de Jérusalem renouvelée : Jérusalem ne signifie-t-elle pas vision de
la paix ?

Ainsi jadis les Anciens unissaient dans leur culte Démé-
ter et Perséphone[1] ; ainsi de nos jours, le dernier des prophètes, Joseph Salvador, entrevoyait dans la question
d'Orient, à peine ouverte en 1840, l'effort terrible vers un
pacifique banquet d'Abraham : par voie de conséquence,
il pressentait en Jérusalem le futur arbitre d'un conflit
universel.

Vous connaissez le mot de d'Argens, l'ami d'un jour de

---

1. « Es wäre seltsam, wenn der tiefe Glaube an eine göttliche Mütter
Erde, der die antike Menschheit immer und immer wieder im Inners-
ten bewegt hatte, endgültig zestört gewesen wäre, als die siegende
Religion beitete « Unser Vater ». Albr. Dieterich, *Mutter Erde*. Teubner,
1905, p. 116.

Frédéric II : « Tout philosophe est un juif qui s'ignore. »
On pourrait en déduire : tout juif conscient doit devenir
philosophe. Je préfère en tirer une autre conséquence et
conclure à l'utilité d'une pénétration mutuelle de la philosophie et du judaïsme.

Dans la voie d'Isaïe et des Sapientaux, le moderne peut,
à sa manière, imiter Philon. Quelque chose, je le crois, se
fait par nous dans le monde : la valeur humaine ne se perd
pas toute. Pensant donc aux maux des sociétés, à la condition des espèces, celui qui parle ici a pu prendre force
dans une prière : « Terre misérable, mère douloureuse,
que je ne sois pas pour toi l'enfant inutile! » Songeant aussi
à l'effort sur soi qu'exige la vie, on peut idéaliser l'évolution organique et l'espoir qui s'y fraie passage ; la commémoration revêt alors un second aspect : « Sagesse de
la Terre, sois ma mère, et que je sois ton enfant! »

III

LA MORALE DES PROPHÈTES

Par Ad. LODS.

Chargé de cours à la Sorbonne.

J'ai le privilège d'avoir à vous entretenir de la plus puissante source d'impulsions morales qui ait jailli, avant le christianisme, dans ce coin du monde antique où ont pris naissance les grands affluents constitutifs de notre civilisation moderne. L'affluent grec nous a apporté nos idées sur l'art, la science, la philosophie ; le fleuve romain, notre conception du droit et de l'État ; c'est au prophétisme israélite, par l'intermédiaire du christianisme qui l'a enrichi et modifié, que nous devons pour la plus large part cet impérieux besoin de justice qui s'impose à nous et qui constitue encore le trait le plus noble de la physionomie de l'âme moderne.

Et cependant, en dépit des obligations que nous avons aux prophètes d'Israël, est-il exagéré de dire qu'ils sont généralement aussi peu connus qu'ils sont illustres ?

On sait leurs noms aux consonances parfois étranges. Pour les plus célèbres d'entre eux, on connaît quelques phrases de leurs livres. On croit savoir que Jérémie a été un personnage toujours éploré et gémissant, — réputation imméritée, du reste, car le livre des *Lamentations* qui a

valu à ce prophète son fâcheux renom, n'est pas de lui. —
Quand on essaie de lire leurs ouvrages, on se laisse aisément rebuter, d'abord parce qu'on n'y trouve que très
rarement ce qu'on s'attendait à y rencontrer : des prédictions
sur l'avenir réservé à Israël et à l'humanité, spécialement
sur le Messie ; et puis parce que ce qu'on y rencontre
nous paraît ou bien banal ou bien obscur.

Qu'y a-t-il de fondé dans ces impressions qui empêchent
le grand public d'apprécier les prophètes d'Israël à leur
valeur ?

La première est due à un malentendu sur le rôle des prophètes, malentendu dont ils n'ont pas à être rendus res-
ponsables. Pour comprendre les prophètes d'Israël, il faut,
en effet, nous défaire de l'idée qu'ils aient été des devins,
ayant pour fonction unique ou essentielle de prédire l'avenir.
De même que le *prophètès* grec n'était pas celui *qui dit à
l'avance* ce qui arrivera, mais celui qui *dit en avant* (πρὸ,
φημί), qui profère, qui proclame les oracles de la Pythie
inspirée, de même le *nabi* hébreu était essentiellement
l'interprète, l'organe des volontés divines, ou comme il est
appelé quelquefois « la bouche de Dieu ». Il y a une anecdote bien caractéristique à cet égard. Quand Moïse se plaint
à Yahvéh[1] de ne pas avoir le don de la parole, Dieu, nous
est-il raconté, lui adjoint, pour parler à sa place, son frère
Aaron, en lui disant : « Voici, je te fais Dieu pour Pharaon, et ton frère sera ton prophète », où, dans un récit
parallèle : « Tu serviras de Dieu à Aaron et il sera ta
bouche[2]. »

Les *nabis* dont les écrits nous ont été conservés, ceux

1. C'est ainsi, on le sait, que se prononçait sans doute le nom propre
du Dieu d'Israël.
2. *Exode*, 7, 1 : 4, 16.

qu'on appelle par excellence les prophètes, considèrent
que leur tâche principale est d'expliquer les desseins de
Dieu qui se révèlent dans l'histoire, et, d'autre part, d'être
la conscience vivante de leur peuple :

« Moi, dit l'un d'eux, je suis rempli, grâce à l'esprit de Yahvéh,
        De force, de justice et de vigueur,
Pour faire connaître à Juda son crime
        Et à Israël son péché[1] ».

Il ne faut donc pas en vouloir aux prophètes d'avoir peu
parlé des destinées lointaines de l'humanité. Ce n'est pas
leur office.

Passons aux autres griefs que le lecteur moderne a contre
leurs écrits. Qu'il y ait dans ces ouvrages des idées qui
aujourd'hui semblent banales : d'accord. Mais cette banalité
même est le plus éloquent témoignage de la puissance
d'action des prophètes. Car ces idées aujourd'hui tombées
dans le domaine public, ce sont eux qui les ont conquises.
Relisons donc ces vieilles pages avec respect, d'autant plus
que, si les principes qu'elles formulent ont cessé d'être nouveaux, elles les expriment avec une force et une simplicité
qui ne nous sont plus familières.

Les ouvrages des prophètes, dit-on enfin, sont obscurs.
Ceci est plus juste. Et c'est là surtout ce qui les empêche
de devenir des livres populaires. Ce sont des recueils de
discours adressés à des contemporains, pleins d'allusions à
des événements que les orateurs naturellement ne racontent
pas à leurs auditeurs, qui les connaissaient. Pour entendre
le sens de ces harangues, il faut être au courant du détail
de l'histoire politique qui se déroulait alors ; pour en appré-

1. *Michée*, 3. 8.

cier réellement toute la portée, il faut, de plus, connaître la marche générale de l'évolution religieuse en Israël à l'époque en question. Tout cela ne va pas sans un travail d'initiation assez ardu.

Et aujourd'hui même (je m'en excuse), ayant à traiter un point particulier de la conception des prophètes, leur morale, je me vois obligé de vous demander, avant d'aborder le sujet lui-même, de faire cet indispensable effort pour vous transporter dans un milieu et dans un état d'esprit très éloignés des nôtres, le milieu, l'état d'esprit de l'ancien Israël. Je ferai mon possible pour vous faciliter ce voyage dans le passé.

Cet exposé sera donc divisé en deux parties. Dans la première nous essaierons de nous faire une idée de ce qu'était la morale israélite avant les prophètes, c'est-à-dire avant le VIIIe siècle, et spécialement des notions qui régnaient alors sur les rapports de la morale et de la religion. L'idéal moral des prophètes, que nous décrirons dans la seconde partie, nous apparaîtra ainsi dans son originalité vraie ; nous serons mieux à même d'en comprendre la genèse, de nous en expliquer les lacunes, de nous rendre compte, en un mot, de ce que les prophètes ont apporté dans le monde

LA MORALE DE L'ANCIEN ISRAËL

I

Aussi loin que nous puissions remonter dans l'histoire de la religion d'Israël, la morale est mise dans un rapport étroit avec la religion.

C'est à Yahvéh qu'Israël rapporte l'origine de son droit et de sa morale : il suffit de rappeler que déjà les plus anciens recueils de traditions, ceux qu'on désigne par les noms de *Yahviste* et d'*Élohiste*, contiennent de petites collections de règles juridiques ou morales communiquées par Dieu à Moïse.

Le mobile essentiel qui détermine l'Israélite à bien agir, c'est la crainte de Dieu. Abraham, nous raconte-t-on, ayant passé en pays philistin, s'attend à être tué par les indigènes désireux de s'emparer de sa femme, parce que, pense-t-il, « il n'y a pas de crainte de Dieu dans ce lieu [1] ». Par « crainte de Dieu » il faut entendre, d'une façon très réaliste, la certitude que, en cas de violation de la coutume nationale, la colère de Yahvéh, qui veille sur son observation, pourrait s'enflammer et consumer le coupable.

Le rapport établi entre la morale et la religion est, on le voit, assez extérieur. Ceci ne dépasse pas le point de vue

____
1. *Genèse* 20. 11.

de la plupart des religions un peu développées. Chez les Grecs aussi, pour ne rappeler qu'un exemple, les dieux sont conçus comme les auteurs des lois qui règlent la vie de la société et surtout comme les gardiens redoutables qui en punissent la violation.

Israël a si bien conscience d'être sur ce point au niveau des autres nations, il se regarde si peu comme supérieur aux peuples voisins par l'excellence de ses institutions ou de sa morale, que l'établissement du droit national n'est jamais dans les anciens textes mis au premier plan et présenté comme l'un des grands bienfaits de Yahvéh, tandis que, à l'époque juive, au contraire, la révélation du livre de la *Torah* sera célébrée comme le plus précieux des dons accordés par Dieu à son peuple.

Ce n'est qu'exceptionnellement que, dans les documents antérieurs aux grands prophètes, on trouve l'action bonne mise dans un rapport plus intime, plus organique avec la religion, par exemple lorsque les fils de Jacob prient leur frère Joseph de ne pas se venger du mal qu'ils lui ont fait, parce qu'ils sont eux aussi « serviteurs du Dieu de son père [1] ».

Ce qui est assez fréquent, au contraire, c'est que le lien assez extérieur qui unit la morale à la religion soit laissé complètement dans l'ombre et que l'obligation morale paraisse s'imposer par la seule autorité de la tradition. Quand l'Israélite a dit : « C'est une chose qui ne se fait pas » ou « C'est une infamie en Israël », il a prononcé une condamnation péremptoire à ses yeux [2]. Nous touchons ici le sol primitif de la mentalité du Bédouin, pour qui la coutume de la tribu est la norme absolue, indiscutée

1. *Genèse* 50, 17.
2. *Genèse* 20, 9 : 29. 26 ; 34. 7 ; 2 *Samuel* 13, 12.

et indiscutable, le tabou auquel les membres du groupe se soumettent aveuglément. La contester ce serait ébranler l'existence même de la tribu. Et, de fait, beaucoup des coutumes traditionnelles d'Israël lui venaient, non de Yahvéh, mais des temps lointains, bien antérieurs à la constitution de la religion nationale, où les tribus hébraïques menaient encore la vie nomade. Tels, par exemple, des usages comme le lévirat et la vengeance du sang : bien loin de les avoir institués, la religion inaugurée par Moïse s'était appliquée à les restreindre et à les combattre.

Voilà donc un premier trait de la morale de l'ancien Israël : lien énergiquement affirmé, mais assez extérieur encore, assez peu organique, entre la religion et les obligations imposées par la coutume.

II

En voici un second : l'intérêt national prime tout le reste.

Veiller sur l'accomplissement de la justice, punir le mal, récompenser le bien, n'est nullement, pour l'ancien Israélite, l'attribution unique, ni l'attribution essentielle de son Dieu. *Yahvéh est avant tout le Dieu d'Israël.* Israël est son œuvre. Les adversaires d'Israël sont les ennemis de Yahvéh. Les guerres d'Israël s'appellent « les guerres de Yahvéh ». Aussi, lorsque l'intérêt du peuple est en jeu, Yahvéh intervient-il, non comme juge, mais comme offensé. Jamais il n'est dit que, dans les luttes entre Israël et d'autres nations, Yahvéh donne tort aux siens et raison à leurs adversaires. Si parfois il livre les Israélites entre

les mains de leurs ennemis, ce n'est pas que ceux-ci soient
dans leur droit, c'est qu'il a, lui, des motifs personnels
d'être irrité contre les siens.

C'est ce qui nous explique la faveur, imméritée pour ne
pas dire plus, que Yahvéh, d'après les vieilles traditions,
accorde aux patriarches même coupables : c'est que les
patriarches représentent Israël dans ses rapports avec les
autres nations. Par exemple, lorsque Jacob, après avoir
dérobé la bénédiction de son frère Ésaü, rencontra Yahvéh
à Béthel, celui-ci, nous est-il raconté, promit au patriarche
son appui sans aucun reproche ni aucune condition. On
rapportait comme une chose toute naturelle que, à la sortie
d'Égypte, le Dieu d'Israël avait engagé les siens à dépouil-
ler leurs voisins égyptiens de leurs objets d'or et d'argent et de leurs vêtements précieux[1].

C'est l'époque où l'auteur du magnifique, mais sauvage
poème de Débora, exalte au-dessus de toutes les femmes
Jaël, la Qénienne, parce que, après avoir accordé l'hospitalité à Sisara, l'ennemi vaincu d'Israël, elle a saisi le
moment où son hôte buvait pour lui fracasser la tête[2]. C'est
le temps où les Israélites coupaient les pouces des mains
et des pieds à un roi prisonnier[3]. C'est l'époque où, pour
obtenir plus sûrement le secours de Yahvéh, on promettait d'exterminer en son honneur tous les êtres vivants,
hommes, femmes, enfants, animaux d'une ville ennemie.

Pour l'ancien Israélite, comme pour le Romain des premiers âges, comme pour l'homme antique en général, à
l'égard de l'ennemi (et de l'étranger qui est un ennemi
éventuel) il n'y a pas de devoir.

1. *Exode* 3, 21, 22.
2. *Juges* 5, 24-27.
3. *Juges* 1, 6.

Je parle des Romains ; mais, en vérité, tout cela est-il aussi loin de nous qu'il semble peut-être au premier abord ? Et avons-nous le droit de jeter la pierre à nos barbares ancêtres, quand nous entendons invoquer la raison d'État pour justifier des délits de droit commun, quand nous voyons pratiquer comme absolument légitimes et célébrer même comme glorieux, lorsqu'ils sont accomplis au service de la collectivité, des actes, comme les pratiques de l'espionnage, qui, transportés dans la vie privée, vaudraient à leurs auteurs la cour d'assises et le mépris public ? Est-il étonnant qu'Israël ait suivi, à la façon moins hypocrite, plus brutale, qui était celle de ces temps-là, la règle que tous les peuples voisins observaient à son détriment : *salus publica suprema lex esto* ?

Étant donné que la nation était ainsi mise au-dessus des obligations morales, il va de soi que, dans l'ancien Israël, l'individu ait été à peu près complètement annihilé, absorbé par la société.

C'était un reste de la vie nomade. Dans le désert où règne la guerre de tous contre tous, l'individu isolé n'est rien par lui-même. C'est à son clan ou à sa tribu qu'il doit tout : conservation de sa vie et de ses biens, respect, vengeance après sa mort : tout ce qui atteint ou diminue la tribu compromet directement chaque membre, tout ce qui la grandit profite à chacun. Aussi l'intérêt évident de l'individu est-il de se dévouer sans réserve au bien de son groupe, de faire tous les sacrifices pour y maintenir l'union. En réalité, c'est la collectivité — famille, clan ou cité, tribu — qui est une personne ; l'individu n'est qu'un des atomes qui la composent.

Ce dévouement en quelque sorte spontané à la famille ou au groupe social persista après l'adoption de la religion de Yahvéh. Il se trouva seulement, par le fait de la constitution de la confédération israélile, étendu du petit groupe qu'était la famille ou la tribu à cette tribu plus vaste qu'était la nation. De ce dévouement absolu à la cause de la nation les écrivains hébreux parlent peu, précisément parce qu'il leur semblait tout naturel; mais il s'exprimait parfois par des actes d'une extrême délicatesse. Urie, venu à Jérusalem au cours d'une campagne, refuse d'entrer dans sa maison : « L'arche et Israël et Juda, dit-il, habitent sous des tentes..., et moi j'entrerais dans ma maison pour manger et pour boire... ! Aussi vrai que tu es vivant et que mon âme est vivante, je ne ferai pas cela[1] ! »

Cette abnégation de l'individu devant la collectivité est d'autant plus belle qu'il n'avait point à en attendre de récompense assurée. Le domaine de Yahvéh, c'est la vie nationale. C'est au bonheur, à la prospérité de la nation que se rapportent toutes les espérances religieuses. Que Dieu accorde à Israël la victoire sur ses ennemis, d'abondantes récoltes, et tous seront dans la joie, quelles que soient les circonstances que chacun traverse dans sa vie privée.

Sans doute il ne faudrait rien exagérer. Déjà dans l'ancien Israël la religion de Yahvéh tend à embrasser dans son domaine la vie des individus comme celle de la nation. Dans plus d'un récit on nous montre Yahvéh dirigeant les destinées des particuliers sans que l'intérêt d'Israël soit en jeu. Et l'on rencontre même des sentences générales affirmant que c'est Yahvéh qui rend muet ou sourd, voyant ou aveugle[2], qu'il punit le coupable selon son crime et rend à chacun suivant sa justice[3].

1. 2 *Samuel* 11, 11.
2. *Exode* 4, 11.
3. 1 *Samuel* 3, 39 ; 26, 23.

Cependant l'individu se sent bien moins sûr que la nation
d'intéresser à sa cause le Dieu de la collectivité. Lorsqu'un
simple particulier veut obtenir de lui protection ou justice,
il croira bien faire de lui adresser un vœu[1].

Le sentiment de la solidarité familiale et sociale prime
à tel point celui des droits de l'individu que l'on accepte,
sans protestations sérieuses, qu'un innocent soit châtié
avec la collectivité dont il fait partie, ou même à la place
d'un membre coupable de son groupe. David fait exécuter
sept des fils et petits-fils de Saül pour un crime commis
par leur ancêtre. Et le Décalogue lui-même, bien que rédigé
plus tard, à l'époque prophétique, proclame encore que
Dieu punit l'iniquité des pères sur les enfants jusqu'à la
troisième et à la quatrième génération, en ajoutant, il est
vrai, une restriction qui pratiquement annule le principe :
« jusqu'à la troisième et à la quatrième génération *de ceux
qui me haïssent* ».

III

Un autre trait qui caractérise la morale de l'ancien Israël,
c'est qu'elle met sur le même rang des obligations d'ordres
et de valeurs très divers.

La norme d'après laquelle l'Israélite a à se diriger n'est
ni une loi écrite, ni la loi intérieure de la conscience, c'est
la coutume. Or, la coutume nationale renferme côte à côte
des règles d'une inspiration très élevée, comme celle qui
oblige le prêteur à rendre à son débiteur pour la nuit le
manteau qu'il a reçu de lui en gage, des observances provenant des temps sauvages comme le devoir de la ven-

1. 1 *Samuel* 1, 11 : 2 *Samuel* 15, 7, 8.

geance du sang, et des pratiques tout extérieures comme
l'accomplissement des rites sacrificiels et la célébration des
fêtes.

Ces diverses coutumes, bien que de valeur morale très
inégale, sont considérées comme étant toutes au même
titre voulues et sanctionnées par Yahvéh. Si même une
certaine catégorie de délits est regardée comme particulièrement grave, c'est la violation des rites et des interdictions sacrées, parce qu'elle paraît s'attaquer à Yahvéh
lui-même. Pour qui foule aux pieds les coutumes du sacrifice, comme les fils d'Éli, il n'y a pas d'expiation possible :
« si un homme pèche contre un homme, Dieu sera arbitre
entre eux ; mais s'il pèche contre Yahvéh, qui oserait s'en-
tremettre pour lui[1]? »

La colère de Yahvéh se déchaîne alors avec la violence
aveugle d'un fléau naturel : l'arche fait périr tous ceux
qui la touchent, Philistins ou Israélites.

IV

Comme les peuples enfants, les Israélites primitifs ne
connaissaient guère que les crimes de fait. Lorsqu'un acte
réprouvé par la coutume a été commis, il faut qu'il soit
puni, même s'il a été accompli sans intention criminelle.

Ainsi lorsque Abimélec, trompé par les déclarations
d'Abraham, eut pris Sara dans son harem, « Dieu vint
vers Abimélec en songe pendant la nuit et lui dit : « Tu
« vas mourir, car la femme que tu as prise est mariée ».
Or Abimélec ne s'était pas approché d'elle. Il dit : « Sei-

1. 1 *Samuel* 2. 25.

« gneur, feras-tu périr les gens même innocents ?... C'est
« dans l'intégrité de mon cœur et dans l'innocence de mes
« mains que j'ai fait cela ». Et Dieu lui dit en songe :
« Je sais, moi aussi, que tu as agi dans l'intégrité de ton
« cœur ; aussi t'ai-je empêché de pécher contre moi et ne
« t'ai-je pas permis de la toucher[1] ». Et Dieu consent à
laisser la vie à Abimélec, à condition qu'il obtienne qu'Abraham intercède pour lui. Ainsi il aurait été parfaitement
possible qu'Abimélec, tout en étant parfaitement innocent,
commît un péché pour lequel Yahvéh l'aurait fait périr.

V

Ceci nous amène à signaler une dernière lacune dans
les notions morales de l'ancien Israël. L'Israélite antique
n'a guère le sentiment subjectif de sa culpabilité.

Le signe auquel il reconnaît d'ordinaire qu'il a péché,
c'est-à-dire qu'il a déplu à Dieu, c'est le malheur. Dieu est
irrité contre lui ; donc il doit avoir contrevenu à sa volonté ;
comment ? Il est possible qu'il ne le soupçonne même pas ;
il se peut, en effet, que l'on ait péché sans le savoir, en
ayant la conscience parfaitement tranquille, comme Abimélec.

La notion du péché est par suite très extérieure. Le
sentiment de la culpabilité ne naît guère qu'au moment et
pour le temps où l'on est l'objet de la colère de Yahvéh,
c'est-à-dire où l'on est dans le malheur. David jeûne tant
que le fils qu'il a eu de son union coupable avec Batchéba
est malade ; il reprend sa vie ordinaire dès que l'enfant a

—————

1. *Genèse* 20, 3-6.

cessé de vivre, c'est-à-dire dès qu'il suppose la colère de Yahvéh assouvie [1].

Lorsqu'une calamité, peste, famine, défaite, ou encore le silence de l'oracle font comprendre que Yahvéh est irrité, on s'applique aussitôt à rechercher avec angoisse quel a pu être le manquement individuel ou collectif qui a provoqué le courroux divin ; et, quand on l'a découvert, on s'efforce d'apaiser Dieu. La cessation du malheur sera le signe que le courroux divin a pris fin et la conscience retrouvera sur-le-champ sa sérénité.

Ce sont, à peu de choses près, les sentiments et les idées que l'on trouve exprimés, d'une manière souvent touchante du reste, dans une foule de psaumes babyloniens, que l'on a raison de rapprocher de la religiosité israélite, mais seulement de celle des époques primitives, encore incomplètement développées, ainsi dans cette prière à la déesse Ichtar : « En quoi ai-je péché contre toi ? Pourquoi as-tu fait tomber sur moi des maladies, des ulcères et la peste ?... Quel que soit le sujet de ta colère, pardonne-moi et que ton esprit soit éclairé [2] ! »

Ce n'est pas dans les profondeurs de sa conscience que l'Israélite antique cherche les signes de l'approbation ou de la désapprobation de son Dieu, c'est dans les succès ou les échecs de sa vie extérieure. Aussi la volonté de Dieu lui apparaît-elle souvent mystérieuse, impénétrable, redoutable. L'ancien Israélite est bien plus frappé de la puissance, de la grandeur terrible de Yahvéh que de son équité. Il n'en conclut, certes, pas que son Dieu soit capricieux ou injuste, mais qu'il se dirige d'après des règles qui ne sont pas

1. 2 *Samuel* 12, 15-23.

2. Chad Boscawen, *La Bible et les Monuments*, trad. par Clém. de de Faye. Paris, 1900, p. 19, 20.

celles de la justice humaine : de quel droit l'homme prétendrait-il les comprendre toutes ?

Il trouve tout naturel que Yahvéh ait ses favoris et qu'il y ait d'autres hommes qu'il néglige : « il aime qui il aime, il a pitié de qui il a pitié ». Avec toute l'antiquité, il admet que, quand Dieu veut perdre quelqu'un, il le frappe de folie, lui envoie des oracles trompeurs, ou encore *le fasse pécher.* Yahvéh endurcit le cœur de Pharaon. Les fils d'Éli n'écoutent pas leur père, « parce que Yahvéh veut les faire mourir ». Il excite David à faire un dénombrement, violation de la coutume pour laquelle il le punit ensuite cruellement [1].

L'ancien Israël n'a, par suite, nul besoin du personnage de Satan, car il n'éprouve aucun scrupule à rapporter directement à son Dieu tout ce qui est, spécialement tout ce qui trahit l'intervention d'une puissance surnaturelle, le malheur comme le bonheur, les impulsions mauvaises extraordinaires comme les inspirations les meilleures. C'est encore le point de vue des Bédouins modernes. « Quand quelqu'un vole, c'est, à ce qu'ils affirment, la colère de Dieu qui l'a poussé dans cette voie » ; ils parlent de « péchés venant d'Allah [2] ». David admet de même que la haine meurtrière dont Saül le poursuit a peut être pour origine une excitation de Yahvéh : « Si c'est Yahvéh qui t'excite contre moi, dit-il, qu'il sente l'odeur d'un sacrifice [3] ».

Telle est, caractérisée à grands traits, la morale de l'ancien Israël. Elle a eu ses grands côtés, il est à peine besoin de le rappeler : il suffit d'évoquer des traits comme

1. *Exode* 10, 20 : 1 *Samuel* 2, 25 ; 2 *Samuel* 24, 1.

2. Samuel Ives Curtiss, *Ursemitische Religion im Volksleben des heutigen Orients*, Leipzig, Hinrichs, 1903, p. 288.

3. 1 *Samuel* 26, 19.

la générosité d'Abraham envers son neveu Lot, l'émouvante histoire de Joseph pardonnant à ses frères, l'attitude
chevaleresque de David en face de Saül, la sollicitude que
le vieux « livre de l'alliance », le plus ancien code israélite,
témoigne pour le pauvre, pour l'esclave maltraité par son
maître et qui contraste si avantageusement avec la dureté
impitoyable du code de Hammourabi.

Mais, si elle avait ses côtés lumineux, elle présentait
encore bien des ombres. La conception des rapports de la
morale et de la religion avait surtout deux graves lacunes.
En premier lieu, Yahvéh était conçu avant tout comme le
Dieu de la nation. Et secondement, la conscience individuelle n'était pas encore assez développée pour trouver sa
norme en elle-même ; c'est au dehors qu'elle allait chercher sa règle ; pour être fixée sur la volonté divine,
elle consultait toutes sortes de moyens d'information extérieurs : la tradition, les oracles des prêtres et des prophètes
et surtout les événements heureux ou malheureux qui
marquaient l'existence de l'individu ou de la nation.

I

Après ce long, mais indispensable préambule, abordons la seconde partie de notre sujet : la morale des prophètes.

Et interrogeons-les d'abord sur une question capitale dans une religion nationale, celle que l'on pourrait formuler ainsi : *morale et patrie*. De ces deux grandeurs, laquelle a le pas sur l'autre ? Qu'est-ce qui est la loi suprême, l'intérêt de la nation, ou les droits de la justice ? Écoutons la réponse des prophètes.

C'est d'abord Amos, le rude berger de Tékoa, que l'esprit de Yahvéh a saisi derrière son troupeau en lui disant : « Va, prophétise contre mon peuple d'Israël », et qui déclare à ses auditeurs : « Ainsi parle Yahvéh :

> A cause de trois crimes d'Israël
> > Et même de quatre je prononce un arrêt irrévocable :
> Parce qu'ils vendent le juste pour de l'argent
> > Et le pauvre pour une paire de sandales,...
> > Qu'ils violent le droit des malheureux,...
> Qu'ils s'étendent sur des vêtements reçus en gage
> > Auprès de chaque autel
> Et boivent le vin de ceux qu'ils mettent à l'amende
> > Dans la maison de leur Dieu....

> Voici, je vous écraserai
>> Comme écrase un chariot
>> Plein de gerbes.
> Celui qui est agile ne pourra fuir,
>> Celui qui a de la force ne pourra s'en servir
> Et l'homme vaillant ne sauvera pas sa vie[1] ».

Et ce n'est pas un simple châtiment temporaire que Amos annonce ainsi à son peuple en punition des iniquités qui se commettent dans son sein : c'est la ruine définitive.

Un jour, à Béthel, dans le sanctuaire royal, au milieu d'une fête joyeuse où l'on célébrait la puissance de Yahvéh et la grandeur d'Israël, le même Amos se lève et raconte une vision qu'il a eue. « Yahvéh m'a dit : Que vois-tu, Amos ? Je répondis : un niveau. Et le Seigneur dit :

> Je vais mettre le niveau
>> Au milieu de mon peuple d'Israël.
>> Je ne lui pardonnerai plus.
> Les hauts lieux d'Isaac seront ravagés ;
>> Les sanctuaires d'Israël seront détruits :
> Et je me lèverai contre la maison de Jéroboam[2] avec
>> [l'épée[3] ».

Un autre jour, adoptant le rythme lugubre des complaintes qu'on chantait aux funérailles, il s'écrie : « Écoutez cette parole, cette lamentation funèbre que je prononce sur vous, maison d'Israël :

> Elle est tombée, elle ne se relèvera plus,
>> La vierge d'Israël.
> Elle est couchée par terre ;
>> Nul ne la relève[4]. »

1. *Amos* 2, 6, 7, 8, 13, 14.
2. La dynastie alors régnante.
3. *Amos* 7, 8, 9.
4. *Amos* 5, 1, 2.

Et d'un bout à l'autre de la littérature prophétique, d'Osée à Ézéchiel, pendant les deux siècles qui précèdent la catastrophe de l'exil, les mêmes accents retentissent, annonçant cette catastrophe, la montrant inévitable, à moins d'un total et improbable changement. Plusieurs parmi les successeurs d'Amos, moins logiques que lui, ne peuvent pas se résigner à la perspective d'un anéantissement complet de leur peuple, et espèrent qu'après la ruine il en survivra un reste, diminué extérieurement, intérieurement transformé. Mais ce n'est là qu'une lueur lointaine d'espoir, par delà une destruction imminente et certaine. C'est bien toujours la même cloche qui fait retentir ses appels tantôt indignés comme chez Amos, tantôt plus tendres et plus pressants comme chez Osée et Jérémie, tantôt comme chez Ézéchiel animés de je ne sais quelle âpre joie : les prophètes sonnent tous le glas de la patrie coupable. Annoncer sa juste et inéluctable ruine, tel est leur message principal.

Un message qui ne leur aurait guère coûté, s'ils avaient, comme nos modernes antipatriotes prêts à mettre le drapeau où vous savez, démasqué toutes les absurdités et toutes les hontes qui se cachent, paraît-il, dans l'idée de patrie. Mais les prophètes n'avaient pas encore fait cette découverte, réservée à une mentalité ultramoderne. La patrie n'était pas pour eux une idée ; elle était pour eux, comme pour toute la pensée antique, une personne, plus réelle et plus vivante que les individus qui l'incarnent un instant, une personne qu'ils aiment de toute leur âme, un être quasi sacré. Le cœur leur saigne d'avoir à lui apporter le message de mort.

« Je voudrais soulager ma douleur,

s'écrie Jérémie.

Mon cœur souffre au-dedans de moi.
Voici que les cris de la fille de mon peuple
Retentissent sur une terre lointaine...
Je suis brisé par la douleur de la fille de mon peuple ;
Je suis dans la tristesse ; l'épouvante me saisit...
Oh si ma tête était remplie d'eau,
Si mes yeux étaient une source de larmes !
Je pleurerais jour et nuit
Les morts de la fille de mon peuple [1] ».

Mais les prophètes ne peuvent pas se taire : il y a en eux une puissance supérieure qui les oblige à parler et à condamner. Écoutez Amos :

« Le lion rugit : qui ne serait effrayé ?
Le Seigneur Yahvéh parle : qui ne prophétiserait [2] ? »

Et Jérémie écrit de même : « Si je dis : « Je ne ferai plus « mention de Yahvéh, je ne parlerai plus en son nom », il y a dans mon cœur comme un feu dévorant qui est renfermé dans mes os. Je m'efforce de le contenir, mais je ne puis [3]. »

La voix que les prophètes entendent retentir si puissante au fond de leurs âmes et où ils reconnaissent la voix de Dieu même, leur a révélé un idéal de justice absolue qui s'impose à eux avec une autorité irrésistible et auquel tout doit être sacrifié, même ce qu'ils ont eu jusqu'alors de plus cher, de plus sacré, la grandeur et l'existence même de la patrie.

Que l'on veuille bien réfléchir à ce qu'était la cité pour l'homme antique, et l'on verra qu'il y a là une véritable révolution morale et religieuse.

1. *Jérémie* 8. 18. 19. 21. 23.
2. *Amos* 3, 8.
3. *Jérémie* 20, 9.

Ce n'est pas le lieu d'insister sur les conséquences qu'entraînait dans le domaine de la pensée religieuse cette certitude nouvelle qui s'est fait jour dans l'âme des prophètes. Indiquons-les seulement en passant. Si Israël doit périr et si c'est Yahvéh qui ordonnne sa mort au nom de la justice, c'est donc que les intérêts, la gloire, la grandeur et l'existence même du Dieu national ne sont pas indissolublement liés à ceux de son peuple, comme la plupart l'avaient cru jusque-là ; c'est donc que Yahvéh est autre chose et infiniment plus qu'un Dieu national, qu'Israël, comme le déclare Amos, n'est pas plus aux yeux de Yahvéh que les Éthiopiens. Yahvéh, il est vrai, n'a « connu » qu'Israël, c'est-à dire n'a noué de relations qu'avec Israël, d'entre tous les peuples de la terre ; et les contemporains du prophète en concluaient que Yahvéh ne pouvait pas, même dans sa colère la plus ardente, aller jusqu'à détruire la nation qui seule lui rendait un culte. Tout autre est la conclusion que tire de ce fait le Dieu d'Amos : « Je n'ai connu que vous seuls d'entre toutes les familles de la terre ; *c'est pourquoi* je vous châtierai de toutes vos iniquités[1]. » Le Dieu d'Amos est le Dieu de la justice absolue, universelle ; il se renierait lui-même s'il n'appliquait pas cette norme souveraine, qui est son essence, à ceux qui lui tiennent de plus près. Dans la prédication prophétique de la ruine d'Israël, il y avait en germe le monothéisme moral et la transformation de la vieille et étroite religion nationale en une religion universelle. « Si j'ai fait sortir Israël d'Égypte, déclare Yahvéh dans le livre d'Amos, n'ai-je pas tiré les Philistins de Caphtor et les Araméens de Kir[2] ? »

Dans les idées morales la révolution n'était guère moins

1. *Amos* 3, 2.
2. *Amos* 9, 7.

profonde. Pour l'ancien Israël comme pour toute l'antiquité, la patrie est en dehors et au-dessus des lois ordinaires de la justice ; pour les prophètes, les droits de la justice priment tout, même les intérêts vitaux de la nation.
Avant eux la morale n'était que l'un des domaines secondaires de la vie nationale ; avec eux elle prend la place
dominante, normative, souveraine, qui est la sienne. Elle a
droit de tout régir, de tout juger, la religion, la politique,
la vie des sociétés comme celle des particuliers.

Quel que soit notre point de vue personnel, n'est-il pas
réconfortant de se réchauffer au contact de ces hommes
qui proclament avec une aussi audacieuse assurance les
principes de l'idéalisme moral le plus élevé, pour qui la
justice gouvernant le monde est une réalité en quelque
sorte tangible, qui discernent avec une impitoyable clairvoyance les germes de mort que porte en elle une nation
qui laisse subsister dans son sein des iniquités sociales, et
qui, pour obéir à la voix de leur conscience, n'ont pas
hésité à renverser et à remplacer toutes les idées qui leur
étaient les plus sacrées sur la patrie et sur Dieu ?

II

Le bouleversement apporté par les prophètes dans les
conceptions qui avaient été celles de toute l'antiquité n'est
pas moins profond sur un autre chapitre, celui qu'on pourrait intituler : *morale et culte*.

L'ancien Israël, on s'en souvient, considérait l'observation des coutumes rituelles comme au moins aussi importante que le respect du droit. Quand les fidèles, après avoir
fait « silence devant Yahvéh », voyaient le sang de la vic-

time aspergé sur la pierre sainte ou sur l'autel, et prenaient
ensuite leur part du repas auquel Yahvéh avait ainsi
goûté, ils avaient conscience d'avoir renouvelé leur communion avec leur Dieu. Yahvéh aime et agrée les sacrifices, et c'est l'un des moyens de reconquérir sa faveur
que de lui en offrir[1].

Tout autre est le sentiment des prophètes.

« Je hais, je méprise vos fêtes,

déclare Yahvéh dans un des discours du prophète Amos,

Je ne puis sentir vos solennités.
Car, lorsque vous m'offrez vos holocaustes...
Et vos offrandes, je ne les agrée pas ;
Je ne regarde pas les bêtes grasses que vous me sacrifiez.
Eloigne de moi le vacarme de tes cantiques ;
Le jeu de tes luths, je ne l'écoute pas.
M'avez-vous offert des sacrifices et des offrandes
Dans le désert, pendant quarante ans, maison d'Israël[2] ? »

Et non seulement le culte est inutile, puisque l'on s'en
est passé pendant les quarante années du désert, c'est-à-dire
pendant l'âge d'or des relations d'Israël avec son Dieu,
mais il est proprement un péché, puisqu'il entretient cette
illusion qu'il puisse y avoir quelque communion entre un
peuple coupable et le Dieu juste.

« Venez à Béthel et péchez,
A Guilgal et péchez encore plus !

dit ironiquement Amos à ses auditeurs,

Apportez vos sacrifices chaque matin,
Et vos dîmes tous les trois jours[3] ! »

1. *Genèse* 8, 21 ; 1 *Samuel* 26, 19.
2. *Amos* 5, 21-25.
3. *Amos* 4, 4.

On connaît la magnifique apostrophe d'Ésaïe :

« Qu'ai-je à faire de la multitude de vos sacrifices, dit
[Yahvéh ?
Je suis rassasié des holocaustes de béliers et de la
[graisse des bêtes grasses,
Je ne prends point plaisir au sang des tau reaux, des
[brebis et des boucs.
Quand vous venez voir ma face,
Qui vous demande de fouler mes parvis ?
Ne continuez pas à m'apporter de vaines offrandes !
La fumée de vos sacrifices me fait horreur.
La nouvelle lune, le sabbat, les assemblées !
Je ne puis voir le crime associé aux solennités !
Vos nouvelles lunes et vos fêtes, mon âme les hait ;
Elles me sont à charge,
Je suis las de les supporter.
Quand vous étendez vos mains,
Je détourne de vous mes yeux.
Quand vous multipliez vos prières,
Je n'écoute pas !
Vos mains sont pleines de sang.
Lavez-vous, purifiez-vous.
Otez la méchanceté de vos actions
De devant mes yeux.
Cessez de faire le mal,
Apprenez à faire le bien.
Recherchez la justice.
Réprimez l'homme violent [1]. »

Comment faut-il comprendre cette attitude tour à tour
indignée ou méprisante que les prophètes prennent à
l'égard du culte ? Faut-il entendre, comme on l'a fait souvent, qu'ils rejettent, non le culte lui-même, mais seulement le culte perverti, entaché de paganisme qu'Israël
pratiquait de leur temps ? Évidemment non ; car Jérémie,
qui a devant lui le culte réformé, purifié par Josias sous

1. *Ésaïe* 1. 11-17.

l'inspiration des disciples d'Ésaïe, n'est pas moins catégorique que ses devanciers : « Ne mettez pas votre confiance
dans des paroles trompeuses en disant : « Le temple de
« Yahvéh ! Le temple de Yahvéh ! C'est ici le temple de
« Yahvéh ! »... Ainsi dit Yahvéh des armées, le Dieu
d'Israël : Ajoutez vos holocaustes à vos sacrifices et mangez
de la chair ! Car je n'ai point parlé à vos pères et je ne leur
ai donné aucun ordre, au jour où je les ai fait sortir du
pays d'Égypte, au sujet de l'holocauste ou du sacrifice ;
mais voici l'ordre que je leur ai donné : Écoutez ma
voix, et je serai votre Dieu et vous serez mon peuple[1] ! »

Est-ce à dire que les prophètes aient souhaité l'abolition
du sacrifice et conçu une religion sans culte extérieur, la
religion en esprit dont Jésus devait parler ? Peut-être les
plus hardis d'entre eux sont-ils allés jusque-là. Amos, nous
l'avons vu, admettait qu'autrefois on s'était passé des
sacrifices et des offrandes. Osée paraît ressentir la ridicule
disproportion qu'il y a entre les objets, les actes, les
gestes matériels du culte et le Dieu d'amour qu'il prêche :
il appelle en raillant le sacrifice une occasion de manger de
la viande ; dans les bosquets des sanctuaires, il ne voit qu'un
agréable ombrage, dans l'arbre sacré qu'un bâton. On peut
ajouter que jamais les prophètes n'ont opposé à la notion
que leurs contemporains se faisaient du sacrifice une
autre conception qu'ils auraient, eux, considérée comme la
vraie.

Mais, quand même les prophètes n'auraient pas tous
envisagé comme possible l'abolition du sacrifice, une chose
est certaine (et c'est l'essentiel), c'est que tous (jusqu'à
Ézéchiel) ils ont refusé à l'accomplissement de certains

---

1. *Jérémie* 7, 4, 22. 23.

actes réputés spécifiquement religieux aucune valeur
devant Dieu. Le culte n'est pas l'une des exigences de
Yahvéh. L'ancien Israël disait : Yahvéh demande les
sacrifices *et* la pratique de la justice. Le Dieu des prophètes déclare : « Je veux la bonté *et non less acrifices* [1] ».

Le jour où cette pensée a été lancée dans le monde a
marqué dans l'histoire morale et religieuse de l'humanité
une date capitale. Le lien entre la morale et la religion,
dont l'humanité avait toujours confusément senti l'existence, mais qu'elle avait jusque-là conçu comme un lien
lâche et extérieur, apparaît maintenant comme le plus
intime et le plus organique qui se puisse imaginer. Les
exigences de la religion et celles de la morale coïncident
absolument : « chercher Dieu » et « chercher le bien »
sont pour Amos des expressions synonymes [2].

Les prophètes ont cimenté entre la morale et la religion
une alliance que des siècles de rechute dans les vieilles
notions magiques n'ont pas réussi à rompre. Depuis eux
il est acquis — ou du moins il devrait être acquis — que,
dans une religion digne de ce nom, il n'y a place que pour
des exigences et des doctrines qui tombent d'aplomb sur
la conscience. Quand nous mesurons la valeur des diverses
religions à la puissance de régénération morale que chacune d'elles est capable d'exercer sur les individus et les
sociétés, nous rendons, sans le savoir, hommage à la conception des prophètes ; car c'est à eux en dernière analyse
que nous devons cette idée si profondément ancrée dans
notre cerveau, mais qui n'est nullement primitive dans
l'humanité, que la religion n'est rien si elle n'est pas une
puissante source de vie morale.

1. *Osée* 6, 6.
2. *Amos* 5, 4 et 14.

III

Les deux points traités jusqu'à présent nous ont montré que les prophètes ont reconnu à l'obligation morale une autorité souveraine. En disant maintenant quelques mots de ce qu'ils pensaient des rapports de *la morale* et de *la loi*, nous allons voir quelle était pour eux la norme de cette obligation et quel en était à leurs yeux le contenu.

Les prophètes n'en appellent jamais à l'autorité d'une loi. Le fait est d'autant plus significatif que, dès le temps des plus anciens prophètes, il existait certainement déjà des recueils de lois formulant par écrit les principes attribués à Moïse et couvertes de l'autorité de Yahvéh lui-même, non pas certes toute la *Torah* telle que nous la lisons aujourd'hui dans le *Pentateuque* (la majeure partie de la *Torah* actuelle n'a été rédigée que plus tard, au viie, puis au ve siècle), mais de petits codes de quelques pages comme ceux qu'on appelle le Livre de l'Alliance et le second Décalogue [1]. L'un des premiers prophètes, Osée, fait en passant allusion à l'existence de ces lois écrites : « Quand j'écrirais pour lui », dit Yahvéh en parlant d'Israël, « des multitudes d'ordonnances, elles sont regardées comme si elles venaient d'un étranger [2]. »

S'ils n'invoquent pas la Loi écrite, les prophètes n'en appellent pas davantage au droit coutumier oral. Pour l'ancien Israël, on s'en souvient, la pratique de la justice se confondait à peu près complètement avec l'observation de la coutume nationale. Les prophètes, certes, protestent sou-

---

1. *Exode* 21-23 : *Exode* 34, 14-26.
2. *Osée* 8, 12.

vent avec indignation contre les violations du droit traditionnel dont les riches et les juges prévaricateurs se
rendent coupables aux dépens des petits et des pauvres.
Mais ils savent que l'observation du droit ne constitue pas
tout le devoir. Amos dénonce comme un des crimes inex-
piables qui obligent Yahvéh à prononcer contre Israël un
arrêt de mort irrévocable, la conduite de ces hommes qui
« vendaient le juste pour de l'argent et le pauvre pour
une paire de sandales », c'est-à-dire de ces créanciers qui,
usant du droit que leur conférait la loi, vendaient comme
esclave le débiteur qui ne leur remboursait pas leur prêt,
ce prêt n'eût-il que la valeur d'une paire de chaussures.
C'était légal ; et cependant, aux yeux d'Amos, c'était un
crime irrémissible.

Ce que les prophètes veulent, c'est bien plus que l'observation de la lettre des lois, c'est l'aspiration de tout l'être
vers ce qui est le principe de toutes les actions bonnes, vers
le bien ou vers Dieu. « *Poursuivez* le bien », dit Amos,
« *haïssez* le mal et *aimez* le bien [1] ». Cherchez Yahvéh [2].
Le reste n'est que précepte humain ; c'est Ésaïe qui le
déclare :

> « Le Seigneur dit : ... ce peuple
> S'approche de moi en paroles
>   Et m'honore des lèvres
> Mais il a éloigné de moi son cœur...
> Et la crainte qu'il a de moi
>   N'est qu'un commandement de tradition humaine [3]. »

Il y a même un prophète qui en vient à regretter comme
funeste l'existence de lois mettant en formules la volonté

1. *Amos* 5, 14, 15.
2. *Amos* 5, 4.
3. *Ésaïe* 29, 13.

divine : c'est Jérémie. Lorsque, après la promulgation du *Deutéronome* sous Josias, il constata que le peuple, possédant maintenant une loi écrite dont il se flattait d'observer la lettre, se décernait à bon marché un brevet de justice parfaite,

> « Mon peuple, s'écria le prophète, ne connaît pas
>   Les exigences de Yahvéh.
> Comment pouvez-vous dire : « Nous sommes sages,
>   Nous avons avec nous la loi de Yahvéh ? »
> En vérité, c'est pour une duperie que s'est mise à l'œuvre
>   La plume mensongère des scribes[1] ! »

Bref, pour les prophètes, la norme de l'action bonne n'est pas à chercher au dehors, fût-ce dans les meilleures des lois ; c'est une impulsion intérieure qui doit nous la dicter.

Et quel est le contenu des vraies exigences de Yahvéh ? Les prophètes n'ont jamais entrepris de l'enfermer dans une définition qui le ferait apparaître comme quelque chose de limité, de borné. Ce n'est pas un ensemble d'actes conformes à une règle, c'est une attitude de tout l'être moral, c'est une orientation de la vie, une aspiration. L'un deux a une expression bien caractéristique : il ne dit pas que Yahvéh demande qu'on pratique la bonté, mais qu'on *aime* la bonté[2].

Toutefois, si aucun des prophètes ne définit cette attitude normale de l'âme, chacun en met en lumière de préférence certains côtés, selon son caractère et son tempérament personnels. Chacun éclaire l'idéal commun d'un certain jour, projetant sur lui ce qu'on pourrait appeler la couleur propre de son âme.

Pour Amos, ce que Dieu réclame, c'est avant tout la justice, par où il entend le principe universel d'équité et de

1. *Jérémie* 8, 7. 8.
2. *Michée* 6, 8.

bonté qui s'impose à tout être humain : les Égyptiens et les Philistins sont, à ses yeux, d'aussi bons juges en matière de justice que les Israélites ; et cette règle connue de tous jugera sur un pied de parfaite égalité Damas et Ammon, Moab et Israël. Cette règle n'est, du reste, pas une loi morte ; elle se confond avec une personne dont elle constitue la nature la plus intime, avec Yahvéh.

Osée, nature ardente et toute de sentiment, le saint Jean parmi les prophètes, caractérise de préférence l'attitude qu'il demande par le mot difficile à traduire de *hèsed* : c'est ce sentiment d'affection tendre, familiale, respectueuse que les Latins appelaient *pietas* ; c'est tout à la fois l'amour pour Dieu, la piété, — l'attachement plein de vénération du fils pour son père, la piété filiale, — et le sentiment de solidarité profonde qui unissait, surtout dans l'antiquité, les membres d'une même famille en un corps unique à l'intérieur duquel on vit sur le pied, non du droit légal, mais de la bonté, des sacrifices réciproques. Voilà le lien qui doit unir la nation à celui qu'Osée présente d'ordinaire comme son père ou son époux divin, et attacher les uns aux autres les membres de la grande famille de Yahvéh. Cette *hèsed* a, d'après Osée, sa source dans ce qu'il appelle « la connaissance de Dieu », c'est-à-dire dans le sentiment personnel et vivant de la nature essentiellement éthique et des exigences toutes morales du Dieu des prophètes.

Ésaïe, pour désigner cette source religieuse de la vie morale, a déjà frappé le terme qui fera fortune dans le christianisme, celui de foi. La foi, pour lui, c'est une confiance humble et courageuse dans la direction divine de l'histoire, qui fait que le peuple, décidé à obéir à son Dieu, s'en remet pour tout le reste à celui qui mène souverainement les empires.

Jérémie, enfin, insiste plus qu'aucun autre sur la nécessité d'un changement intérieur, modifiant non seulement la surface de la vie, les actes et les paroles, mais les profondeurs même de l'être. Dieu est « près de leur bouche, mais loin de leur cœur », dit-il de ses contemporains. « Circoncisez vos cœurs. » Car Yahvéh « pénètre les reins et les cœurs [1] ».

Cet idéal de vie bonne qui brillait ainsi devant leur conscience, les prophètes se sont toujours gardés de le détailler en une multiplicité de devoirs spéciaux, comme s'ils avaient senti que, en faisant passer la lumière du soleil à travers le prisme qui le décompose en ses éléments, on lui fait perdre quelque chose de son éclat et de sa chaleur vivifiante. On ne saurait trop admirer la sûreté d'instinct moral qui les a ainsi préservés de céder à une tentation très naturelle, tentation à laquelle n'ont pas su résister Ézéchiel déjà et le législateur du temps de Josias, et surtout ceux de l'âge suivant, et qui devait presque fatalement conduire au légalisme et à la casuistique.

Le Décalogue lui-même, qui a été sans doute rédigé au temps des grands prophètes par un prêtre de leurs disciples, le Décalogue lui-même est loin, malgré sa simplicité lapidaire, d'exprimer toute la richesse de vie morale et religieuse que les prophètes exigeaient comme la vie normale. S'il fallait à tout prix enfermer cet idéal dans une formule, la meilleure serait peut-être cette parole de l'un d'entre eux à laquelle nous avons déjà fait allusion :

« Yahvéh ne demande rien de toi
Si ce n'est de pratiquer la justice, d'aimer la bonté (*hèsed*)
Et de marcher humblement avec ton Dieu [2] ».

1. *Jérémie* 12, 2, 12 ; 4. 4.
2. *Michée* 6, 8.

IV

Et pour imposer à l'individu de si hautes exigences,
quelles promesses et quelles menaces extraordinaires les
prophètes lui faisaient-ils donc ? A proprement parler, ils
ne lui en faisaient aucune.

Nous touchons ici à un des points qui déroutent le
plus notre conception traditionnelle de ce qu'est la morale religieuse. Les prophètes ne croient point à une
survie de l'individu ; il n'y a pour eux, non plus que
pour l'antiquité israélite en général, ni félicité réservée
aux justes, ni châtiments destinés aux méchants dans
l'au-delà.

L'individu n'a pas davantage à compter sur le bonheur
ou sur le malheur dans cette vie, selon la conduite bonne
ou mauvaise qu'il adoptera. Les prophètes annoncent sans
doute, à l'occasion, à tel de leurs contemporains, un châtiment qui le frappera dans sa santé, sa liberté ou sa vie,
ou au contraire une délivrance que Dieu lui accordera en
récompense de sa fidélité. Mais ce sont là des cas tout à
fait exceptionnels. Il se peut fort bien qu'un intrépide
champion de la justice, un bon serviteur de Yahvéh comme
Osée ou Jérémie, soit pendant toute son existence en butte
aux persécutions.

Quel est donc le mobile puissant qui doit déterminer
l'individu à réaliser ce changement profond de toute sa vie
qu'exigent de lui les prophètes ? C'est le souci de l'intérêt
ou, pour parler plus exactement, du salut de la nation. Il
faut que chacun change de vie, renonce au mal, oriente
toute son existence vers le bien, parce que sans cela le

peuple est perdu. Toutes les promesses comme toutes les menaces des prophètes sont pour Israël.

Le sentiment de la solidarité nationale, qui fait que chacun s'oublie pour le bien de la patrie, avait été l'un des traits les plus sympathiques de la physionomie morale de l'ancien Israël ; il reste pour les prophètes le ressort essentiel. le mobile dominant. Seulement d'instinctif. de traditionnel qu'il était d'abord. il devient chez eux de plus en plus réfléchi et conscient.

Les prophètes ont, en effet, découvert et mis dans une lumière toujours plus vive la valeur de la personnalité humaine. Ils ont été eux-mêmes des individualités religieuses et morales de premier ordre, ayant chacune sa puissante originalité. Et l'on voit en quelque sorte, en passant d'un prophète à l'autre. grandir le sentiment qu'ils ont de la communion directe qui unit chaque croyant à son Dieu.

Cet accent mis par les prophètes sur la valeur religieuse et morale de la personne devait avoir tôt ou tard pour corollaire de faire reconnaître aussi à l'individu un droit à des récompenses ou à des châtiments qui lui soient propres. Et cette conséquence, qui s'annonce déjà au temps de Jérémie, a été, en effet. tirée par Ézéchiel et par le judaïsme, dont ce prophète est le véritable père. Mais les autres prophètes, à bon escient sans nul doute, ne sont pas entrés dans cette voie. Ils trouvent normal que l'individu ne cherche pas d'autre récompense à sa fidélité que le bien du peuple tout entier.

Ce sentiment si noble et si délicat trouve son expression la plus haute, la plus héroïque, dans une figure idéale esquissée par le grand prophète anonyme de l'époque de l'exil dont les écrits nous ont été conservés dans le livre

d'Ésaïe et qu'on appelle pour cette raison le Second Ésaïe.
Cette figure, c'est celle du serviteur de Yahvéh. Le serviteur de Yahvéh, c'est-à-dire, comme le prophète l'explique,
Israël, le groupe de vrais Israélites conscients de leur
mission, est humilié, méprisé des hommes, en apparence
frappé de Dieu, semblable à un agneau qu'on mène à la
boucherie ; mais il n'ouvre point la bouche, il livre son
dos à ceux qui le frappent, ses joues à ceux qui arrachent
sa barbe, il ne dérobe pas son visage aux ignominies et
aux crachats, parce que tout cela, il sait qu'il l'endure
pour l'iniquité de tous [1].

Cette page n'en devient que plus belle si, comme nous
inclinons à le croire, la collectivité pour laquelle le serviteur de Yahvéh accepte ainsi les pires souffrances n'était
pas, dans la pensée du prophète, le peuple israélite seulement, mais l'ensemble des nations humaines, ces peuples
et ces rois qui un jour, comprenant enfin son dévouement,
s'écrieront :

> C'était pour nos péchés qu'il était blessé,
> Pour nos iniquités qu'il était brisé [2].

Nous pouvons clore sur cette page, qui est bien le point
culminant de la morale des prophètes, l'exposé très incomplet que nous avons fait de cette morale.

Le trait qui frappe peut-être le plus dans cette conception de la vie, c'est l'équilibre qui s'y manifeste. Les prophètes ont, sur bien des points, réalisé du premier coup la
synthèse des éléments que l'analyse plus pénétrante des
siècles suivants devait distinguer et opposer les uns aux
autres, souvent au détriment de l'harmonie du dévelop-

1. *Ésaïe* 42, 1-4 ; 49, 1-6 ; 50, 4-9 ; 52, 13-53. 12.
2. *Ésaïe* 52, 15 : 53, 5.

pement humain. La morale des prophètes a évité l'ascétisme, de même que la casuistique et le légalisme ; elle a atteint à une haute spiritualité. Elle unit la justice et la charité, les œuvres et la foi, le mérite et le pardon. Elle a fondu intimement la morale individuelle et la morale sociale. Elle a prêché une éthique toute pénétrée de religion et ne dictant cependant aucun devoir religieux qui ne soit moral. Et cette synthèse, elle y est parvenue sans effort apparent. Les prophètes sont d'admirables exemplaires de santé morale.

On peut trouver que sur certains points ils ne sont pas assez dégagés de la mentalité antique, que la valeur et surtout les droits de la personne individuelle ne sont pas chez eux assez mis en lumière, que leur analyse est insuffisante, qu'ils ont vécu leur morale plus qu'ils ne l'ont formulée et surtout démontrée, qu'ils procèdent par intuitions surgissant des profondeurs inconscientes de leur être plus que par raisonnements.

Mais peut-être à cause même de ce que leur conception de la vie a encore d'incomplet, d'inachevé, est-elle plus capable que d'autres de communiquer des impulsions profondes vers un idéal toujours plus élevé.

Eux-mêmes, en effet, — et c'est là un trait singulièrement rare, peut-être unique, chez des révélateurs religieux —, eux-mêmes les prophètes ont eu le clair sentiment que leur solution n'était que provisoire. Prophètes, ils ont annoncé un temps où les prophètes deviendraient inutiles, où Dieu conclurait avec son peuple une alliance nouvelle : « Et c'est ici, dit Yahvéh, l'alliance que je conclurai avec la maison d'Israël après ces jours-là :

> Je mettrai ma loi au-dedans d'eux
> Et je l'écrirai sur leur cœur...

Celui-ci n'enseignera plus son prochain
Ni celui-là son frère en disant :
Connaissez Yahvéh.
Car tous me connaîtront
Depuis le plus petit jusqu'au plus grand [1]. »

Un temps où les lois deviendront superflues, où chaque conscience individuelle communiera directement avec celui qui est le Bien absolu ! Qui oserait dire que cette ère d'autonomie vraie soit déjà venue, que l'idéal entrevu par les prophètes soit déjà dépassé et qu'il n'ait plus rien à dire à la conscience moderne ?

1. *Jérémie* 31, 31-34.

MORALE ET RELIGION
DANS L'ANTIQUITÉ GRECQUE

Par A. CROISET
Doyen de la Faculté des Lettres de l'Université de Paris.

La morale et la religion, dans le monde moderne, sont étroitement associées. Il n'est pas de grande religion qui ne prescrive et ne sanctionne nombre de préceptes purement moraux; et, d'autre part, beaucoup de penseurs considèrent qu'une morale sans fondement religieux est une chimère. C'est ainsi que Ferdinand Brunetière a été conduit à poser ce qu'il appelait l'*équation fondamentale*, en vertu de laquelle morale et religion seraient deux termes inséparables, tellement unis que le progrès et la décadence, pour l'une et pour l'autre, iraient toujours du même pas. Et le grand polémiste, en exposant cette théorie, croyait l'appuyer non sur des vues *a priori*, mais sur l'étude rigoureuse des faits.

Il est intéressant de voir jusqu'à quel point l'histoire de la morale et de la religion grecques confirme ou ébranle cette conception. La Grèce nous offre, en cette matière comme en temps d'autres, un champ d'observation particulièrement favorable; car il nous est assez facile de l'embrasser dans toute son étendue, et l'évolution des idées s'y est faite d'une manière assez complète pour être fort instructive. Je dirai tout de suite que l'examen des faits ne me paraît pas justifier l'inflexible rigueur de la formule de Brunetière.

A vrai dire, on ne voit pas bien, dans la nature de la morale ni dans celle de la religion, la raison profonde et essentielle de cette solidarité inébranlable ; car ce sont choses foncièrement distinctes. En somme, la morale est la conception d'un certain idéal de vie, surtout de vie collective, puisque l'homme ne peut vivre qu'en société. La religion, quand on l'étudie dans ses formes les plus simples et les plus anciennes, semble être avant tout une certaine conception des relations de l'homme avec l'ensemble des forces inconnues, mystérieuses, redoutables, qui l'enveloppent de toutes parts et qui sont pour lui la source de beaucoup de biens et surtout de beaucoup de maux. On peut appeler, si l'on veut, *morale religieuse* la loi de ces relations. Mais ce n'est là qu'une petite partie de la morale au sens large du mot. En outre, si ces forces étaient conçues comme aveugles et impersonnelles, à la manière de la chaleur ou de l'électricité des phyciciens, ou comme purement méchantes, la seule religion possible serait une sorte de magie par laquelle on se flatterait de les conjurer et qui n'aurait rien à voir avec la morale proprement dite. Il est vrai qu'ordinairement une sorte d'anthropomorphisme plus ou moins grossier prête à ces forces, qu'on divinise, une intelligence et des passions analogues à celles de l'homme, avec la puissance et la volonté de se faire obéir ; de plus, ces dieux conçus à l'image de l'homme ne sont pas dépourvus d'un certain idéal moral qu'ils ont le désir de faire prévaloir. Et ainsi la morale pénètre dans la religion, parce qu'elle est déjà dans la pensée des hommes qui conçoivent les dieux.

Mais on voit assez, si ces explications sont exactes, que la morale et la religion, à l'origine, sont associées plutôt par *accident*, comme disent les philosophes, qu'en vertu d'une nécessité absolue et d'une similitude essentielle de nature, l'une visant surtout les rapports de l'homme avec l'univers, et l'autre les rapports des hommes entre eux. On comprend aussi que morale et religion puissent se développer parallèlement, pour ainsi dire, non sans actions et réactions réciproques, mais cependant par des causes intimes nettement distinctes, la morale se perfectionnant surtout par le progrès même de la vie sociale, la religion se modifiant à la fois par une connaissance plus exacte de l'univers et par les corrections qu'un idéal moral de plus en plus élevé l'oblige à apporter dans sa conception de la divinité. Il n'y a nulle nécessité à ce que les progrès de la morale se rattachent toujours à un progrès religieux : logiquement c'est plutôt l'inverse qui doit se produire; car il faut que l'homme s'améliore pour qu'il puisse concevoir des dieux moins imparfaits.

C'est précisément, à mon sens, la leçon qui se dégage d'une histoire comparée de la morale et de la religion grecques. On y voit la morale toujours en avance sur la religion proprement dite, et celle-ci faisant effort, dans de certaines limites, pour se mettre au courant de ce qui s'est fait en dehors d'elle. On y voit aussi, d'un bout à l'autre de la longue évolution de la Grèce antique, la persistance de certaines tendances caractéristiques de l'esprit de la race, tendances qui sont les moteurs de toutes les transformations successives : un rationalisme qui cherche à tout comprendre, un souci de l'intérêt personnel qui conduit en morale à l'*eudémonisme*, c'est-à-dire à une morale du bonheur, et qui, s'affinant sans cesse, ne disparaît jamais des systèmes les plus noblement idéalistes.

Au début, les dieux sont surtout des êtres puissants et redoutables, médiocrement moraux. Plus tard, la vieille morale religieuse se perfectionne par l'effet de la vie civique plus civilisée. A la fin, la morale s'affranchit peu à peu de la religion traditionnelle et se suffit à elle-même chez certains penseurs, tandis qu'elle se crée, chez d'autres, une sorte de religion nouvelle, toute philosophique.

Ces trois étapes du progrès moral se succèdent logiquement, sans que les plus récentes effacent jamais complètement les plus anciennes : il y a superposition et juxtaposition. La première correspond au fonds le plus primitif et reste toujours vivante aux rangs les plus bas de la société ; la seconde, qui représente d'abord les idées d'une minorité, finit par caractériser l'opinion et les croyances de la moyenne, de la masse plus ou moins dirigeante dans les démocraties ; la troisième, enfin, n'a jamais été atteinte que par les esprits les plus cultivés.

Je voudrais essayer d'indiquer très brièvement comment s'opère cette évolution et comment, à toutes ses étapes, les traits caractéristiques de la pensée grecque s'y manifestent.

I

La plus ancienne société grecque que nous connaissions avec quelque précision est celle dont l'image revit dans les poèmes d'Homère et d'Hésiode. C'est une société semi-patriarcale, divisée en une multitude de petits États indépendants qui ne sont guère que des clans, chacun avec son roi héréditaire. Les rois descendent des dieux ;

ils sont magistrats, prêtres et chefs de guerre. Leurs privilèges sont consacrés par une tradition immémoriale et acceptés sans discussion. Ils consultent le peuple, c'est-à-dire les guerriers, dans les circonstances graves. Plus fréquemment, ils ont recours à l'assistance des chefs de familles, des anciens. Le peuple est agriculteur ou marin. Les villes sont le plus souvent des villages. Le roi et sa famille habitent un palais, qui est quelquefois une forteresse. La guerre est fréquente : elle est une source de richesse par le pillage, encore plus qu'un moyen de conquête. La vie publique et privée est réglée par la coutume, et toute l'organisation sociale est fort simple. Les hommes sont de grands enfants, qui se gouvernent par l'instinct ou par la tradition plutôt que par une réflexion vraiment active. La morale usuelle est condensée en proverbes, en formules populaires, héritées des ancêtres et qui résument l'expérience du passé.

Dans cette société, les humbles tiennent peu de place et l'épopée les néglige. Hésiode pourtant s'adresse à eux, ce qui était alors une nouveauté; il leur recommande la résignation, la justice envers leurs voisins, le courage au travail, qui fait les maisons prospères.

Les rois, comme chefs du clan, ont une vie intellectuelle et morale plus active et plus riche. Quelques-uns, comme Ulysse, sont justes et bienveillants. La plupart, au dire d'Hésiode, sont violents et capricieux, plus intéressés que justes. Tous sont braves. Beaucoup associent à leurs instincts impétueux des vertus plus douces : ils pratiquent l'hospitalité; ils sont capables de pitié aussi bien que de cruauté.

Les ressorts de cette moralité sont de plusieurs sortes. Il y en a de purement humains, et d'autres qui ont un caractère religieux.

La race grecque est naturellement douce. Elle est intelligente et capable de raisonnement. Elle est généreuse et sensible à la beauté. De là une certaine modération dans la violence, même chez ces guerriers impulsifs; ils ne s'y abandonnent pas par amour de la destruction, mais seulement sous le coup de la passion, et ils sont capables de revenir sur un premier mouvement. Très individualistes, ils cherchent volontiers leur intérêt, soit sous la forme d'un avantage immédiat, soit sous celle de la gloire. Ils ne supportent pas une offense. Ils réclament leur dû avec impétuosité. Ils se vengent d'une insulte ou d'une injustice avec une ardeur parfois cruelle. Mais ils ne font pas le mal par goût, par instinct; leur intelligence naturelle les avertit vite que la moralité est souvent une bonne affaire, et que d'ordinaire un crime est une sottise.

L'homme vertueux, dans la guerre comme dans la paix, a pour récompense la gloire d'abord, à laquelle les Grecs tiennent par dessus tout, ensuite l'estime, qui donne l'autorité. Le lâche et l'homme injuste sont haïs et méprisés, et ils se trouvent, en fin de compte, avoir fait un mauvais calcul en préférant le mal au bien. Le coupable, à leurs yeux, est surtout un ignorant, un homme qui s'est trompé sur son véritable intérêt. La doctrine de Socrate sur les relations de la science et de la vertu est déjà en germe dans les cerveaux des héros homériques.

D'autres mobiles d'action ont un caractère religieux : ils peuvent se résumer en un seul mot, la crainte des dieux. Mais il faut en voir le vrai caractère et ne pas en exagérer l'importance.

Les dieux, aux yeux du Grec primitif, sont sans doute dans une certaine mesure les protecteurs de la justice. Mais ils le sont d'une manière qui n'est pas du tout conforme aux exigences des âges postérieurs, et l'idée qu'on se fait alors de leur personne morale n'est pas exclusivement ni même principalement celle qui convient à des justiciers.

Au temps d'Homère et d'Hésiode, les dieux sont avant tout les « rois » du monde physique, qu'ils gouvernent à peu près comme les rois de la terre gouvernent leurs peuples, avec un mélange de raison et de caprice. En outre, bien que l'imagination populaire leur donne une forme humaine, ils sont trop étroitement associés aux grands phénomènes naturels pour que l'*amoralité* de la nature ne pénètre pas l'idée qu'on se fait d'eux. De là, chez Hésiode, tous ces mythes cosmogoniques qui n'ont rien de commun avec la morale et qui devaient choquer plus tard des esprits plus soucieux de logique que ceux de l'âge précédent. Mais laissons de côté cet aspect des dieux ; prenons-les uniquement comme les rois du monde, rois immortels et puissants, qui vivent heureux dans l'Olympe, à l'abri des misères humaines, savourant le nectar et l'ambroisie au chant des Muses, comme les rois de la terre boivent leur vin en écoutant les chants des aèdes. Parfois, ils se donnent le plaisir de prendre part aux combats des hommes. Ils ont les qualités et les défauts des rois de la terre, mais exagérés. Aucune idée de perfection morale ne s'attache à la notion des dieux. Si leur intelligence est supérieure à celle des hommes, si leur puissance est incomparablement plus grande, leurs passions aussi sont plus fortes et plus terribles et ne semblent pas mieux réglées par la raison. A certains égards, ils semblent parfois moins moraux que les hommes, à cause de cette puissance même, qui leur permet de tout faire et de ne rien redouter. On trouve, chez les plus sages des divinités homériques, chez une Héra,

chez une Athéné, des emportements de colère qui ressem-
blent à une griserie d'orgueil et qui font que leurs actes
se rapprochent plus de ceux d'un tyran que de ceux d'un
bon roi. Au milieu de leurs joies olympiennes, cependant,
ils s'occupent de ce qui se passe sur la terre et s'appliquent
à gouverner leur empire. De quelle manière et dans quel
esprit ?

Les dieux sont pour les hommes la source de tous les
biens, δωτῆρες ἐαῶν. Ils leur donnent les moissons qui les
font vivre, la santé qui leur permet le travail, la richesse
et la gloire qui sont le comble du bonheur. Ils protègent
la vie sociale, donc aussi la justice, θέμις, qui assure la
prospérité des cités. Ils donnent ces biens à leurs amis et
les retirent à leurs ennemis. Ils sont donc les juges suprêmes
et, en un sens, les défenseurs de la morale. Mais ils portent
dans cet office même leurs défauts aussi bien que leurs
qualités. Leurs amitiés et leurs haines sont essentiellement
capricieuses et personnelles. Les ennemis des dieux sont
moins les hommes injustes en général que leurs propres
adversaires. Ixion, Tantale, Sisyphe sont punis cruellement pour avoir osé rivaliser avec eux. Le crime irrémissible, c'est de vouloir être pareil à un dieu quand on est un
homme : l'orgueil impie, ὕβρις, est un attentat contre la loi
de partage qui réserve aux dieux la toute-puissance et qui
ne laisse à l'homme que sa faiblesse naturelle. Le parjure
aussi est un grand crime, parce qu'il est une insulte directe
au pouvoir des dieux, qu'on semble défier en les prenant
à témoin d'un mensonge. Les crimes ordinaires, cependant,
sont aussi considérés comme exposant le coupable à la
vengeance des dieux. Mais les grands supplices du Tartare
ne sont pas pour les auteurs de ces crimes : ils sont réser-
vés aux adversaires directs des Olympiens. Les malfai-

teurs vulgaires sont punis, tôt ou tard, sur cette terre même, soit dans leur personne, soit dans leur postérité. Mais cette justice est parfois tardive, et les faits semblent la démentir. Que penser, devant le triomphe du méchant et devant la misère du juste ? Bien avant Théognis, qui s'en indigne et s'irrite de ne pas comprendre, ce scandale avait dû frapper l'esprit des moins attentifs et inspirer des doutes sur l'efficacité du gouvernement des dieux. Aussi n'est-on pas surpris de constater la place restreinte que les considérations purement religieuses semblent tenir dans la vie morale des contemporains d'Homère et d'Hésiode. Les raisons humaines de faire le bien devaient sembler plus décisives et plus fortes.

Au total, cette première période de la vie morale en Grèce semble pouvoir se résumer de la manière suivante : on croit en principe à des dieux justiciers, mais on ne sent pas l'action de cette justice très présente dans le détail des affaires humaines ; elle inspire une crainte vague, médiocrement efficace pour la direction de la conduite. Heureusement, la race est intelligente et noble. Malgré des côtés de barbarie persistante, elle est capable de générosité. Elle est assez éprise de beauté et assez intelligente pour deviner une harmonie profonde entre l'intérêt personnel et l'intérêt général, entre la moralité et le bonheur. Si la religion ne lui offre qu'un appui capricieux et incertain, elle trouve dans ses instincts innés des guides qui l'amènent peu à peu à mettre dans sa vie plus d'ordre, plus de beauté, et qui l'acheminent ainsi vers une forme supérieure et plus consciente de vie morale.

II

Le viie et le vi[e] siècle sont une époque de transformation
profonde dans la société grecque. Par l'accroissement de
la population, par le développement économique, par l'extension de la vie urbaine, les conditions de la vie sociale
sont changées. L'activité pratique et l'activité intellectuelle,
favorisées par une civilisation plus complexe, prennent une
intensité toute nouvelle. L'État politique en subit le contre-
coup. Partout, les vieilles royautés disparaissent. En
général, elles font place à des gouvernements aristocratiques, parce que l'aristocratie, grâce à ses richesses, est
prête à profiter la première du déclin des anciennes
traditions. Mais déjà le peuple commence à compter dans la
vie publique. Les révolutions aristocratiques sont souvent
accompagnées ou suivies de mouvements populaires. D'ordinaire, ces mouvements échouent ou aboutissent à la tyrannie. Mais, dès le commencement du vi[e] siècle, les réformes
de Solon, malgré leur durée éphémère, sont l'expression
éclatante d'un esprit nouveau qui a pris conscience de
lui-même et qui ne disparaîtra plus jusqu'au succès définitif. Même les aristocraties et les tyrannies sont obligées
de lui faire des concessions. La notion républicaine de
la cité se répand et triomphe de la vieille conception du
clan et des familles. On commence à écrire les lois, qui
sont mises ainsi sous les yeux de tous et exposées à la discussion. L'esprit de cet âge est réfléchi, actif, curieux d'ordonner des connaissances. Les premiers philosophes cherchent, en dehors des traditions religieuses et poétiques, à
percer le mystère de l'univers, et y découvrent la fixité des lois

naturelles, substituées aux caprices des dieux anthropomorphiques. Le monde, pour Pythagore, est une harmonie,
un κόσμος. Les poètes lyriques et élégiaques expriment
l'idéal d'harmonie politique (εὐκοσμία) qui apparaît de plus
en plus comme la forme supérieure et nécessaire de la
vie collective.

De là toute une morale nouvelle, qu'on peut dire
vraiment la fille de la cité. Elle repose essentiellement sur
l'idée de cet ordre raisonnable, intelligible, s'exprimant
par la *loi*, qui assure à tous, à l'abri de l'arbitraire et du
caprice, une existence utile à chacun aussi bien qu'à la
communauté. Elle est à la fois très esthétique et très utilitaire ; le bien moral, c'est à la fois le beau par excellence,
τὸ καλόν, et l'utilité suprême, τὸ ἀγαθόν, et ces deux termes
caractéristiques s'unissent alors dans la locution courante
τὸ καλὸν κἀγαθόν, qui traduit fidèlement la pensée morale
de la Grèce. Les vertus fondamentales sont celles qui assu-
rent l'existence de la cité par la discipline volontaire des
individus : c'est le courage, qui la défend contre l'ennemi
du dehors ; c'est la justice, qui en est le plus ferme soutien ; c'est la tempérance, qui est la condition des autres
vertus ; c'est aussi la piété qui lui assure l'amitié des
dieux. Mais quelle sorte de piété ? Et comment va se comporter cette pensée civique si intelligente, à l'égard des
vieilles traditions, qui correspondent à un état d'esprit si
différent ?

Parmi les penseurs de ce temps, quelques-uns sont
franchement révolutionnaires en matière religieuse et ne
cachent pas leur mépris pour les antiques croyances.
Xénophane s'indigne violemment contre les naïves et
grossières conceptions de l'anthropomorphisme. Plus ou
moins explicitement, un Parménide, un Héraclite sont

au fond du même avis. Même Théognis, qui n'est pas un
philosophe, ne peut s'empêcher de réfléchir et de se scan-
daliser. Toutefois cette attitude est fort loin d'être générale : elle est confinée dans le cercle assez restreint des
savants, des « physiciens », et n'est partagée qu'acciden-
tellement par quelques rares intelligences. La majorité
des esprits éclairés se contente de corriger les vieilles
légendes, de les épurer, soit par l'élimination de leurs éléments les plus grossiers, soit par des interprétations plus
raisonnables. Chez un Solon, chez un Pindare, plus tard
encore chez un Hérodote, ce travail de correction pieuse
est très visible. Il en résulte une conception nouvelle des
dieux qui, sans heurter de front la croyance populaire, la
ramène doucement à un idéal plus moderne. Peu à peu,
l'idée d'une volonté divine intelligente et juste se dégage
du chaos des traditions poétiques et primitives. La divinité
grandit à mesure que l'homme devient plus civilisé.

Cette réforme spontanée trouve un terrain particulièrement favorable dans le développement des cultes mystiques, probablement tout aussi grossiers à l'origine que
la mythologie populaire, mais que leur caractère secret
et symbolique permettait plus facilement de transformer
au gré des idées nouvelles. On y découvrit ou on y mit
certaines doctrines qui semblaient mieux d'accord avec le
besoin de justice tel qu'on le ressentait alors. Au lieu de
l'antique solidarité des races devant le crime d'un ancêtre, on
y aperçut la doctrine du salut ou de la punition individuelle.
Au lieu de l'implacable Némésis, on y reconnut la possibilité de la purification. Au lieu du caprice des divinités,
on y trouva la régularité rassurante des rites, avec leur
efficacité assurée. La vie future, jusque-là très nuageuse,
apparut dans une clarté saisissante, avec ses peines et

ses récompenses mesurées selon la justice. Il n'en fallait pas davantage pour pousser la multitude vers ces mystères autrefois peu fréquentés, mais où l'on trouvait maintenant la satisfaction de tous les besoins nouveaux qu'une conscience plus éclairée et plus délicate avait fait naître dans les âmes.

La piété que célèbrent les poétes lyriques ou élégiaques et que les lois de la cité encouragent est donc une piété assez différente de celle que pouvaient concevoir les contemporains d'Homère. Il ne s'agit plus seulement de conjurer par des sacrifices la mauvaise humeur d'une divinité capricieuse et redoutable : il s'agit d'honorer dans les dieux la plus haute expression de la raison et de la justice, et de mériter leur faveur par une vie conforme à la beauté morale. On voit clairement, dans l'ensemble de ces faits, comment une civilisation nouvelle a créé une nouvelle morale, et comment cette morale, à son tour, réagissant sur la religion, l'a épurée et transformée, avant de lui demander son appui pour l'amélioration de la vie humaine.

Cette révolution morale et religieuse est accomplie dès la fin du vi⁰ siècle. Elle était comme la synthèse de tout le mouvement intellectuel et politique des deux siècles précédents, et répondait à des besoins qui étaient à peu près universels. Aussi exerça-t-elle son influence sur l'ensemble de la population. Non, sans doute, qu'il n'y ait toujours eu des croyants attachés aux plus vieux mythes : car les anciennes idées ne meurent jamais entièrement. Mais elle fut assez généralement acceptée pour que les orateurs du v⁰ et du iv⁰ siècle, qui s'adressent à l'ensemble du peuple, s'inspirent habituellement de cette religion et de cette morale. Car la révolution que nous venons d'esquisser fut durable et marqua pour la plupart des hommes le terme qu'ils ne devaient pas dépasser. C'était une solution moyenne, en rapport étroit avec l'organisation même de la cité, suffisamment traditionnelle pour contenter l'amour du passé toujours si fort dans les sociétés qui ont une longue histoire, et cependant assez raisonnable, assez souple aussi, pour satisfaire aux exigences nouvelles.

Car cette morale civico-religieuse, en somme, est vraiment belle. Dans ses préceptes, elle embrasse toutes les fermes vertus qui font l'honnête homme et le bon citoyen. Elle les appuie sur la piété envers des dieux qui s'identifient avec l'idéal civique et humain le plus élevé : Athéna, déesse guerrière et intelligente, à la fois douce et redoutable, est la personnification radieuse de la cité de Thésée, de Solon, de Périclès et de Sophocle. Aux préceptes, cette morale ajoute des sanctions : sanctions religieuses en partie, surtout pour les initiés aux mystères : pour les autres, sanction traditionnelle d'une justice divine qui frappe dès cette vie les coupables soit dans leur personne soit dans celle de leurs descendants ; sanctions humaines surtout, et très fortes, par les punitions et les récompenses des lois, par le sentiment grandissant du lien qui unit l'intérêt collectif et l'intérêt privé, par la menace de la honte et par l'espérance de la gloire, si fortes l'une et l'autre dans ces sociétés fortement organisés, chez ces âmes actives, ardemment individualistes, éprises de grandeur et de beauté.

Le beau mot que je citais plus haut, καλὸς κἀγαθός, si souvent répété dans toute la littérature antique depuis Solon jusqu'à Socrate et Xénophon, exprime et résume à merveille ce que devait être « l'honnête homme » formé par cette morale : un citoyen qui aime le bien pour sa beauté et qui, en le pratiquant, fait de sa vie le plus utile emploi pour lui-même et pour les autres.

III

Tandis que la foule s'en tenait à cette formule, d'autres, cependant, devaient aller plus loin : ce sont les sophistes et les philosophes, à qui l'harmonieuse conciliation tentée par les poètes et les hommes d'État ne pouvait paraître assez rigoureuse, et qui devraient chercher à mettre plus de précision dans leurs pensées. Quelques mots suffiront pour rappeler les grandes étapes et les directions principales de ce nouveau mouvement, plus important que le précédent par ses conséquences lointaines et universelles, mais moins étroitement lié à la vie même du peuple grec.

On sait comment les grands sophistes du ve siècle, dans leur ardeur illimitée de critique et de libre examen, aboutirent d'emblée à l'agnosticisme. C'était une réaction inévitable de l'intelligence enfin mûre contre des traditions grossières ou enfantines et contre des assertions métaphysiques trop ambitieuses.

Dans ce grand naufrage, la morale risquait de sombrer avec le reste, et quelques-uns, en effet, ne se firent pas faute de proclamer la souveraineté de la force, c'est-à-dire de nier tout droit et toute morale, au sens ordinaire de ces mots. Cependant, les plus grands des sophistes n'allèrent pas jusque-là. Protagoras, d'un point de vue tout positif, mais très solide, reconnaissait la justice comme le soutien nécessaire de toute société, et Prodicos aimait à disserter sur les règles de la vie morale. Dans ces systèmes, par conséquent, la morale subsistait comme une des conditions indispensables de la vie collective, c'est-à-dire de toute vie humaine ; mais elle n'avait plus aucun rapport avec la religion, ni avec les théories métaphysiques quelles qu'elles fussent.

C'est alors que Socrate d'abord, ensuite ses disciples, entreprirent de reconstituer par une méthode rigoureuse l'édifice d'une morale appuyée sur des principes et sur une sorte de libre religion métaphysique.

Aux yeux de Socrate, la vertu est conforme à l'intérêt bien entendu, et il est possible de le démontrer. Notons ici, en passant, ce retour méthodique et raisonné à l'un des instincts les plus anciens et les plus indestructibles de la pensée grecque. Si l'on peut démontrer que la vertu est conforme à l'intérêt, il est clair que les méchants sont simplement des ignorants. Personne ne fait le mal de son plein gré, οὔτις ἑκὼν κακός ; car on fait le mal par intérêt, en quoi on se trompe. Il s'agit donc, pour rendre les hommes vertueux, de constituer la science de la vertu et de la leur enseigner. C'est à quoi il s'applique toute sa vie, en essayant de montrer que la sanction de la faute est dans les conséquences intrinsèques qui en sortent pour le bonheur de l'individu dans la vie présente. Il n'excluait d'ailleurs pas, dans les rêves mystiques où il semble bien qu'il se soit complu, une autre sorte de sanction, celle d'une vie future où un Dieu juste et bon traiterait chacun selon ses œuvres. Sur la forme précise de cette sanction, il n'adoptait évidemment pas à la lettre les récits des mythes et des mystères ; mais il est très probable que le Dieu auquel il croyait, quoique très philosophique par la conception très pure et très haute qu'il en avait, était réellement un Dieu vivant, et que beaucoup de religion se mêlait à sa philosophie proprement dite.

Des idées analogues, mais plus sèches, moins fortement liées, un peu plates parfois, et plus strictement conformes à la religion traditionnelle, furent reprises par Xénophon, qui mêle la piété populaire, la vertu et l'intérêt personnel le plus direct, d'une manière qui nous semble, à vrai dire, d'un bon sens un peu terre à terre.

Le même fond d'idées, au contraire, chez Platon, s'amplifie en un admirable système, et se colore d'une poésie qui lui donne une exquise beauté. Oui, le bonheur est la fin de l'homme, comme l'a dit Socrate. Et ce bonheur ne peut résulter que d'une parfaite santé morale. Ce qui constitue cette santé de l'âme, c'est l'équilibre harmonieux de ses facultés ou tendances, passions nobles et passions inférieures, tenues en bride par la souveraineté de la raison, qui les dirige vers les fins supérieures qu'elle seule connaît. Dans la cité comme dans l'individu, le salut est à ce prix. L'âme méchante, de même que la cité gouvernée par la foule aveugle ou par un tyran, est malade, et elle ne peut aller que vers le malheur, car il n'y a pas de plus grand malheur pour l'homme que d'être ballotté au hasard de ses passions, incapable de discerner son véritable intérêt. La sanction de la faute est dans ce déséquilibre même, qui lui ôte le privilège suprême de l'homme, celui de se gouverner par la raison. Celle-ci, qui, seule connaît les Idées éternelles et le souverain bien, est seule capable de lui donner un bonheur qui participe de l'éternité. A ces vues philosophique, Platon d'ailleurs, comme Socrate, ajoutait volontiers des méditations poético-religieuses sur la vie future.

Pour Aristote aussi, le bonheur est la fin de l'homme : toujours l'idée grecque de l'intérêt personnel, qui va d'ailleurs s'affinant et se spiritualisant sans cesse. Mais il n'y a qu'un moyen d'atteindre au bonheur : c'est la vertu. Et Aristote démontre l'insuffisance des autres moyens. La vertu est d'abord morale, et consiste à garder le « juste milieu » entre les excès opposés, déraisonnables et funestes. Mais elle est aussi intellectuelle, et elle est, sous cette forme, une des plus sûres conditions du bonheur. La vie la plus heureuse est celle de l'homme qui cultive en lui-même la partie divine de son âme, le νοῦς par lequel il atteint aux vérités éternelles. On voit l'individualisme foncier de cette morale, malgré les applications fort belles qu'en fait Aristote à la politique. Bien que la cité soit toujours debout, l'école, visiblement, tend à prendre le pas sur la vie civique. Cet individualisme correspond à une tendance profonde de l'esprit grec, tendance réprimée, et non supprimée, par trois siècles de vie politique intense.

Même individualisme, mais toujours plus accentué, dans les grandes doctrines morales qui se développent après la conquête macédonnienne, le stoïcisme et l'épicurisme. Désormais, toute vie politique supérieure a disparu. Les plus nobles esprits ne trouvent plus d'occupation à leur activité que dans les travaux de la pensée solitaire. Le bonheur, qui a toujours été pour les Grecs la fin de la vie, tendra de plus en plus à s'enfermer dans la vie individuelle, et particulièrement dans la vie contemplative de l'école. Sur ce point il n'y a guère de différence effective entre les stoïciens et les épicuriens, bien que les stoïciens restent fidèles en théorie à la tradition populaire, favorable à l'exercice de la vie publique. Mais, à d'autres égards, la différence est profonde entre les deux écoles.

Le stoïcisme, en somme, introduit dans la conscience morale de l'humanité des idées nouvelles. Le souverain bien, c'est-à-dire le bonheur parfait, réside à ses yeux dans la seule vertu, et la vertu se suffit à elle-même, sans avoir aucun besoin des biens extérieurs et contingents pour assurer la félicité parfaite du sage. La vertu est tout, le reste n'est rien. Le devoir moral prend alors pour la première fois un caractère absolu qui est pratiquement l'équivalent d'un impératif catégorique. Ni Aristote, ni Platon lui-même n'avaient osé séparer l'idée du bonheur de tout ce qui n'est pas la vertu proprement dite. De là, dans le stoïcisme, une raideur paradoxale qui l'entraîne à un prodigieux abus de logique ; mais de là aussi, dans son attitude morale, une grandeur qui va souvent jusqu'à la sublimité, et dont l'influence sur la pensée des âges postérieurs devait être immense. — Qu'est-ce donc que cette vertu ? C'est l'imitation de la divinité, âme et loi du monde. Le sage, par l'éducation de sa raison, doit tendre à s'identifier avec les volontés de cette loi suprême. Le stoïcisme ne rompt pas ouvertement avec la religion populaire et traditionnelle, mais il l'interprète de manière à la transformer. · Il ne nie pas les dieux de la mythologie, mais il n'y voit que des symboles, des noms donnés par l'homme aux divers aspects du Dieu unique partout répandu et partout agissant. Il garde les formes habituelles de la piété, mais sa religion, en réalité, est essentiellement philosophique et savante.

L'épicurisme, au contraire, plus fidèle, en morale, aux instincts de la foule, est franchement irréligieux. Il ne nie pas, il est vrai, l'existence des dieux du vulgaire, mais il les tient pour inactifs, et ne s'en occupe pas. Le seul objet que l'homme doive poursuivre, son bonheur personnel, ne réside pas dans une vertu chimérique : il est tout entier dans le plaisir, et le plaisir est essentiellement matériel, comme toute chose réellement existante : car l'épicurisme ne croit qu'à l'existence des atomes combinés par le hasard. Il ne suit d'ailleurs pas de là que le sage doive se vautrer dans les plaisirs grossiers. Le plaisir doit être cherché avec intelligence. Or, l'intelligence enseigne à distingner entre les plaisirs trompeurs, réellement funestes par leurs conséquences, et ceux qui ne trompent pas. Pratiquement, cette doctrine n'est pas très éloignée de celle d'un Xénophon et répond assez bien à la vieille croyance grecque que la vertu elle-même est un bon calcul. Le sage de l'épicurisme peut donc, par un bon sens avisé, arriver à se conduire dans la vie presque comme un stoïcien. On voit cependant quel abîme sépare les deux théories et combien celle-ci, tombant sur des natures médiocres, était dangereuse.

Après le stoïcisme et l'épicurisme, la Grèce n'a plus créé de grandes doctrines morales philosophiques. Mais il y a encore un nom qui mérite de nous arrêter : c'est celui de Plutarque ; non pas que Plutarque ait été le moins du monde un inventeur, mais parce qu'il représente à merveille une tendance très générale et très importante dans le monde gréco-romain des débuts de l'ère chrétienne.

Plutarque est ou se croit platonicien. En réalité, c'est un éclectique, un esprit curieux et une belle âme, très pieusement fidèle à toutes les grandes choses du passé hellénique, mais ouvert à tous les souffles du dehors, et qui, dans le mélange des races et des idées au sein de l'unité romaine, accepte de toutes mains, sans beaucoup de méthode ni de critique, les suggestions les plus diverses, pourvu qu'elles lui paraissent belles, utiles, morales, et que sa dialectique complaisante puisse les adapter toutes tant bien que mal aux idées directrices de la morale platonicienne, singulièrement élargies et assouplies. La morale de Plutarque est platonicienne dans son fond ; mais, bien

qu'il déteste le stoïcisme à cause de ses paradoxes, il lui
emprunte beaucoup plus qu'il ne croit, à cause de sa grandeur morale. Il n'est intraitable qu'à l'égard de l'épicurisme, parce que celui-ci est foncièrement irréligieux et
immoral. En religion, Plutarque reste dévot aux dieux
de la Grèce ; mais il se donne toute liberté d'interprétation,
et sa piété d'ailleurs n'a rien d'intransigeant : les divinités
étrangères ne le scandalisent pas. Le culte d'Isis, alors si
répandu dans le monde gréco-romain, lui paraît excellent
et il n'a aucune peine à retrouver dans les croyances
égyptiennes tout le fond des croyances grecques. En réalité, il ne tient vraiment qu'à la piété, au sentiment religieux, et toutes les formes traditionnelles lui paraissent
bonnes, pourvu qu'elles soient animées d'un esprit intérieur qui corresponde à sa propre tendance, religieuse à
la fois et philosophique. La philosophie religieuse et morale
de Plutarque est comme la synthèse de toute la pensée
antique, telle qu'elle se résumait à cette date dans la masse
des honnêtes gens, d'esprit cultivé et non inféodés à une
école particulière,

Nous sommes arrivés au terme de cette rapide revue,
et il semble que les traits essentiels de toute cette révolution puissent se résumer de la manière suivante.

Au moment où le monde se prépare à devenir chrétien et où l'hellénisme va s'absorber dans la religion
nouvelle, la vie morale de la foule continue à se maintenir
dans les vieux cadres de la tradition, entamés seulement
çà et là par l'invasion des cultes orientaux. Pour l'élite,
la morale a rapidement évolué et s'est singulièrement enrichie. Mais ce progrès s'est fait par la philosophie, et celle-
ci, sans briser violemment en général avec la religion

populaire, s'en est cependant affranchie par la liberté illimitée de ses interprétations, au point de constituer une sorte de religion philosophique qui n'a plus que de lointains rapports avec les vieilles croyances.

Dès le ve siècle, on peut dire que « l'équation fondamentale » a cessé d'être une réalité pour toute la partie active et pensante du monde grec.

Jusqu'au bout, au contraire, les deux tendances que nous avons signalées dès le début comme essentielles à l'esprit grec, l'individualisme et l'eudémonisme, ont persisté avec une vitalité extraordinaire, et il est permis d'affirmer que ce sont elles qui le caractérisent dans toutes ses créations religieuses et morales, depuis les poèmes homériques jusqu'aux derniers adeptes des écoles de philosophie.

V

LA MORALE DE L'ÉVANGILE

Par Wilfred MONOD.

Vous n'attendez pas qu'on vous présente, en soixante minutes, un exposé complet de la morale évangélique et des graves problèmes qu'elle soulève. A tort ou à raison, je supposerai connus les textes des évangiles, et j'imiterai les artistes qui, placés devant un paysage, s'efforcent d'oublier les détails pour ne considérer que les grandes masses d'ombre et de lumière. D'ailleurs, les exigences du ministère pratique m'absorbent suffisamment pour qu'il me soit interdit de viser à l'érudition ; je ne songe pas à dissimuler mon ignorance ; elle vous vaudra, au moins, l'avantage d'étudier, en ma personne, l'impression produite par l'Évangile sur un cœur simple, sur un représentant de ces foules anonymes qui lisent candidement les textes avec leur bon sens et leur conscience, et sans autres lumières que celles d'une intuition intime toute spirituelle. Peut-être mon exposé y perdra-t-il quelque chose, au point de vue d'une sereine objectivité ; mais il y gagnera, sans doute, en chaleur et en mouvement.

Cela dit, et sans autre préambule, j'entre dans le vif du sujet ; ou plutôt, je réponds à une objection liminaire qui, si elle était fondée, m'empêcherait précisément d'aborder mon sujet. Cette objection, la voici : « Vous prétendez disserter sur la morale de l'Évangile ; mais d'où la connaissez-vous ? Quelle est la valeur des textes où vous essaierez de la retrouver ? Nous leur opposons deux faits incontestables. D'abord, les évangélistes ne sont pas toujours d'accord sur la teneur des enseignements du Christ, et qui les départagera ? Ensuite, il est maint passage qui, naïvement, reflète les idées d'une époque postérieure à celle du Christ, et que teinte la mentalité des Églises primitives. »

J'accorde à ces remarques toute leur valeur. En premier lieu, j'admets que, sur tel ou tel point, nous puissions hésiter sur la formule originale employée par Jésus. A-t-il dit, selon saint Matthieu : « Heureux les pauvres en esprit ! » ou a-t-il dit, selon saint Luc : « Heureux les pauvres ! »... Énigme ! Toutefois, je n'ajouterai point : *cruelle* énigme ! car, au fond, la question n'est pas d'une importance capitale. Qu'il s'agisse de cette variante-là, ou de toute autre, plus grave en apparence, toujours le fait me semblera secondaire ; car, le Messie lui-même n'ayant jamais pris la peine de fixer par écrit ses paroles, il en appert que l'Évangile n'est pas un code, ni un livre systématique, mais un esprit. On n'y traite pas un sujet, on n'y développe pas un thème, pas même celui du souverain bien philosophique. C'est une tranche d'histoire, le reflet d'une vie humaine ; les événements sont simultanés, les paroles sont occasionnelles, elles se répètent, ou semblent se contredire, parce qu'elles sont modelées sur les circonstances. L'Évangile n'est pas un manuel de morale, pas plus que de religion. C'est un exemple, une personnalité, c'est Jésus de Nazareth ; le principal intérêt de ses discours ou de ses actes, c'est qu'ils révèlent son âme.

A ce point de vue, la morale de l'Évangile déborde infi-

niment les cadres de l'exégèse. Cette morale, et je pose ici
la thèse qui se vérifiera au cours de notre étude, cette
morale, c'est la vie et la mort du Christ, ce sont les principes qu'il a incarnés, c'est l'influence qu'il a exercée sur
ses disciples, d'abord, et par eux sur le monde antique.
La morale évangélique n'est donc pas, tout entière, dans
les quelques pages du Nouveau Testament ; elle est dans la
crise psychologique, dans la révolution mentale qui mar-
quèrent, sous les Césars et malgré eux, l'avènement ici-bas
d'un idéal nouveau, l'apothéose de l'amour fraternel, de la
pureté personnelle, de la liberté individuelle, de l'égalité
des hommes, le relèvement de la femme et de l'enfant, de
l'infirme, de l'étranger, de l'esclave, la préoccupation missionnaire et le souci désintéressé du monde à transformer,
à sauver.

Qu'on nous dise, après cela, que, pour tel ou tel détail
particulier, il est impossible d'arriver à une certitude historique sur la teneur, *ne varietur*, d'un aphorisme de Jésus,
nous n'en serons déconcertés, ni au point de vue moral, ni
au point de vue scientifique. Nous ne le serons pas moralement, car l'infaillibilité de la lettre n'est pas nécessaire à
notre formation spirituelle, et l'esprit même du Christ libé-
rateur tendrait à nous affranchir de toute servitude à cet
égard ; et nous ne serons pas davantage déconcertés scientifiquement, car à côté des apophtegmes dont le libellé
demeure douteux, il en reste beaucoup dont la clarté est
éblouissante, et qui suffisent à nous renseigner sur la
véritable orientation interne des Évangiles. Or, c'est là ce
qui nous importe, en l'espèce ; l'essentiel n'est pas
que ces documents se présentent à nous comme autant
de procès-verbaux, mais plutôt comme ces appareils enre-
gistreurs qui marquent la direction du vent. De quel côté,

vers quels horizons, souffle l'esprit qui traverse les évangiles ? Voilà la vraie question à élucider, quand on essaye
de caractériser la morale évangélique.

Telle est la réponse à l'objection préalable par laquelle
on prétendrait infirmer toute espèce d'enquête sur la morale
enseignée par le Christ, et cela sous prétexte que nous ne
possédons point la sténographie de ses discours. A la vérité,
on insiste ; on nous rappelle que les paroles de Jésus, quand
elles furent enfin consignées par écrit, revêtirent parfois
des couleurs plus ou moins artificielles, empruntées au
milieu ecclésiastique des groupements chrétiens du 1er siècle.
Mais cette remarque fort juste confirme, précisément,
les principes que nous avons énoncés sur la manière d'utiliser les textes évangéliques. En effet, si ceux-ci émanent,
plus ou moins, de l'Église primitive, en ce sens que celle-ci
a pris l'initiative de fixer la tradition orale et de rédiger des
manuels de propagande missionnaire, il est donc bien
avéré que le groupement social des chrétiens a précédé
l'établissement du texte écrit. Mais d'où venaient cés chrétiens, qui les avait suscités en plein règne des Tibère et des
Néron ? Pour expliquer leur apparition, il faut remonter au
fait initial, à la cellule primitive, à la conscience normative
et créatrice du Christ. Ainsi donc, les passages qui ont pu
recevoir une empreinte ecclésiastique, — et l'ecclésiasti-
cisme était encore bien candide et anodin à cette
époque, — ces passages, dis-je, marqués d'un coefficient
ecclésiastique, ne font que souligner la puissante influence
morale exercée par la personnalité mystérieuse qui sus-
cita l'Église, et qui dès lors s'impose à nous, à travers les
textes évangéliques, avant tout comme une vertu plas-
tique, une évocatrice d'énergies, une âme génératrice
d'autres âmes, un esprit.

Oui, un esprit, voilà ce qu'il faut chercher dans les évangiles, à travers les textes, enveloppe hyaline qui laisse transparaître une flamme centrale.

Cependant, cette conclusion ne suffit pas encore à déblayer le terrain devant nos pas ; car on nous oppose derechef la question préalable, et sous une autre forme. On nous dit, en effet, qu'en parlant d'une morale évangélique, nous commettons un étrange anachronisme ; que Jésus vivait dans l'attente fébrile d'une catastrophe imminente, la fin du monde, et que tous ses préceptes de conduite convergent vers ce point perspectif. Dès lors, l'événement attendu ne s'étant point produit, toutes les règles morales du Christ ont été frappées de caducité par là même ; elles n'offrent plus qu'un intérêt archéologique ; Jésus est un Noé qui s'est mépris sur l'époque du déluge, et dont l'arche reste inutilisable.

Ainsi présentée, l'objection est d'un simplisme quelque peu béotien ; et il est permis d'admirer la ferveur avec laquelle certains chroniqueurs impriment des axiomes de ce genre : le seul apport original de l'Évangile à l'humanité, est la fausse prédiction que Jésus reviendrait sur les nuées. La Parousie, — c'est le nom grec, à peine francisé, qui sert aux théologiens pour désigner l'avènement inopiné de Jésus-Christ, — la Parousie, dis-je, voilà tout le christianisme !

En présence d'assertions aussi massives, je comprends que l'on ait fondé cette *Union pour la vérité* dont l'un des objets est de « faire passer dans la pratique générale les méthodes critiques ».

Laissons de côté les journaux du xxᵉ siècle, et reportons-nous aux évangiles. Nous y lisons, effectivement, des passages qui, s'ils existaient seuls, sans complément ni correctif, justifieraient les assertions tranchantes que je signalais tout à l'heure ; mais ces passages, précisément, sont enveloppés d'une atmosphère générale où ils semblent parfois détonner ; ils voisinent même avec des paroles qui les contredisent nettement. Qu'est-ce à dire ? sinon qu'il y a deux courants dans l'Évangile, non pas un courant individualiste et statique opposé à un courant socialiste et dynamique, mais deux courants eschatologiques (c'est-à-dire relatifs aux choses finales), l'un dont la source vient des prophètes hébreux, l'autre dont la source vient des apocalypses juives ; l'un qui aboutit, par une évolution religieuse, à la doctrine largement synthétique du royaume de Dieu établi parmi les hommes, et l'autre qui aboutit, par une révolution politique, à la notion catastrophique de la Parousie ?

La question est de savoir à laquelle de ces deux tendances le Christ s'est rattaché. Pour le lier à la tradition pharisienne et apocalyptique, il ne suffirait pas de montrer qu'il lui est arrivé de parler comme ses adversaires ; car le propre des profonds révolutionnaires est d'employer le langage usuel en y enfermant un sens nouveau. Et n'est-ce pas là, justement, le procédé pédagogique dont il a dû souvent user, puisqu'en utilisant, au besoin, le vocabulaire des chefs religieux de son peuple, il n'en a pas moins déchaîné contre lui-même leur implacable hostilité !

Affirmer que Jésus a purement et simplement propagé, au sujet de la fin du monde, les théories populaires à son époque, ce serait donc un contresens historique ; car si, d'après certains passages, il a prédit l'imminente fin du « siècle présent », il reste constant que, d'après d'autres passages, il a prêché la transformation progressive de la terre par le levain caché de l'Évangile. Laquelle de ces deux attitudes est la plus conforme au génie du Christ : celle qu'il aurait eue en commun avec les pharisiens fanatiques et nationalistes, sans cesse combattus par lui, ou celle qu'il aurait eue en commun avec les prophètes hébreux dont il se proclamait sans cesse l'héritier? Et si l'on rejette l'une des deux séries de passages parallèles, en les déclarant contradictoires, pourquoi se décider, systématiquement, en faveur de ceux qui rabaissent Jésus au rang d'un visionnaire?

En vérité, à examiner les choses de plus près, on s'aperçoit qu'en inféodant Jésus aux doctrines fantasmagoriques d'un judaïsme décadent, non seulement on commettrait un contresens historique, mais on émettrait un non-sens psychologique. Car il serait impossible de concilier cette espèce de folie apocalyptique avec l'allure ordinaire du Maître, avec l'orientation générale de son activité, avec son imperturbable bon sens, avec son calme invariable, et sa préoccupation obstinée de ramener la religion de l'extérieur à l'intérieur, de travailler sur les âmes, de former des disciples capables de continuer son œuvre et de propager la « Bonne nouvelle » au loin.

Au surplus, où sont donc, dans les évangiles, ces préceptes moraux qui seraient indubitablement inspirés par l'erreur eschatologique, l'erreur sur la fin du monde, et qu'il serait impossible d'expliquer autrement? Je vous montrerai, tout à l'heure, quand nous examinerons les paradoxes de Jésus, qu'on peut s'en représenter différemment la genèse. Même dans les Actes des Apôtres, et même dans les Épîtres, je ne retrouve pas l'obsession tenace et omniprésente qu'on attribue aux chrétiens de la primitive Église; saint Paul voyage, il forme des projets à longue échéance, il signe des contrats de bail, il exhorte ses disciples au travail, il organise très solidement les communautés naissantes. Donc, dans la pratique journalière, il semble respirer et raisonner selon un rythme très analogue au nôtre. Assurément, la chrétienté primitive n'était pas insensible à l'attente prodigieuse d'un retour éventuel du « Seigneur » ; mais le contraire serait bien surprenant, quand on songe que l'Évangile avait eu la Palestine pour berceau. Les passages des Épîtres où l'on parle du retour glorieux de Jésus, sont comparables à des fragments de coquille, adhérents au poussin qui s'en dégage ; il ne s'agit nullement d'un poussin essayant de rentrer dans sa coque. Et ce qui semble bien prouver, en définitive, que l'espoir de la Parousie n'appartenait pas à l'essence de la foi héritée du Christ, c'est que tous les historiens sont d'accord pour constater qu'on ne trouve nulle part, dans la littérature chrétienne, une trace quelconque de la désillusion, pourtant légitime et formidable, qui aurait dû s'emparer de l'Église, obligée d'avouer son illusion fantastique.

En résumé, les passages où Jésus prédit la fin prochaine du monde, n'émaneraient pas réellement de lui ; ils auraient pour noyau des assertions du Christ mal interprétées par ses disciples, et il faudrait y voir le reflet de l'âme des écrivains sacrés. Sans doute, on est libre de ne pas souscrire à ces conclusions, et je ne prétends pas, moi-même, les donner pour définitives ; toutefois, elles me paraissent d'accord avec l'histoire et la psychologie ; au contraire, dans l'hypothèse opposée, et si l'on admet que Jésus a partagé l'erreur eschatologique de ses contemporains, il sera toujours difficile d'expliquer comment cette croyance à l'imminente catastrophe n'a pas hypnotisé son âme, paralysé sa pensée, façonné son moindre geste, pénétré sa moindre .

parole. Or. il n'en est rien ; et pourtant, on ne fait pas à
l'exaltation mystique, à la folie religieuse, leur part : ou
bien la fièvre du fanatisme envahit tout, ou bien elle
n'existe pas. Pour expliquer pourquoi la morale de Jésus ne
revêt point, dans tous ses détails, l'empreinte féerique
d'une surnaturelle aurore boréale, il ne suffirait donc point
d'alléguer une absence de logique dans l'esprit du Messie ;
car, s'il y a des « idées-forces » dont le dynamisme latent
s'exerce, bon gré mal gré, comment ne pas ranger parmi
ces concepts impérieux la notion qu'on va prochainement
apparaître sur les nuées ? En réalité. pour justifier la disproportion énigmatique entre les visions titanesques de
Jésus et leur pâle répercussion dans les faits, il faudrait
admettre qu'il a enseigné l'imminence de la fin du monde
sans y attacher, personnellement, une véritable importance.
Dans l'enseignement de tout novateur il y a, en effet, deux
parts : l'une qui lui vient de la tradition et qui ne porte
pas sa signature, l'autre qui vient de son propre fonds
et qui exprime l'originalité de son âme, son apport particulier au trésor commun de l'humanité. Un savant peut
mentionner le « lever du soleil », sans croire que celui-ci
tourne autour de la terre. De même, quand Jésus parle des
« livres de Moïse », on n'ira pas faire état de cette formule
courante pour conclure à l'authenticité mosaïque du *Pentateuque*. De même enfin, quand le Christ parlait de la « fin
des temps », notion qu'on lui avait inculquée dès son
enfance, il ne s'ensuivrait pas que cette affirmation, déjà
familière à Jean-Baptiste, constituât l'essence même de
son message. A entendre Jésus s'exprimer, sur ce point,
comme ses contemporains, nous en conclurions tout simplement qu'il faut instituer un départ, dans les évangiles,
entre une partie qui a vieilli, parce qu'elle est marquée au

coin des croyances judaïques, et une partie qui est toujours jeune parce qu'elle exprime l'âme du Christ.

Et ceci nous ramènerait donc aux conclusions formulées tout à l'heure, à propos des difficultés soulevées par la critique textuelle; une fois de plus nous dirions : l'Évangile est un esprit. Quelqu'un s'est même exprimé ainsi : « L'Évangile, c'est un grand geste vers l'avenir ». La morale de l'Évangile aura donc une orientation eschatologique, si l'on veut entendre par là qu'elle est une doctrine d'espérance, fermement suspendue à l'attente du royaume de Dieu, sans que l'époque où ce royaume s'établira soit fixée, et sans qu'on cesse d'affirmer que ce royaume s'établira par des moyens spirituels. La vraie morale de l'Évangile sera, en définitive, une impulsion, une attitude, un effort vers demain, une activité sociale opposée au conservatisme dans tous les domaines, un appel plus qu'un précepte, un appel à se faire et à faire.

Voilà le service que nous auront rendu les critiques souvent outranciers, mais parfois sagaces, qui ont fixé notre attention sur les rapports de la morale du Christ avec le problème de la Parousie; ils nous auront permis de constater que cette morale est dynamique, et que Jésus a surtout déposé un germe dans le sillon de l'histoire, un germe que les générations successives ont pour mission d'amener à son épanouissement, dans le sentiment profond de la complexité de la tâche et de la richesse du devenir humain.

Ne vous semble-t-il pas que ces remarques, soi-disant préliminaires, nous ont fait pénétrer au cœur même de notre sujet, en nous permettant de poser nos principes d'interprétation et en nous facilitant l'intelligence intime des évangiles ? Rien n'est plus nécessaire que cette orientation préalable, car certaines erreurs de méthode, certains à priori intellectuels, ont les résultats les plus malencontreux quand il s'agit de caractériser la morale évangélique.

Mais quelqu'un nous dira : celle-ci est pourtant formulée dans quelques propositions très nettes, à l'emporte-pièce, et qui impliquent un idéal inacceptable. Jésus s'est élevé contre les affections de famille, contre la loi du travail, contre l'instinct de la propriété, contre le droit de légitime défense, contre l'exercice de la force par les gouvernants. Il a prédit la perpétuité de la guerre : « Je ne suis pas venu apporter la paix, mais l'épée », la perpétuité de la misère : « Vous aurez toujours des pauvres » ; enfin, il a déclaré qu'il se désintéressait de la réforme sociale : « Mon royaume n'est pas de ce monde. » Pareille morale est une morale d'esclaves, pour parler avec Nietzsche ; elle ne fera jamais des hommes libres.

Telle est l'objection ; elle est populaire dans certains milieux ; beaucoup de conférenciers, qui n'ont jamais lu l'Évangile, récitent quelques paradoxes de Jésus qu'ils répètent sans les comprendre, ou même sans en avoir contrôlé le texte exact. Par exemple, Jésus n'a jamais dit : « Vous aurez toujours des pauvres avec vous » ; il a dit, en s'adressant à ses disciples immédiats : « Vous *avez* des pauvres. » Et si même il avait employé le verbe au futur, le fait qu'il parlait à ses intimes démontre, suffisamment, qu'il ne songeait pas à prédire la perpétuité de l'indigence ou la fatalité du paupérisme. De même, lorsque Jésus déclarait que son royaume n'était pas de ce monde, il ne prétendait nullement rompre avec la tradition prophétique et nier qu'une humanité nouvelle dut, un jour, se constituer sur la terre, mais il voulait certifier que son royaume ne serait point établi par les procédés qui ont cours dans le monde. Cette interprétation est la seule possible pour qui recourt au texte grec, ou même à d'autres passages, où le sens de la formule examinée saute aux yeux. Ainsi, lorsque le Christ parle de ses disciples en disant : « Ils ne sont pas du monde », ira-t-on croire qu'il niait leur présence ici-bas ? Il affirmait, simplement, que leur inspiration morale n'était pas celle du paganisme, ou du judaïsme vulgaire.

Quant aux expressions comme celles-ci : « Je suis venu apporter l'épée... Si l'on te frappe sur une joue, tends l'autre... Si quelqu'un ne hait point les siens, il ne peut être mon disciple », il faut décidément, pour s'en formaliser, pour les prendre au sens littéral, avoir oublié la célèbre distinction de Pascal entre l'esprit de finesse et l'esprit de géométrie. Vraiment, il n'est pas permis d'être géomètre à ce point ! Il n'est pas permis de méconnaître aussi aveuglément la couleur orientale et la forme volontairement paradoxale d'un certain langage ; et il est au moins étrange de manipuler ces textes poétiques, délicats, avec la grossièreté d'un horloger qui fourragerait dans une pendule sans autres outils qu'une pioche et un rateau.

Ne voit-on pas que ces aphorismes, s'ils étaient acceptés à la lettre, enlèveraient à l'enseignement du Christ son charme et sa vigueur, car il y avait, chez ce maître des orateurs populaires, un parti-pris de véhémence et de mystère ? Si l'on adopte le procédé d'interprétation littérale, il faudrait, au moins, l'appliquer avec logique et le pousser jusqu'à l'absurde. Par exemple, Jésus a dit : « N'appelez personne sur terre votre père... » Il a dit : « Celui qui se met en colère contre son frère, mérite d'être puni par les juges ! » Il a dit : « Si ta main te fait tomber dans le péché,

coupe-la !... » D'ailleurs, à prendre tous les préceptes de
Jésus à la lettre, on s'apercevrait qu'ils se détruisent les
uns par les autres ; ainsi le même Jésus qui, soi-disant,
dénouerait les liens de famille, a maudit l'hypocrisie des
pharisiens qui osaient placer les devoirs de générosité
envers le sanctuaire au-dessus des obligations de l'assistance filiale.

Assurément, il est des injonctions du Christ qui voulaient
être strictement obéies ; mais on a le tort de les généraliser.
De ce qu'il ait enjoint à des pêcheurs d'abandonner leur
barque pour le suivre, ou à un jeune homme riche de distribuer ses biens aux pauvres, ou à d'autres encore de
quitter leur famille pour l'accompagner en ses tournées
missionnaires, il ne s'ensuit nullement que Jésus ait voulu,
par là, légiférer pour tous les temps et pour toutes les circonstances. « A la guerre comme à la guerre ! » Le ministère itinérant du Messie, succédant au grand réveil moral
et religieux provoqué par Jean-Baptiste, correspondait à
une période particulière d'agitation et de propagande
intensive ; et il est tout naturel qu'en marchant lui-même
vers la croix, il cherchât à s'entourer d'une élite forgée au
feu des renoncements réfléchis.

Décidément, il ne suffit pas d'une grammaire et d'un
dictionnaire pour discerner la signification cachée de tel
ou tel précepte isolé, dans l'Évangile. A procéder ainsi, on
croira découvrir un Christ anarchiste ou bouddhiste, qui
sera tout aussi ridicule que le Christ archevêque et cano-
niste, aussi faux que le Christ initié aux mystères orphiques
et aux secrets ésotériques de la gnose universelle.

Sans doute, le Jésus que nous prêche Tolstoï est sublime,
mais il se dresse dans la société contemporaine à l'instar
d'un monolithe au sein du désert ; après avoir troublé un

instant notre conscience, il n'émeut plus que notre imagination ; car il est trop loin et trop seul ; et le dilemme auquel Tolstoï nous accule est trop poignant : ou bien, l'ordre social tout entier n'est que mensonge et crime, ou bien Jésus n'est qu'un rêveur impuissant.

L'Église catholique, il est vrai, tout en interprétant littéralement le sermon sur la montagne, a cru échapper au dilemme par une solution ingénieuse. En effet, au lieu de laisser à la conscience individuelle le droit et le devoir de réconcilier, pratiquement, les exigences de l'Évangile avec les exigences de la vie, l'Église a réparti entre deux espèces d'hommes la tâche divine et la tâche profane : les uns, les parfaits, se conformeraient à l'idéal dans les couvents, et les autres, résignés à l'imperfection, bénéficieraient des mérites surabondants acquis par les moines au profit de l'ensemble.

Malheureusement, le principe de la division du travail n'est pas applicable au développement moral, lequel cesse d'être moral en cessant d'être individuel. Et il est trop évident qu'on supprime le problème à résoudre, en reléguant l'application des préceptes évangéliques hors du vaste champ de l'activité humaine [1].

Reste alors, si l'on s'obstine à interpréter littéralement le sermon sur la montagne, reste la solution banale et médiocre de la foule, et qui tient dans ce dicton vulgaire : « On en prend et on en laisse !... » Soyons chrétiens dans notre conduite, *autant qu'il est loisible de l'être.* C'est l'attitude que vient de maximer, avec éclat, le pasteur socialiste Naumann, en Allemagne, et qu'il résume dans cette formule typique : « Nous ne bâtissons pas notre édifice gouverne-

---

1. Cf. Herrmann, *Die sittlichen Weisungen Jesu.*

mental avec les cèdres du Liban, mais avec les moellons du Capitole romain ». Autant dire qu'il n'y a plus de morale évangélique, ni même d'idéal chrétien.

Ainsi donc, de quelque côté que nous les envisagions, les préceptes moraux de l'Évangile ne se laissent pas prendre à la lettre. Et ceci nous ramène, une fois de plus, à notre conclusion persévérante : c'est l'esprit qui importe. Néanmoins, en nous exprimant ainsi, nous ne prétendons pas diminuer l'importance des préceptes évangéliques, mais, bien au contraire, l'intensifier.

Que signifient, en effet, tous ces appels solennels, sous leur forme concentrée, abrupte et austère, sinon que Jésus convie ses disciples à une vie spirituelle qui dépasse infiniment le niveau de la moralité vulgaire, qui défie même les forces de l'homme naturel, livré à ses propres ressources, et qui le place en présence d'un idéal inaccessible, pratiquement impossible à réaliser, à moins que la vertu d'en-haut ne le régénère ? En réalité, quand on voit le Christ passer au crible non seulement les actes mais les intentions cachées, condamner le regard de convoitise, le sentiment de mépris, le désir de vengeance, on ne peut échapper à la conviction qu'il a systématiquement entrepris d'acculer le pécheur à la nécessité de la conversion morale.

Et, de même, il exige implicitement une conversion de la société en général, quand il promulgue des lois sociales qui sont impraticables dans l'état actuel des choses, dans « l'état de guerre » pour employer l'expression de Renouvier. C'est à cette lumière-là qu'il faudrait, peut-être, lire les fameux passages où le Christ s'élève contre les soucis, passages dans lesquels on cherche une idylle naïve et qui sont, au contraire, débordants de vertu révolutionnaire.

En effet, dans une société où l'hostilité de tous contre chacun serait remplacée par la collaboration de chacun avec tous, il n'y aurait plus lieu aux inquiétudes matérielles qui rongent l'âme de l'immense majorité des humains et les empêchent de parvenir au libre épanouissement de l'esprit. Dans une société raisonnable, c'est-à-dire fraternelle, on constaterait que les lois vraies de la société sont simples comme les lois de la vie. « Considérez les fleurs des champs ! disait le voyant de Nazareth, et prenez exemple sur la nature. »

Ainsi donc, il n'y a pas matière à scandale dans les passages scandaleux des évangiles ; le Christ s'y montre paradoxal par pédagogie et révolutionnaire par intuition prophétique, parce qu'il creuse profondément sous les apparences, et ne croit pas à la bonté native de la créature humaine : il veut la pousser, par ses exigences, jusque dans les derniers retranchements, et il ne prétend laisser d'autre issue que la conversion spirituelle et sociale à la conscience traquée par un idéal surhumain. La morale de l'Évangile est donc une morale transcendentale, religieuse ; elle pose à l'homme, dans le cadre de la nature, des fins surnaturelles. Comment peut-on ne pas voir cela ?

Ici, l'on nous dira : si la morale évangélique est religieuse, elle admet comme postulat des sanctions posthumes, extérieures à la volonté juste et qui ne sortent pas organiquement de l'acte bon ; il y a là une conception qui vicie, d'une manière foncière, la moralité, puisque celle-ci cesse d'être désintéressée. — Vous comprendrez que je ne puisse pas m'arrêter à une objection de ce genre, qui m'entraînerait sur le terrain philosophique, alors que mon sujet me retient sur le terrain de l'histoire ; j'ai, en effet, à exposer devant vous la morale de l'Évangile telle

qu'elle ressort des textes, et je n'ai pas à en apprécier la
valeur au point de vue rationnel. Néanmoins, je me per-
mets d'affirmer, sans insister, que si toute morale qui est
liée à des sanctions aboutit à une moralité immorale en son
essence, je ne connais pas de morale qui puisse échapper
à ce reproche. Accomplir le bien pour le bien ? Mais à
quoi le reconnaître, sinon à la satisfaction intérieure qu'il
nous procure, à l'approbation qu'il suscite autour de nous,
enfin aux résultats utiles qu'il produit ? La morale athée
de Bouddha n'est-elle pas suspendue à l'espoir du Nir-
vana ? Celle de Kropotkine, l'anarchiste, n'est-elle pas
suspendue à la recherche du bonheur ? « Si l'homme,
dit-il, qui donne sa dernière chemise n'y trouvait pas de
plaisir, il ne le ferait pas. » Les morales utilitaires, ou les
morales à fin sociale, sont-elles davantage dépourvues de
sanctions ? On répondra que ces sanctions ne sont pas
surajoutées à l'acte moral, et en dérivent. Mais en irait-il
autrement pour les sanctions dont parle l'Évangile ? Et les
poétiques images du langage oriental suffiraient-elles à
nous voiler l'intime connexion de cause à effet entre la vie
actuelle et la vie future, dans la destinée de l'agent moral ?

Laissons donc ces questions qui ne touchent pas au fond
de notre sujet, et rappelons le point précis où nous étions
arrivés dans notre étude. A trois reprises déjà, depuis le
début de cette conférence, nous sommes parvenus, par
des voies différentes, à la conclusion que la morale de
l'Évangile était, avant tout, un esprit. Nous l'avons constaté, d'abord, à propos de l'interprétation des textes ; nous
l'avons constaté, ensuite, à propos des problèmes soulevés
par l'annonce de la parousie ; nous l'avons constaté, enfin,
à propos des paradoxes de Jésus. Il nous reste, maintenant,
à caractériser, avec plus de précision, l'esprit même qui

inspirait Jésus dans le domaine moral. C'est ici ou jamais
qu'il convient de négliger les détails, pour n'apercevoir
que les ensembles.

A ce point de vue, il paraît bien que le premier principe
directeur du Christ, en ses rapports avec les hommes, fut
l'affirmation implicite que l'individu a une valeur absolue.
Naturellement, une formule de cette espèce revêt un caractère pédant, rigide, qui cadre fort mal avec l'atmosphère
de l'Évangile où tout est spontanéité, inspiration ; mais,
néanmoins, cette formule correspond très suffisamment à
l'impression qui se dégage d'une lecture impartiale des
évangiles, surtout quand toute la littérature de l'antiquité
païenne leur sert de repoussoir. Oui, ce qu'il y a d'inat-
tendu, de hardi, de sublime dans l'attitude quotidienne du
Christ à l'égard des hommes, c'est son souci constant,
obstiné, d'affirmer la valeur de la personnalité, le prix
ineffable de l'individualité ou, comme il disait lui-même, de
l'âme.

Il y a là une notion toute nouvelle de la dignité humaine,
ce souci persistant de la centième brebis, de la brebis
égarée, qu'on ose parfois reprocher au Christ comme s'il
avait juré de collectionner tous les rebuts, toutes les non-
valeurs de la société, avec je ne sais quelle avidité morbide.
En réalité, Jésus a eu le courage spirituel de regarder la
créature isolée, et de lui dire : Tu es quelqu'un, tu vaux
par toi-même ; ne te laisse plus rouler, comme un galet,
par la rude houle de l'Empire romain ! Les paroles du
Christ, et surtout ses actes, révélèrent au monde étonné
les « droits de l'homme » ; comme on retourne un sablier,
il renversa l'échelle des valeurs qui avaient cours à son
époque, et il affirma pour tous les âges que la conscience

morale est une monade incompressible. « Gardez-vous,
disait-il, de mépriser un seul de ces petits... » Et, dans
une grandiose parabole, il affirme que le Fils de l'homme,
jugeant le monde au dernier jour, se solidarisera devant
tout l'univers avec la moindre créature souffrante, et
déclarera qu'en visitant un malade, un pauvre, un prisonnier, un étranger, on l'aura visité lui-même.

Jésus est bien le Christophe Colomb qui a découvert les
régions inconnues de l'individualisme moral ; et si l'on
demande sous quelle forme il a énoncé son premier principe directeur, l'axiome que l'individu a une valeur absolue,
qu'il doit être traité comme une fin et non comme un
moyen, je répéterai que l'Évangile ne contient pas de définitions philosophiques, mais qu'on y trouve ces grandes
idées exprimées en langage religieux. Jésus, en effet, résu-
mant toute la loi de la conduite humaine, s'est expliqué en
ces termes : « Voici le premier commandement : tu aimeras
Dieu de tout ton cœur, de toute ton âme, et de toute ta
pensée. »

Eh bien ! c'est là qu'il convient de reconnaître la sauvegarde psychologique d'un irrépressible individualisme.
Laissons de côté la logique enfantine qui redouterait, pour
l'autonomie morale, toute espèce de foi en Dieu, parce que
celle-ci serait la source d'où la tyrannie sacerdotale a
jailli. Jésus lui-même n'a-t-il pas fourni, en sa personne,
la preuve éclatante que la foi en un certain Dieu, la foi
au Dieu Esprit, peut susciter la protestation la plus redoutable, la seule redoutable au fond, contre le sacerdota-
lisme autocratique ? Est-ce que la foi au Dieu de l'Évangile n'a pas immédiatement provoqué, au sein d'une antiquité veule, amorphe, éclectique à la fois et sceptique en
matière de religion, et qui emprisonnait systématiquement

les convictions religieuses de l'individu dans ses obligations
civiques envers l'État, est-ce que la foi, dis-je, au Dieu de
l'Évangile n'a point provoqué une explosion inouïe de per-
sonnalisme authentique, de fière indépendance morale, de
liberté de conscience? Les premiers disciples ont aussitôt
pratiqué le droit à la révolte contre l'autorité injuste, et ils
ont frappé cette formule anarchiste : « Il vaut mieux obéir
à Dieu qu'aux hommes! » Et à combien de reprises pareil
fait s'est-il répété au cours de l'histoire! Les époques de
foi intense en un Dieu vivant que chacun trouve au fond
de son âme, sans passer par l'intermédiaire d'un dogme
imposé ou par le canal d'un rite obligatoire, les époques où
la foi en Dieu s'est confondue avec l'inspiration individuelle par l'Esprit saint, sont celles qui ont vu des géants
de l'action et de la pensée dans le domaine des réalités
morales.

Et cela s'explique. En effet, tout ce qui affranchit
l'homme de la peur, de la souillure, de la mort, fortifie
l'individu; or la foi au Père, telle que Jésus la propageait,
aboutissait expérimentalement à la régénération des cœurs,
forgeait des hommes capables de vie morale. Par conséquent, il est bien vrai d'affirmer que le Christ, en posant
pour base à tout l'édifice de sa doctrine éthique la parole :
« Tu aimeras Dieu! » faisait ainsi la part de l'individu; il
l'enracinait dans l'absolu, il lui conférait une valeur éternelle et lui donnait une impulsion infinie.

Après avoir ainsi défini le premier principe directeur de
la morale évangélique, il nous sera aisé de caractériser le
second. Jésus nous facilite la tâche par ces mots : « Voici
le deuxième commandement, qui est semblable au premier :
Tu aimeras ton prochain comme toi-même. » Si donc le
premier commandement équivalait à l'affirmation du prix

de la vie individuelle, le deuxième équivaut à l'affirmation du prix de la vie sociale. Bien que nous ne soyons jamais, avec l'Évangile, sur le terrain des déductions logiques, mais dans le domaine des intuitions spirituelles, tout s'enchaîne cependant, au point de vue rationnel, dans l'enseignement de Jésus. Il est évident, en effet, que la notion de la paternité divine implique celle de la fraternité humaine.

On a parfois reproché à la morale évangélique d'être une doctrine d'individualisme outré, de résignation, de détachement; mais il est impossible, au contraire, d'insister avec trop de vigueur sur le côté social de l'idéal préconisé par Jésus. Si cette impulsion sociale n'existait point, comment comprendre la conquête inouïe de l'Empire des Césars par le paysan galiléen ? A l'heure actuelle, ceux qui ne voient rien de mystérieux dans cette invasion de l'humanité par une seule âme, expliquent à qui mieux mieux le dynamisme du message palestinien par son caractère humanitaire et démocratique. Et, en effet, quel envahissement ! C'est un plant de lierre qui, en peu d'années, enserre tenacement le monde !

« Aime ton prochain comme toi-même... Faites aux autres ce que vous voudriez qu'on vous fît... » Pour briller de toute leur clarté, ces préceptes doivent être placés dans leur véritable jour. Or, chacun sait que Jésus a marché, ici-bas, à la lumière des prophètes hébreux; il se donnait, sans hésitation, pour le continuateur de ces voyants israélites, seuls penseurs de l'antiquité qui se soient réellement préoccupés de réformer la société au nom de la Justice. Assurément, les Grecs ont eu la notion du juste, mais ils en ont surtout disserté dans le domaine de l'abstraction; et d'ailleurs, ils en réservaient l'application plus ou

moins utopique à un cercle de privilégiés, à une étroite
aristocratie fondée sur l'esclavage de la masse. Au contraire, les prophètes attaquaient les grands sans ménager
les petits ; ni les rois, ni les riches, ni les prêtres, ni les
plébéiens idolâtres ou buveurs, ne trouvaient grâce à leurs
yeux ; et, sans employer les expressions techniques modernes, ils dénonçaient comme autant de crimes la guerre, la
débauche, la misère ; ils abordaient la question de l'accaparement, de la propriété foncière, des salaires, des logements ;
ils prêchaient l'internationalisme et la confédération des
peuples dans le travail et dans la paix. En leur vocabulaire
poétique, ils intitulaient ce grandiose panorama : le royaume
de Dieu. Eh bien ! Jésus a repris cette vision sublime pour
son compte ; il allait de lieu en lieu, racontent les évangiles,
en annonçant « la bonne nouvelle du royaume de Dieu ».
Dès lors, est-il possible de croire qu'il donnait à ces mots
un sens différent de l'interprétation traditionnelle, puisqu'aussi bien il ajoutait solennellement : « Je ne suis pas
venu abolir les prophètes, mais les accomplir » ?

Un de ses thèmes préférés était celui-ci : l'Éternel place
la compassion de l'homme envers son frère au-dessus des
exercices cultuels. Et, dans son terrible discours contre les
pharisiens, qui lui coûta la vie, il s'écriait : « Hypocrites !
vous prélevez la part du sanctuaire sur la moindre mauvaise herbe, mais vous négligez la justice et la miséricorde ! »

Venu pour promouvoir, ici-bas, un ordre de choses conforme à l'idéal, il enseigne à ses disciples que la transformation du globe doit être le but ultime de leurs ambitions
les plus hautes, et il met sur leurs lèvres la requête révolutionnaire par excellence : « Que ton règne vienne *sur la
terre !* » Le Dieu qu'il prêche s'identifie avec la Sainteté,

le Bien, la Justice. « Heureux ceux qui ont faim et soif de justice ! Heureux ceux qui sont persécutés pour la justice ! »

Malgré ces passages, caractéristiques de toute l'orientation sociale des évangiles, on reproche parfois à Jésus d'avoir fondé sa morale sur la bienveillance au lieu de l'établir sur la justice. Évidemment, on ne découvrira point, dans les évangiles, un énoncé du principe abstrait de la justice, pas plus qu'on n'y trouvera les définitions du libre arbitre, du devoir ou de la responsabilité. Ne nous lassons pas de répéter que l'Évangile ne renferme aucun système, pas plus que la forêt ne contient de la botanique, mais bien des arbres vivants. Cependant, peut-on sincèrement refuser de constater, dans l'Évangile, une originale et obsédante préoccupation de la justice? Si tous les traits que nous venons de relever se lisaient dans un opuscule de l'antiquité gréco-romaine ou bouddhiste, il semble qu'on n'hésiterait guère à saluer là une éclatante manifestation de moralité sociale.

Souvenons-nous, d'ailleurs, que l'époque de Tibère demandait plutôt une explosion d'amour qu'une réaction antisentimentale. Et c'est, effectivement, sous la forme d'un ineffable appel à l'amour, que Jésus résume toute la loi morale : « Tu aimeras Dieu. Tu aimeras ton prochain. » Le premier de ces commandements, dans la mesure même où il établissait et sauvegardait les droits inaliénables, éternels, de la personne humaine, contenait en germe toutes les libertés politiques des temps modernes ; et le deuxième commandement, dans la mesure même où il affirmait la fraternité essentielle des hommes, où il excitait dans les consciences tous les âpres soucis de la justice, contenait en germe la question sociale ; celle-ci ne pouvait naître, comme « question », qu'avec l'idéal moral du Christ ; avec lui le *fait* brutal de l'iniquité universelle se transforme en *problème*.

Voilà donc, en définitive, le résumé de la morale évangélique ; elle est concentrée dans les deux commandements de l'amour pour Dieu et de l'amour pour l'homme, commandements unis de la manière la plus étroite, logiquement indissolubles et pratiquement inséparables. Chacun d'eux mène à l'autre. En effet, si nous sommes préoccupés de sauvegarder l'individualité, nous voilà forcément entraînés au problème social, puisque c'est la constitution même de notre société actuelle, notre régime économique lui-même, qui est fatal à l'épanouissement de la personnalité dans la masse des surmenés, des exploités. Et d'autre part, si nous sommes avant tout préoccupés d'organiser la société, nous voilà forcément ramenés au problème individuel, puisqu'il est impossible de transformer l'humanité sans le consentement et la collaboration des hommes qui la composent. Donc, aimer Dieu, aimer les hommes.

Cela est bien vague, dira-t-on. — Mais ne voyez-vous pas que cette prétendue imprécision est le propre de l'Esprit, qui refuse de se laisser enchaîner dans des formules ou des préceptes ? La morale évangélique n'a exercé sa puissance et conservé sa jeunesse, qu'à la condition d'exalter les volontés sans lier les intelligences. On ne trouvera pas, dans les évangiles, un verset, une ligne, un mot, qui suggère, seulement, la plus lointaine défiance à l'égard du libre exercice de la raison ; et je rougirais de vous avertir que la fameuse béatitude : « Heureux les pauvres en esprit ! » vise l'humilité morale et non l'infirmité intellectuelle. Et par conséquent, dans le cadre à la fois ferme et souple que nous avons esquissé, dans l'atmosphère générale de l'amour pour Dieu et pour les hommes, on peut construire,

théoriquement, diverses éthiques : pourvu qu'ils reposent
d'aplomb sur la vie intégrale, pourvu qu'ils utilisent toutes
les données de la conscience et de l'histoire, aucun de ces
systèmes de morale ne peut revendiquer le monopole d'une
orthodoxie religieuse ou philosophique. L'Évangile ménage
toutes les indépendances légitimes.

Mais il fait plus encore : il fortifie toutes les dépendances
nécessaires ; en d'autres termes, il rend l'homme capable
de moralité, en le soumettant tout entier, et tout joyeux, à
la loi supérieure de son être. L'Évangile supprime ainsi
le divorce banal et lugubre entre l'idéal et la pratique ; il
rétablit, d'une part, l'harmonie entre le cœur et la raison,
d'autre part, entre l'âme et la conduite ; et tout cela, ainsi
qu'on l'a dit magnifiquement, tout cela, parce qu'il pourvoit
l'homme d'une passion contre ses passions[1].

En vérité, à considérer sérieusement les principes de la
morale évangélique et ses effets dans les êtres qu'elle transfigure, on en vient à ne plus même comprendre l'objection
vulgaire : Jésus n'a rien dit de nouveau. Cette parole
dénote une étrange inintelligence de ce qui constitue
l'essence même de l'Évangile, puisque l'Évangile est un
enthousiasme qui allume d'autres enthousiasmes. Jésus
n'a rien dit de nouveau en morale? Il m'est impossible de
souscrire à cette affirmation tranchante : mais en admettant même qu'elle fût conforme à la réalité, ne voit-on
point que si Jésus n'a rien *dit* de nouveau, il est d'autant
plus extraordinaire que Jésus ait pu *faire* du nouveau ? Les
mêmes causes produisent les mêmes effets; si donc le
Christ, avec les doctrines de tout le monde, a obtenu les
résultats de personne, il faut qu'un facteur inconnu soit

1. Vinet.

intervenu dans les données du problème, et ce facteur c'est, précisément, Jésus lui-même, son individualité. S'il n'a rien dit de nouveau, il a *été* du nouveau, et voilà pourquoi il a fait du nouveau.

S'il n'a pas donné au monde une éthique scientifique, il ne lui a pas donné davantage des préceptes de moralité, des règles réputées moralisatrices, sur lesquelles tout homme pourrait courir comme une locomotive sur des rails. Non, la voie ferrée ne contient pas la force motrice ; il ne suffit pas de discerner le devoir pour l'accomplir, et Jésus n'est pas tombé dans l'optimisme de Socrate, qui confondait le vice avec l'erreur.

Au contraire, la morale de l'Évangile n'est pas théorique, mais thérapeutique ; elle compte avec une réalité que le Christ nomme le péché, et elle vise à une profonde révolution psychologique et sociale, dans l'individu et dans le monde. Elle ne flatte jamais l'homme, puisqu'elle le convie à la repentance ; elle ne le berce pas non plus de promesses fallacieuses, elle ne lui garantit pas d'autres satisfactions, ici-bas, que les satisfactions austères de la conscience. Que dis-je ? elle l'invite à aimer, en d'autres termes à souffrir, et même à se sacrifier, car le drame humain est terriblement réel, et il est des victimes qu'on ne peut sauver sans s'immoler volontairement. La morale de l'Évangile atteint son point culminant sur le Calvaire, et c'est du haut de la croix qu'elle rayonne en sa pure essence.

En résumé, la morale de l'Évangile n'est pas seulement éducative, préceptorale, et, si j'ose m'exprimer ainsi, moralisante ; elle est avant tout rédemptrice ; et sa vertu essentielle se manifeste, quand elle rend des créatures humaines capables de devenir, à leur tour, des puissances de rédemption. Pour cela, il faut *être* ; être, c'est *faire* ; devenir moral, c'est parvenir à l'humanité intégrale, respirer *sub specie aeternitatis*, inaugurer enfin, dès ici-bas, la vie éternelle, dans les contingences de l'histoire, et les infirmités de la chair.

En terminant cet exposé si incomplet, je croirais vous faire injure en m'excusant d'avoir si longtemps retenu votre attention. A une époque telle que la nôtre, si émouvante et si noble à tant d'égards, et où les préoccupations de l'ordre moral absorbent les plus généreux esprits, à une époque où l'on s'efforce laborieusement de constituer la morale moderne en fonction de la science du xxᵉ siècle, il est toujours permis d'escompter la patience d'un auditoire comme celui-ci, quand on lui parle de la morale évangélique. Et d'autre part, à une époque infatuée d'orgueil intellectuel et de stérile suffisance, à une époque où le premier collégien venu trouve un journal pour imprimer ses verdicts puérils de condamnation contre la morale du Christ, il est nécessaire de rappeler, dans une enceinte comme celle-ci, dans une École des hautes études sociales, que l'examen attentif de la morale des évangiles exige, non seulement un grand effort d'interprétation historique et de discernement critique, mais encore un grand effort d'introspection, d'analyse intérieure, de critique encore, mais de critique morale et non plus cérébrale, car il s'agit de discerner en soi, avec une impartialité courageuse, les véritables motifs subconscients qui nous rattachent à la morale évangélique ou qui nous en ont détachés.

Il est toujours tonique de voir clair en soi-même. Parmi ceux qui se réclament de l'idéal de l'Évangile, il en est dont l'âme n'a jamais frémi, comme une voile gonflée, au souffle impérieux des révélations suprêmes et des poignantes

intuitions du Mystère spirituel, et Jésus dirait de ces pré-
tendus disciples : « Celui qui n'est pas pour moi, est contre
moi ! » Et d'autre part, ceux qui refusent d'accepter l'idéal
des Évangiles obéissent, parfois, à des scrupules intellectuels, ou à des préoccupations de sincérité morale, qui
méritent, certes, le respect ; et il en est plusieurs, parmi
eux, au sujet desquels Jésus répéterait l'admirable et
sereine parole : « Celui qui n'est pas contre moi, est pour
moi ! »

Mais il faut aller jusqu'au bout de l'enquête, il faut avoir
la franchise de regarder aussi les pires laideurs d'une
humiliante réalité. Dès lors, il est impossible de nier que
dans une société comme la nôtre, où les uns prêchent le
statu quo économique, les autres la haine, presque tous
la légitimité de la jouissance, ils sont légion ceux qui ont
intérêt à récuser les enseignements du Christ. Divers et
subtils sont les arguments puisés dans notre paresse intellectuelle, dans notre sensualisme raffiné, pour aboutir à la
conclusion préméditée que l'idéal évangélique est inacceptable ou même dépassé ; il suffit d'ailleurs, pour cela, de
l'inféoder systématiquement à des doctrines qui le défigu-
rent et à des institutions qui le trahissent. Mais cette attitude trop vulgaire vérifie la fine remarque d'un moraliste
avisé qui disait qu'en morale, à certaines époques, il faut
bien du courage pour admettre que deux et deux font
quatre.

Heureusement, l'École des Hautes Études sociales, en
organisant une série d'enquêtes sur « les problèmes moraux
du temps présent », nous convie au libre examen. Elle
prendrait volontiers pour devise, avec Pascal : « La vraie
morale se moque de la morale ». Et c'est encore à ce génie
de l'intuition spirituelle que j'emprunterai la parole qui

me servira de conclusion : « Toute notre dignité consiste en la pensée. C'est de là qu'il faut nous relever, et non de l'espace et de la durée, que nous ne saurions remplir. Travaillons donc à bien penser : voilà le principe de la morale ».

J'ai dit.

————

LA MORALE DE SAINT PAUL

Par E. DE FAYE
Professeur à l'École des Hautes Études.

Le sujet dont j'ai à vous entretenir est si vaste que je vous prie de me dispenser de tout préambule. Entrons immédiatement en matière.

La morale de l'apôtre Paul est essentiellement religieuse. Dans quel sens l'est-elle et de quelle manière, c'est le point qu'il faut préciser avant d'exposer cette morale. Pour les personnes qui voient avant tout dans la religion un corps de doctrines, un système de dogmes, la morale n'est et ne peut être qu'une application logique de la principale doctrine de cette religion. C'est dans ce sens qu'elle est religieuse. Elle est un compartiment du système, un chapitre de la dogmatique. Voyez le christianisme du moyen âge. Il est dominé par l'idée de l'opposition du ciel et de la terre, du présent et de l'avenir, de la vie terrestre et de la vie céleste. De cette conception du christianisme découle nécessairement une morale qui consistera dans la vie contemplative et monacale.

La morale de saint Paul ne se déduit pas comme un syllogisme de sa religion. Elle s'en inspire ; elle en reçoit simplement une orientation ; elle en jaillit spontanément, comme un sentiment jaillit d'un autre sentiment. La religion de l'apôtre est un mysticisme ; sa morale est la fleur de ce mysticisme. Or, qui dit mysticisme dit ce qu'il y a de plus intime en nous, de plus intérieur à l'âme. Ceci on ne peut le bien comprendre que si l'on connaît l'homme lui-même. Commençons donc par rappeler ce qu'a été l'apôtre Paul ; lui-même nous révélera sa religion et celle-ci nous livrera le secret de sa morale.

Un fait domine la vie du grand apôtre, explique sa personnalité. C'est sa conversion du judaïsme au christianisme. Nous ne pouvons faire en ce moment une étude complète de la conversion de saint Paul sur le chemin de Damas. Contentons-nous de résumer de longues recherches et de noter les principaux traits.

Avant de devenir chrétien, Paul, alors Saul de Tarse, a été un pharisien légaliste. Lui-même nous apprend qu'il s'est adonné avec le plus grand zèle à l'étude de la Loi. Pour un jeune pharisien cela veut dire non seulement qu'il se familiarisait avec les préceptes de la Loi et la casuistique des rabbins, mais qu'il pratiquait minutieusement ces préceptes. Il le faisait avec une telle rigueur qu'il se fit remarquer. Il le dit lui-même (Galates, i, 14). Il avait tout l'orgueil de sa caste. Il avait une conscience aiguë de sa supériorité morale. Il se sentait absolument irréprochable. Lui-même note plus tard avec précision ce sentiment (Philippiens, iii, 6). C'est une erreur de supposer, comme on le fait si souvent, qu'il ait eu l'âme troublée et qu'avant de devenir chrétien, il ait déjà éprouvé la vanité de son légalisme de pharisien. Rien encore n'avait ébranlé sa confiance en la Loi.

Paul a été en même temps messianiste. Il ne l'était pas à la façon du vulgaire ; il avait du Messie attendu l'idée

que professaient les pharisiens de son temps. Le Messie de
ses rêves serait un être céleste, transcendant. Ce Messie
avant de se révéler commence par être une sorte d'entité
divine qui du monde suprasensible descendra ici-bas. Si
abstraite qu'elle soit, cette entité est vivante ; elle est une
personne. Son principal caractère, c'est de resplendir de
gloire céleste (δόξα). Cette gloire est celle même qui
enveloppe Dieu. C'est une lumière surnaturelle qui n'a de
commun avec la lumière terrestre que l'éclat. Dans la
pensée du jeune pharisien, cette splendeur céleste est
inséparable de la personne du Messie. Plus tard Paul ne
pensera pas autrement du Christ. Celui-ci lui apparaîtra
toujours rayonnant de gloire divine.

Avec une telle idée du Messie, comment Saul ne détes-
terait-il pas les chrétiens qui prétendaient que le Messie
n'était autre que le Crucifié ? N'était-ce pas une prétention
vraiment impie ? Identifier le glorieux Messie avec ce sup-
plicié, n'était-ce pas insulter à Dieu, outrager Israël même
et ses rêves les plus sacrés ? Quel blasphème ! Ces chrétiens ne méritaient-ils pas les plus sévères châtiments ?
Jamais haine ne fut plus sincère que celle de Saul.

Dès lors il est clair que pour que cet homme devienne
chrétien, il faudra qu'il se persuade que, malgré les apparences, Jésus de Nazareth est bien le Messie tel qu'il le
conçoit. Il ne lui donnera sa foi que si ce Jésus lui apparaît sous des traits qui le fassent reconnaître comme Messie.

C'est ce qui est arrivé sur le chemin de Damas. Saul
a eu une apparition de Jésus, resplendissant de gloire
divine. Je n'ai pas à discuter en ce moment le fait de cette
apparition, ni à examiner la part de réalité ou d'imagination qu'elle contient. Cet examen relève de la psychologie.

Je ne fais en ce moment que de l'histoire. Je constate que seule une apparition de cette nature pouvait convaincre Saul. Je constate en outre que Paul a toujours cru qu'il avait vu Jésus resplendissant de gloire et que jusqu'à la fin il n'a pas eu le moindre doute sur ce point. Son langage est formel. (Veuillez relire Galates, i, 16 ; I, Corinthiens, ix, 1, et dans la même épître, ch. xv, 8.)

Quelles furent les conséquences de l'incident du chemin de Damas ? C'est qu'aussitôt une formidable crise morale se déchaîne dans l'âme du jeune pharisien. Si ce Jésus est le Messie, et il ne peut en douter, il se trouve que lui Saul l'a persécuté. Il a combattu l'Envoyé de Dieu. Il a été sans le savoir, ennemi de Dieu. Pour une conscience juive, il ne pouvait rien y avoir de plus horrible. C'est le plus grand des crimes. Saul n'a plus rien à espérer ; il se sent perdu. Le désespoir de cette âme si sincère, si passionnée et si désintéressée a dû être atroce. Il a dû se sentir écrasé par son crime ; à ses yeux il était le dernier des misérables. Plus tard il se souviendra de cette douloureuse expérience ; elle lui fera concevoir la faute morale sous son jour le plus tragique ; elle l'éclairera sur la nature du péché et lui en suggérera la doctrine.

Quelle fut l'issue de cette crise ? Paul sait que Jésus est le Messie glorieux ; il l'a vu ; il ne doute pas qu'il existe ; il croira jusqu'à la fin qu'il est vivant et présent. Or à un moment donné, le sentiment se fait jour en lui qu'il reçoit son pardon. C'est ce Jésus qui le lui procure. Paul a conscience d'avoir été l'objet d'une grâce. Je ne recherche pas en ce moment comment il est arrivé à cette conviction. Je la constate. Lui-même l'a maintes fois rappelée. (Voyez I, Thessaloniciens, i, 10 ; v, 9 ; Galates, ii, 16 ; I, Corinthiens, xv, 8 à 10). Expérience décisive ! Non seulement elle explique son invincible attachement au « Seigneur », mais elle se traduit plus tard en sa doctrine de la grâce. Ne parlez jamais à cet homme de mérites. Il y a eu une heure dans sa vie où il a senti qu'il n'avait plus rien à faire valoir aux yeux de Dieu. Il ne se lassera pas de répéter que seule la foi en Jésus-Christ justifie et que Dieu seul, par un acte de pure miséricorde, peut déclarer juste le pécheur repentant. Paul n'est-il pas à ses propres yeux un monument de *la Grâce ?*

On comprend dès lors que Jésus-Christ soit tout pour lui. Le Christ céleste et glorieux, voilà le centre où convergent toutes ses pensées et d'où partent toutes ses inspirations. De là l'enthousiasme avec lequel il se donne au Christ, s'abandonne à sa direction. Il veut être, comme il dit, son « esclave ».

Ainsi c'est à la lumière des expériences de Damas que s'éclairent saint Paul et le paulinisme. Elles expliquent l'homme, ses sentiments, ses idées, ses actes. On voit maintenant ce qu'est son mysticisme et comment il s'est formé. Jésus-Christ lui apparaît vivant ; il est sans cesse présent à sa conscience ; il devient intérieur à son âme ; l'union mystique se consomme. « Ce n'est pas moi qui vis, c'est Christ qui vit en moi » (Galates, ii, 20).

Nous tenons maintenant, je le crois, l'explication de la morale de l'apôtre comme de tout le reste.

Quelle est d'abord la morale *individuelle* de saint Paul ? Le Jésus-Christ céleste et glorieux est devenu tout à fait intérieur à l'apôtre. Cette présence mystique fait aussitôt sentir son effet. Il s'ensuit chez lui une transformation progressive et incessante de ses sentiments, de ses aspirations, des mouvements secrets de son cœur et finalement de ses désirs et de ses volontés. Toute sa vie intérieure se façonne sur celle de Jésus-Christ. Elle consiste essentiellement en une imitation croissante du Christ. Comment pourrait-il en être autrement ? Supposons la personne de Jésus conçue et sentie par l'âme comme vivante, réelle et immanente en elle-même, comment cette âme n'en subirait-elle pas l'ascen-, dant ? Comment ne tendrait-elle pas à se conformer à son idéal qu'elle sent vivant au-dedans d'elle-même ? De là ce premier principe, c'est que la vie morale du chrétien doit se calquer sur la vie de Jésus-Christ.

Mais Paul précise encore. D'après lui toute la vie du Christ se résume et se condense dans le dernier acte. Il ne fait allusion ni aux paraboles ni aux guérisons ; les actes et les paroles de Jésus avant la Passion ne semblent pas exister pour lui ; de toute l'histoire évangélique, il ne retient que la mort et la résurrection du Sauveur. L'une et l'autre doivent se reproduire dans la vie intérieure du croyant. Son âme doit devenir le théâtre d'une mort et d'une résurrection. Ce qui doit mourir, c'est la sensualité, les bas instincts, les passions d'origine charnelle, ce sont encore celles de nuance plus intellectuelle, comme la convoitise, la cupidité, l'orgueil, l'animosité, la méchanceté, la jalousie, la colère et l'ambition, en un mot tous les sentiments qui dérivent de l'égoïsme. Paul entend bien que toutes ces affections de l'âme ou du corps soient éliminées. D'autre part, il nous montre se développant sous l'action de l'esprit de Jésus des sentiments pareils à ceux du Christ, la pureté, la tempérance, la douceur, la patience, l'abnégation, l'oubli de soi, l'aptitude au sacrifice, l'amour fraternel. C'est en cela que consiste la résurrection intérieure. (Il faudrait citer ici le passage tout entier de Galates, v, 16 à 25.)

Selon Paul, cette double opération morale se fait spon-

tanément chez l'homme qui possède le Christ intérieur.
Celui-ci agit dans le croyant comme une force irrésistible.
Cette puissance spirituelle qui épure et transforme l'être
tout entier, l'apôtre l'appelle l'*esprit*. Cet esprit n'est autre
que le Christ intérieur en état d'activité « Nous sommes
transformés à son image », s'écrie l'auteur des épîtres aux
Corinthiens.

Tel est le principe de la morale individuelle, d'après saint
Paul. Toute règle, à plus forte raison, tout code sont super-
flus. La seule règle consiste à s'unir étroitement à Jésus-
Christ. Le croyant s'identifie avec lui. « Il ne forme avec
lui qu'une seule et même plante. » Il meurt intérieurement avec lui et il ressuscite avec lui. Pour Paul, ce n'est
point une image, c'est la réalité même. « Nous qui sommes
morts au péché, comment vivrions-nous encore dans le
péché ? Ignorez-vous que nous tous, qui avons été baptisés en Jésus-Christ, c'est en sa mort que nous avons été
baptisés ? Nous avons donc été ensevelis avec lui par
notre baptême en sa mort, afin que, de même que Jésus-
Christ est ressuscité des morts par la gloire du Père, nous
aussi de même nous marchions en nouveauté de vie. S'il
est vrai, en effet, qu'unis à lui nous ayons reproduit l'image
de sa mort, nous reproduirons aussi l'image de sa résurrection, sachant que notre vieil homme a été crucifié avec
lui, afin que ce corps de péché soit anéanti et que nous
ne soyons plus les esclaves du péché » (Romains, vi 2-6.
Il faudrait citer encore dans la même épître, ch. viii, 2 et
3 ; 5 à 8.)

Paul conçoit la morale *sociale*, comme il conçoit la
morale individuelle. Rappelons qu'à ses yeux la société,
c'est celle des chrétiens. Les églises de Jésus-Christ la
constituent. Le reste du monde, c'est l'empire « des puis-

sances » du mal. L'humanité au sens où nous l'entendons n'existe pas pour l'apôtre.

Cette société, saint Paul l'appelle le « corps de Christ ». Cela veut dire que l'âme en est le Jésus-Christ vivant et immanent. De ce Jésus intérieur à la société chrétienne viennent, doivent venir toutes les inspirations. Ici encore, comme pour la morale de l'individu, la morale qui doit régler les relations humaines découle de l'imitation de la vie de Jésus-Christ. C'est l'esprit qui, d'idéale qu'elle est tout d'abord, rend réelle cette imitation. Sous cette pression de l'esprit du Christ naissent les sentiments sociaux. Ainsi se forme, s'organise, se développe la société chrétienne. Elle devient de plus en plus le « corps de Christ ». En même temps, par l'effet de la même pression, disparaissent et s'éliminent les sentiments antisociaux.

Voilà une morale sociale qui n'a rien d'une législation ; elle est toute inspiration ; elle se traduit spontanément en action ; elle est organisatrice de fraternité au premier chef. C'est « le fruit de la puissance de l'esprit ». Elle trouve sa plus haute expression dans l'hymne de la Charité (i. Corinth., xiii). Ces idées, Paul les a lui-même développées de façon saisissante dans la première épître aux Corinthiens (xii, 12 à 27).

Ainsi conçue, comment cette morale pourrait-elle se codifier ? Dans chaque cas particulier, il n'y a qu'à remonter au principe lui-même. La société comme l'individu possède en elle-même une source d'inspiration qui est à la fois lumière et force. Ce principe, c'est le mysticisme de l'apôtre ; c'est le Christ intérieur.

Veut-on constater comment s'applique cette morale dans un cas particulier ? Que l'on prenne comme exemple la vie de famille. Comment s'organise-t-elle dans le système de l'apôtre?

Saint Paul n'était guère préparé à comprendre la famille. Il a vécu exclusivement pour sa mission. Il paraît avoir ignoré le besoin des affections du foyer. C'est en vain que l'on chercherait dans ses épîtres un mot qui trahît le regret d'avoir été privé des joies domestiques. Ses Églises ont été sa seule famille. Celles de Macédoine, plus particulièrement celle de Philippes, lui ont procuré toute la quantité d'affection qu'il ait jamais désirée. Parmi ces simples d'esprit, si étrangers aux querelles et aux agitations qui troublaient d'autres Églises, le grand apôtre se détendait, s'abandonnait. Qu'on relise le début de son épître aux Philippiens, on y découvre un Paul singulièrement tendre et affectueux. Dans ses effusions, on perçoit le souvenir des douces heures qu'il avait passées autrefois au milieu des frères de Philippes. Cela lui suffisait.

Est-il surprenant dès lors que l'apôtre ait varié dans ses idées sur le mariage et sur la famille, et qu'il ne soit arrivé que tardivement à une conception de l'union conjugale complète et digne de lui-même? On connaît son célèbre chapitre sur le mariage (I Corinth., vii). Au moment où il l'écrit, il est nettement hostile au mariage. « Le temps est court », dit-il. Puisque la fin du monde est imminente, vaut-il la peine de se marier, de fonder une famille? Il insiste sur les inconvénients du mariage. Il y voit autant d'obstacles à une haute vocation chrétienne. On pense à plaire à son conjoint plutôt qu'à Dieu. Heureux ceux qui comme lui-même savent se passer du mariage! Pas un mot dans tout ce chapitre qui trahisse chez Paul le moindre sentiment des saines et fortifiantes joies du foyer.

Mais Paul est un homme de progrès; il ne cesse de

s'élever toujours plus haut. Il le dit lui-même. Sa foi même lui est un puissant stimulant à une sorte d'expansion incessante de tout son être. « Ce n'est pas que j'aie déjà saisi le prix, ni que je sois déjà arrivé à la perfection ; mais je le poursuis, tâchant de le saisir parce que j'ai été moi-même saisi par le Christ » (Philippiens, III, 12). Depuis le temps où il écrivait aux Corinthiens son célèbre chapitre VII, il a vécu, il a pratiqué les hommes, il les a observés ; il ne croit plus au même degré à l'imminence de la catastrophe finale. C'est alors qu'il trace une page admirable sur le mariage et sur la vie de famille. Il faudrait la citer tout entière (Ephésiens v, 21 à VI, 4). Ne pressons pas toutes les expressions que nous y lisons. Il s'y mêle, ici et là, certains mots qui rappellent les idées de l'antiquité sur l'infériorité et la subordination nécessaire de la femme. Comprenons-en l'esprit. C'est celui qui crée la vraie famille. Il est fait de respect et d'affection. Remarquons en particulier le principe d'où Paul tire l'idéal même de la famille chrétienne. C'est ce principe mystique d'où dérive, comme nous l'avons vu, toute sa morale. L'apôtre compare le lien conjugal à celui qui unit le Christ à l'Église. C'est donc ici encore l'inspiration et l'imitation du Sauveur qui doit régler les rapports du mari et de la femme, des parents et des enfants. Pas plus ici qu'ailleurs, il n'est besoin d'une règle formelle ; que Christ soit présent au foyer et du coup la vraie famille sera constituée. Voilà comment Paul entend l'application de sa morale à un cas particulier.

Est-ce une morale au sens usuel de ce terme ? N'est-ce pas plutôt une sorte d'orientation générale de l'être intérieur qui se traduit ensuite dans les actes ? Cette orientation dérive manifestement du mysticisme de l'apôtre ; elle en découle, comme une inspiration ; elle tire de son origine même toute de sentiment et non de raison, une force singulière de réalisation. Elle apporte en même temps avec elle une véritable lumière qui fait que celui qu'elle inspire et dirige voit exactement dans chaque cas particulier ce que prescrit le devoir. Il obéit à une sorte d'instinct supérieur, à une intuition révélatrice. Conçoit-on pareille morale disposée en une série de préceptes et formulée en un code ? Codifie-t-on une impulsion ? Fait-on d'un éclair de conscience un précepte ? Que viendraient faire des règles savamment alignées dans une morale qui dérive d'un sentiment mystique et lui doit toute son autorité ? Saint Paul lui-même le sent si bien qu'il n'édicte jamais des préceptes à l'usage des néophytes ; il donne des exhortations. Celles-ci par leur nature même réchauffent et stimulent le sentiment. Elles accroissent la puissance de l'instinct supérieur ; elles précipitent l'âme dans la direction que lui montre sa foi.

L'avantage capital d'une morale ainsi conçue, c'est qu'elle sauvegarde la liberté de l'individu. Une morale qui consiste en un code de préceptes enserre la vie comme dans une camisole de force ; par cela même qu'elle en réglemente tous les détails, elle arrête toute spontanéité ; elle aboutit à l'asservissement. Telle la morale légaliste du judaïsme ; telle aussi la morale des jésuites dont la casuistique est le plus admirable instrument de servitude qu'on ait jamais inventé. Celle de l'apôtre Paul laisse intacte la libre initiative ; elle vous donne une direction qui est en réalité une inspiration. Puis elle vous abandonne à vous-même. La lumière intérieure qu'elle fait jaillir en vous doit suffire en toute circonstance. En même temps que vous recevez un principe supérieur de conduite, vous disposez vous-même de vos actes.

Ainsi en morale comme en religion, Paul est l'apôtre de la liberté. Au point de vue religieux, il affranchit l'âme de la religion formaliste et autoritaire ; au point de vue moral il rend à la conscience son autonomie. Lui-même aime la liberté. C'est son souffle qui soulève et emporte son épître aux Galates d'un mouvement si allègre. C'est la liberté morale conquise par sa foi nouvelle qui lui arrache ce cri : « Vous n'avez pas reçu un esprit d'esclavage pour être encore dans la crainte, mais vous avez reçu un esprit d'adoption filiale par lequel nous crions : Père » (Romains, VIII, 15).

VII

LA RENCONTRE DU CHRISTIANISME
ET DE L'HELLÉNISME
L'ÉCOLE D'ALEXANDRIE

Par A. PUECH
Professeur à la Faculté des lettres de l'Université de Paris.

Vers 180, au moment où mourait Marc-Aurèle, et où
son fils Commode commençait à régner, arrivait en Égypte
T. Flavius Clemens, celui que nous appelons, du nom de
la grande cité où il s'établit et qui l'adopta, Clément
d'Alexandrie. Il était, semble-t-il, Athénien d'origine ; né
dans une famille païenne, il s'était converti d'assez bonne
heure, et, après sa conversion, comme il avait l'esprit
curieux, comme les lettrés, en ce temps, avaient le goût
des voyages, il avait parcouru une bonne partie de l'empire,
à la recherche de maîtres qui pussent lui communiquer le
plus pur de la tradition chrétienne et le former aux premiers éléments de cette théologie embryonnaire, qui s'ébau-
chait à peine et qu'il devait, plus que personne avant lui,
contribuer à développer. Il allait rencontrer, à Alexandrie,
celui qui devait avoir sur lui l'action la plus profonde,
celui qu'il se plaisait à nommer : « l'abeille de Sicile »,
l'ancien stoïcien Pantène, qui avait, sinon fondé, du moins

organisé le premier cette école catéchétique dont les premières origines sont pour nous si obscures. C'est ce *Didas-
calée*, devenu bientôt le rival du *Musée* des Ptolémées, que
Clément dirigea à son tour, après Pantène et d'abord de
concert avec lui, jusque vers 202, jusqu'au jour où la persécution de Septime Sévère l'obligea à renoncer à son enseignement et même à quitter l'Égypte. C'est là qu'il forma le
plus original des philosophes chrétiens de l'Orient grec :
Origène. C'est là et par lui qu'a été posée pour la première
fois, avec une pleine clarté, la plus grave question qu'im-
pliquât, en son temps, le mouvement général des esprits ;
non seulement il l'a posée nettement, il en a vu toute l'importance, mais encore il l'a résolue, dans le sens le plus
fécond et le plus profitable à l'avenir : c'est celle des rapports du christianisme et de l'hellénisme, et ce que je me
propose de vous montrer aujourd'hui, ce n'est point la gravité de cette question, — elle est évidente, — mais c'est
en quels termes exactement elle se posait, et comment
l'École chrétienne d'Alexandrie s'y prit pour la résoudre.

I

Si Clément fut le premier qui envisagea le problème
dans toute son étendue, qui en comprit toutes les données,
toute la difficulté, et toutes les conséquences possibles, le
problème était plus ancien que lui : il remontait presque à
l'origine même du christianisme. Non que nous puissions
saisir sur l'enseignement de Jésus la trace d'une influence
hellénique. Il est certain qu'à l'époque où il parut, la Palestine, depuis longtemps, était ouverte en quelque mesure à
l'accès des idées grecques ; mais la pensée de Jésus, en

tant qu'elle n'est point nouvelle et personnelle, — et c'est
par ce qu'elle avait de personnel et de nouveau qu'elle
agit, — ne semble pas avoir eu d'autres sources que juives ;
si, parmi les éléments juifs qui ont contribué à la former,
il s'en trouvait où se fût déjà glissé quelque apport de pro-
venance grecque, nous ne pouvons aujourd'hui les discerner sûrement. Mais, dès la première génération chrétienne,
dès la première expansion qui porta hors de la Palestine
les Apôtres et leurs plus anciens disciples, à Antioche, en
Asie Mineure, en Macédoine, en Achaïe, à Rome enfin, la
foi nouvelle se trouva en contact direct avec la civilisation
hellénique, et bientôt il fut visible que c'était là, chez les
Gentils, non dans son pays d'origine, qu'elle était appelée à
prendre racine et à prospérer. Il lui fallut donc, tout de suite, à
la fois réagir vigoureusement contre un milieu qu'elle voulait transformer, et s'accommoder en quelque mesure à lui,
puisqu'elle devait y vivre. Saint Paul sut se rendre compte
de la seconde de ces conditions aussi bien que de l'autre.
D'abord il montra la voie aux futurs apologistes en leur
apprenant à rechercher, dans les doctrines qu'ils com-
battaient, les points de rapprochement, les similitudes
apparentes ou réelles qui seules rendent possible, entre
adversaires, d'engager une conversation dont on puisse se pro-
mettre quelques résultats. Mais ces finesses d'Apôtre adroit
et désireux du succès [1] sont en somme assez peu de chose.
Au contraire, lorsque dans l'Épître aux Romains [2] il comparait la responsabilité du Juif et celle du Gentil, lorsqu'il
parlait de ces païens qui « n'ayant pas la Loi, sont à eux-

—————

1. C'est surtout dans les discours prêtés à saint Paul dans les *Actes
des Apôtres*, que cette tendance apparaît. Je n'ai pas à examiner ici
dans quelle mesure ces discours peuvent être tenus pour une fidèle
reproduction de sa pensée et de son langage.

2. Ep. aux R., II, 14.

mêmes la Loi, quand ils accomplissent naturellement les
œuvres de la Loi », il allait plus avant : il traçait les premiers linéaments d'une philosophie de l'histoire, du point
de vue chrétien ; il essayait de légitimer l'intervention, à
une date choisie et dans un lieu déterminé, d'une action
surnaturelle momentanée qu'il devait insérer dans la trame
historique, dans le développement normal de toute l'humanité. Mais l'obligation n'était pas seulement de justifier
pour les Gentils la date et les conditions de cette manifestation divine ; elle était aussi de leur en prouver la validité
et l'excellence. L'auteur inconnu du IV° Évangile, quand
il identifia, dans son fameux Prologue, le Christ au Logos,
au Verbe divin, trouva la formule magique qui allait
rendre cette démonstration aisée. A quelque source qu'il
ait pris l'idée de son Logos, et quel que fût le sens exact.
qu'il y attachait, le mot se faisait entendre des Grecs ; à
tous il ne disait peut-être pas la même chose, mais à tous
il disait quelque chose ; il rayonnait, au sein d'une sorte de
pénombre, d'une mystérieuse clarté ; il était bien « la
lumière venant en ce monde » qui allait guider les missionnaires chrétiens dans leur œuvre de propagande, et attirer
vers eux les âmes inquiètes à la recherche d'une croyance.

II

Après les premières conquêtes, le christianisme dut,
avant tout, s'organiser. Ce fut la tâche qui s'imposa aux
générations qui vécurent à la fin du Ier siècle et au commencement du IIe. Quoique, parmi elles, les recrues faites dans les
classes supérieures de la société n'aient pas manqué absolument, cette élite intellectuelle ne fut d'abord que l'exception.

La majorité des fidèles était une élite morale, mais de culture
élémentaire ; leurs âmes avaient plus de besoins que leurs
esprits. Ils se confiaient en la bonté d'un Père céleste et en
la promesse du Seigneur ; ils s'effrayaient et s'enchantaient
à la fois de la perspective du prochain Royaume ; ils se
réchauffaient, dans leurs petites Églises bien unies, à ce
foyer d'amour mutuel, ardent et généreux, qu'avaient allumé
et qu'entretenaient une commune espérance et un commun
dévouement. Leur foi tenait dans les quelques mots d'un
credo très simple, dans une courte formule baptismale dont
les termes leur paraissaient assez clairs pour ne pas réclamer d'interprétation, quoiqu'ils fussent, en leur brièveté,
gros de problèmes délicats et complexes. Il est assez vrai-
semblable que ces Églises, après qu'elles eurent pris un
developpement de quelque étendue, passèrent par une
période assez longue de relatif isolement volontaire ; qu'elles
durent s'appliquer à rompre les liens qui les rattachaient
encore au monde extérieur plutôt qu'à s'en créer de nouveaux. Cette sorte de sécession, ces précautions, cet esprit
exclusif étaient sans doute nécessaires, pendant un temps,
pour les laisser prendre consistance, pour leur permettre
de bien dégager et de fixer leur caractère original. Mais
ce n'était là qu'une phase de leur histoire. Dès le milieu
du IIe siècle, leur vitalité même et leur succès les en firent
sortir. Le spectacle touchant et noble que donnaient ces
petits groupes d'une moralité exceptionnellement pure,
d'une concorde admirable, tout pénétrés de charité et
tout rayonnants de joie discrète et sereine, frappa
vivement certains esprits cultivés. Les Églises virent
venir à elles, parfois comme d'un mouvement spontané, et sans qu'elles leur eussent fait signe, sans
autre propagande que leur exemple, des lettrés plus ou

moins profondément formés par l'étude des sciences pro-
fanes, par l'habitude des procédés logiques de l'École, par
l'enseignement de la philosophie hellénique. Ces hommes
allaient à la foi, dans un irrésistible élan de sympathie ;
mais ils ne pouvaient pas refaire leur cerveau ; ils avaient
besoin de raisonner leur foi ; ils avaient rompu avec la
philosophie parce qu'elle ne satisfaisait pas, chez les uns,
une soif de certitude, chez les autres le goût du surnaturel, chez d'autres encore certains instincts secrets du cœur.
Mais tous ne lui en gardaient pas rancune ; quelques-uns
seulement, assez rares, la maudissaient de les avoir trom-
pés ; la plupart se souvenaient avec gratitude que, si
l'Ecole n'avait pas été pour eux l'asile rêvé, elle leur avait
offert une halte bienfaisante, dans leur marche incertaine
vers la lumière, à mi-chemin de la vérité ; et ils gardaient
l'empreinte ineffaçable du pli qu'elle avait donné à leur esprit. De ces hommes furent ceux que nous appelons *les Apologistes*, et, comme plusieurs de leur écrits nous sont parvenus, nous connaissons assez bien quelles étaient leurs
raisons de croire. Il en fut, je l'avoue, qui, comme Tatien,
ne pensèrent qu'à bafouer avec une sorte de rage fanatique
tout ce qu'ils avaient adoré, ou qui, comme Théophile, ne
virent dans la vie de Socrate qu'une activité sans but et
dans sa mort qu'un sacrifice sans objet. Le plus grand
nombre, je crois, fut pareil à Justin, à Athénagore, qui
conservaient, en s'inclinant devant le Christ, un vrai respect sincère pour Socrate et pour Platon. Justin est particulièrement caractéristique. Son âme, avant tout honnête,
limpide, sincère, ne pouvait se fermer à la vérité, de quelque côté qu'elle lui apparût ; elle ne pouvait méconnaître
certaines parties tout à fait hautes et pures de l'enseignement philosophique, certaines analogies entre les doctrines

dont il s'était d'abord nourri et la croyance à laquelle ces doctrines mêmes l'avaient amené. Son esprit, qui manquait de rigueur et de méthode, et qui ne s'appuyait, dans ses constructions, que sur un savoir mêlé et insuffisant, était incapable de coordonner les vues éparses, souvent larges et libérales, qui s'offraient à lui. Mais il ne faut pas l'oublier, comme un bon ouvrier de la première heure, comme un précurseur sans génie, mais d'âme loyale, qui a préparé, dans la mesure de ses forces, le traité d'alliance que devaient conclure, à Alexandrie, la philosophie grecque et le christianisme.

III

Pourquoi cette alliance fut-elle signée à Alexandrie, et non pas ailleurs ? Ce ne fut pas par hasard. Alexandrie était la capitale intellectuelle, comme la métropole commerciale du monde grec. Il est banal de redire que toutes les races s'y coudoyaient, et que tous les souffles de l'esprit y passaient. Qu'elle soit authentique ou non, la curieuse lettre d'Hadrien à son beau-père Servien dépeint, en traits qu'on n'oublie pas, cette étrange confusion de sectes où toutes les religions et toutes les philosophies venaient se confondre. Deux épisodes intéressants, dans cet incessant mouvement d'idées, parfois bizarre et déconcertant, parfois aussi fécond, qui fait l'importance d'Alexandrie dans l'histoire, l'avaient marquée et comme prédestinée à être le théâtre où prendraient contact et où passeraient leur transaction l'hellénisme et le christianisme. Déjà, deux siècles avant Clément, Jéhovah, sans son Christ encore, mais non sans son Logos, s'était rencontré avec Apollon et

Athéna. Le judaïsme de la dispersion, moins exclusif que
le judaïsme palestinien, avait reconnu dans l'hellénisme
une puissance d'un autre ordre que les cultes phéniciens,
syriens ou égyptiens avec lesquels il avait été d'abord én
conflit. Les cultes grecs lui faisaient presque autant d'horreur que l'adoration d'un Baal ou d'une Astarté. Mais la
philosophie lui apparaissait comme une grande force avec
laquelle il fallait compter. L'élite des juifs alexandrins
reçut la culture grecque, et, avec les précieuses facultés
d'assimilation de sa race, s'en trouva peu à peu assez pénétrée pour savoir s'en inspirer librement. Philon fut le théoricien par excellence de ces Juifs hellénisés. A grand renfort
d'allégorie, en prenant son bien partout où il le trouvait,
tour à tour stoïcien, aristotélique et surtout platonicien,
mais ne cessant jamais de rester essentiellement juif, il
développa, abondamment et sans ordre, au cours de volu-
mineux commentaires où l'Écriture est contrainte de se
prêter à tous les raffinements de l'exégèse, un système
savant et compliqué dont l'influence n'est pas facilement
saisissable sur les premiers tâtonnements de la pensée
chrétienne, — c'est une question, par exemple, et délicate, que de savoir si le Logos de saint Jean vient ou ne
vient pas de Philon, — mais se révèle éclatante quand on
arrive à Clément ou à Origène. C'était, pour l'avenir du
christianisme, un fait d'une importance capitale, que déjà
un interprète de la Bible eût fait appel à la méthode dialectique et aux procédés d'exégèse allégorique des Grecs,
pour éclaircir la doctrine renfermée dans le texte sacré ;
bien plus, qu'il eût fait également des emprunts manifestes
à leurs δόγματα, à leurs théories métaphysiques ou morales, pour confirmer, développer ou systématiser cette
doctrine. L'espèce d'effarement superstitieux qui doit être

le premier sentiment, l'attitude instinctive de celui qui croit
à une révélation, en face d'une explication du monde qui
ne se réclame que de l'intelligence humaine, était conjuré.

Le second des deux épisodes auxquels j'ai fait allusion
eut des résultats analogues, mais il en eut aussi de tout
contraires. Ce second épisode fut ce que nous appelons
le gnosticisme. On hésite à parler, sans entrer dans des distinctions qui ne seraient pas à leur place ici, du gnosticisme, étiquette commode sous laquelle nous rassemblons
une foule de sectes, qui eurent des tendances très variées,
dans chacune desquelles se combinent, avec un dosage
inégal, des éléments de qualité très diverse et d'origine le
plus souvent obscure. Cependant il est certain qu'à tort ou
à raison les Pères de l'Église qui ont combattu ces
sectes, — Irénée, Hippolyte, avant eux déjà Justin, —
les ont généralement rattachées aux principaux systèmes
de la philosophie grecque. Il est certain encore que les
plus originaux parmi les gnostiques, Basilide et Valentin
par exemple, venus à un moment où il n'existait pas encore
de théologie chrétienne, où l'Église n'en possédait que les
rudiments, dans ses Livres sacrés d'une part, et de l'autre
dans un *Credo* sommaire, furent les premiers à construire
de vastes synthèses, trop souvent étranges et qui donnent
parfois le cauchemar, mais qui se présentaient comme une
explication d'ensemble, d'allure à la fois scientifique et
prophétique. Les premiers aussi, ces docteurs et ces mages,
par là même qu'ils prétendirent posséder une science mystérieuse et abstruse, furent naturellement amenés à distinguer les croyants en deux catégories : celle des simples
fidèles, auxquels suffit la Foi, et celle des gnostiques, ou
des chrétiens de première classe, fort élevés au-dessus du
populaire avec lequel ils finissent par n'avoir presque plus

rien de commun. L'effet le plus apparent du mouvement
gnostique sur la masse des chrétiens et sur les évêques
vigilants qui étaient à sa tête fut assurément d'éveiller
chez eux, quand elle n'existait pas, de renforcer chez la
plupart, en qui elle préexistait, une défiance invincible à
l'égard de la philosophie. C'est l'état d'esprit, au fond,
d'Irénée et d'Hippolyte. Mais malgré tout, pour combattre
des thèses dont ils croient poursuivre la racine jusque
dans les systèmes des philosophes, Irénée et Hippolyte
sont contraints d'emprunter à ceux-ci non pas leurs doctrines, mais au moins leurs méthodes de raisonnement,
leur dialectique. Ainsi, à chaque instant, je ne dirai pas
qu'ils ouvrent, mais ils entre-bâillent la porte à l'ennemi
qu'ils viennent d'exorciser. Bientôt après Irénée, et avant
même Hippolyte, l'exemple des gnostiques aura, à Alexandrie, des conséquences plus importantes. Pour Clément et
pour Origène, il ne sera plus question uniquement de
ruiner les châteaux de cartes élevés dans les nuages par
la fantaisie des docteurs hérétiques ; il s'agira de bâtir,
pour les remplacer, l'édifice ordonné et durable de la théologie orthodoxe.

IV

L'entreprise était donc hardie, quand Clément, peut-être
à la suite de Pantène, en forma le projet ; elle n'était pas
tout à fait nouvelle, et tout concourait à la rendre urgente.
Elle allait rencontrer un accueil favorable dans toute une
élite intellectuelle, assez nombreuse déjà dans la chrétienté d'Alexandrie, et à laquelle les écrits de Clément,
issus directement de son enseignement, s'adressaient ; elle

allait soulever aussi bien des protestations, de la part de
ceux pour qui la philosophie était la grande coupable ou la
grande suspecte, et qui, au témoignage de Clément, en attri-
buaient couramment l'origine à l'inspiration du diable. Clément l'aborda avec un entrain joyeux, une sincérité entière,
une grande largeur de vues, une variété extrême de connaissances, non assez contrôlées, mais très étendues, un
esprit pénétrant, subtil, et, au fond, systématique, malgré
l'allure capricieuse et vagabonde qui rend la lecture de ses
ouvrages pénible et l'analyse de sa pensée délicate. Il la
laissa inachevée, et ce fut son successeur Origène, qui
bâtit, dans sa régularité parfaite et sa masse imposante,
le bel édifice que Clément avait rêvé. Mais, pour ce motif
précisément, c'est par son exemple et à travers son œuvre,
plutôt qu'à travers celle d'Origène, qu'on aperçoit clairement comment se fit enfin l'union longtemps préparée du
christianisme et de l'hellénisme. Clément n'a pas écrit
comme son grand disciple, son traité *Des Principes*, c'est-
à-dire l'exposé complet d'un système général de philosophie religieuse; il n'en a pas eu le temps peut-être, et peut-
être aussi n'en eût-il pas été capable. Deux questions l'ont
retenu, et ont absorbé toute son activité, telle du moins
que nous le représentent ceux de ses écrits qui nous ont
été conservés, *Protreptique, Pédagogue, Stromates, Si le
Riche peut être sauvé*[1] : l'une de principe, c'est cette
question préliminaire, mais essentielle, des relations de
la philosophie et de la foi; l'autre, d'application déjà, et
qui est celle même par où le sujet de cette conférence a
sa place dans la série dont il fait partie : celle des rela-

---

1. La meilleure édition de Clément est aujourd'hui celle de M. Stæh-
lin. dans la collection des *Écrivains chrétiens des trois premiers siècles*,
que publie l'Académie de Berlin. Mes citations y renvoient.

tions de la morale chrétienne et de l'éthique grecque.

Aucun chrétien n'a jugé la philosophie avec autant de sympathie et de libéralisme que Clément. Origène fait plus de réserves, ou tout au moins garde plus d'indépendance. Plus maître de sa pensée, plus sûr de son œuvre, s'il avait besoin de l'hellénisme comme d'un auxiliaire, il en usait avec un sentiment de supériorité plus marqué. Clément, qui n'a fait qu'entrevoir les traits essentiels d'une théologie scientifique et n'en a pas encore construit le système, quoiqu'il soit aussi persuadé que personne de la valeur unique de la révélation chrétienne, tient en pleine et haute estime cette science qu'il appelle à son aide. Sans doute, comme tous les polémistes, il prendra plaisir, à l'occasion, à relever les contradictions des philosophes, ou le désaccord entre leurs théories et leurs pratiques; il ne considérera jamais les vérités qu'il reconnaîtra chez eux que comme incomplètes, et même, avec la docilité qu'ont mise tous les Apologistes à reproduire sans les modifier les arguments de leurs prédécesseurs, il suivra l'exemple de Justin, qui déjà, s'inspirait de l'apologétique judéo-alexandrine, en soutenant la thèse un peu ridicule que les philosophes, Platon surtout, ont connu la Bible et lui ont dérobé le meilleur de leur enseignement. Mais ce n'est pas là sa véritable pensée. Quand il aborde franchement (et il l'a fait aussi directement que possible) la question de la valeur de la philosophie, il met en pleine lumière, il précise, et il ordonne en une théorie cohérente les idées que Justin avant lui avait jetées un peu au hasard. Il part d'un fait qui, à ses yeux, est incontestable : il y a, dans l'hellénisme, des vérités éparses, fragmentaires, mais certaines; or la vérité, quelle qu'elle soit et entre les mains de qui qu'elle soit, ne peut provenir que d'une source, qui est celle de tout bien. La philoso-

phie ne saurait donc émaner, comme Clément l'enten-
dait redire sans cesse autour de lui, d'une inspiration
diabolique. Elle vient de Dieu, non pas immédiatement
comme la révélation contenue dans l'Écriture, mais par
l'intermédiaire de la raison. Elle est vraiment un autre
Testament, le Testament des Gentils; les philosophes sont,
à leur façon, des prophètes. Rien de plus formel ni de
plus hardi ne pouvait être avancé; il est vrai que
saint Paul, dès la première heure, avait accordé, comme
nous l'avons vu, que les Gentils vertueux sont à eux-
mêmes leur Loi; mais il avait plutôt dans l'esprit le témoignage de la conscience, l'instinct élémentaire du bien et
du mal; sa pensée était analogue à celle qu'exprimera
Tertullien, en parlant de l'âme naturellement chrétienne;
je ne sais s'il se fût exprimé de même au sujet de la philosophie proprement dite, qu'il connaissait d'ailleurs à
peine. Mais Clément, au moment même où Tertullien,
qui maudissait la science profane, et voulait enfermer
le fidèle dans le cercle étroit de la *Règle de foi*, écrivait, dans le *De Præscriptione*, le manuel de l'orthodoxie
rigoureuse, circonscrite et limitée par la tradition apostolique, Clément, s'il subordonne naturellement la philosophie à l'Écriture, la ramène en dernière analyse à la même
origine. Dès lors il peut déclarer sans scrupule, qu'elle a été
pour les Gentils, qu'elle est encore pour eux une préparation à la foi; il peut aller plus loin et réclamer pour les
chrétiens instruits le droit de se servir de ses méthodes,
comme de rassembler, pour en montrer l'accord avec la
foi, les vérités fragmentaires qu'elle recèle. Le voilà donc
à l'aise pour s'approprier et faire accepter aux fidèles, en
lui enlevant son venin, une des idées essentielles des gnostiques : la distinction de la science ou gnose et de la foi;

la division des chrétiens en deux ordres, celui des simples
fidèles et celui des gnostiques; et il peut maintenant entre-
prendre d'édifier cette science, cette gnose chrétienne, en
se servant d'une double méthode. La première, dont il use
à l'égard de la philosophie, c'est l'éclectisme. Si le Verbe
divin a apporté aux hommes dans la révélation la vérité
totale, il n'y a et il ne peut y avoir dans les écoles grecques
que des vérités incomplètes et mêlées d'erreur; il faut les
dégager et les réunir, en se gardant d'en laisser perdre
aucune. Il s'en trouve dans les écoles, et voici comment
Clément s'exprime à ce propos : « J'appelle donc philosophie non pas le stoïcisme ou le platonisme ou l'épicurisme
ou l'aristotélisme, mais tout ce qui a été dit de bien par chacune de ces écoles, tout ce qui, selon une science conforme
à la piété, enseigne la justice. C'est tout ce choix de
doctrines que j'appelle philosophie; tout ce qui s'en écarte
et a été adultéré par le raisonnement humain, je ne peux
en aucun façon le nommer divin[1]. » Il se trouve aussi certaines vérités dans les mystères, dont Clément parle volontiers le langage, et de l'esprit même desquels il s'est peut-
être inspiré parfois. La seconde méthode est l'allégorie :
elle permet de pénétrer dans les secrets de l'Écriture et d'en
découvrir le véritable sens; en réalité, de la mettre en harmonie, par une exégèse souvent plus qu'arbitraire, avec
cette quintessence de philosophie qu'un éclectisme savant a
distillée de tous les systèmes. De cette double méthode
résulte la complication extrême des vues de Clément,
comme celle de toutes les parties du système d'Origène[2].
Dans la méticuleuse conscience qu'ils apportent, l'un et

1. *Stromates,* livre I, ch. VII, 37, 5.
2. Cette complication a été très bien expliquée par Harnack dans le
premier volume de son *Histoire des Dogmes.*

l'autre, à rassembler, pour édifier leur synthèse, toutes les vérités parcellaires disséminées dans l'humanité, pareilles aux membres de Penthée dispersés par les Bacchantes, (c'était, au IIIe siècle, la comparaison à la mode), ils n'ont qu'une crainte : c'est de ne pas apercevoir, dans quelque secte obscure ou quelque culte ignoré, dans quelque mythe étrange ou dans je ne sais quelles initiations bizarres, la lueur enveloppée, l'imperceptible reflet de quelque tradition bien authentique. Leur goût pour le symbolisme exige que tout ait un sens caché, dans la nature et l'histoire comme dans la Bible. De tous les legs du passé, ils ne veulent pas que rien se perde, et leur rare mérite, dans cette vaste enquête et dans ces combinaisons d'un art si délicat, est qu'ils savent rester profondément chrétiens. Celui qui en France a étudié avec le plus d'exactitude l'œuvre de Clément, et le mieux montré l'esprit qui l'anime, M. de Faye[1], a dit avec raison que si le plus souvent Clément paraît « incapable de concevoir une idée en dehors des catégories mentales que lui a faites la philosophie, presque partout *il sent en chrétien* ».

V

Quelle sera dès lors la morale des grands docteurs alexandrins ? C'est l'objet même de notre étude, mais nous ne pouvions l'atteindre sans cette longue préparation. L'éthique de Clément nous est très bien connue ; car deux de ses grands ouvrages, le *Pédagogue* et les *Stromates*, lui sont, le premier uniquement et le second principalement,

1. Clément d'Alexandrie. *Étude sur les rapports du christianisme et de la philosophie grecque au IIe siècle.* Paris, 2e éd., 1906.

consacrés. Examinons dans quelle relation elle est avec
l'éthique grecque.

Cette morale n'est point très simple : nous avons vu que
chez Clément rien n'est simple. D'abord, elle est à deux
degrés, qui correspondent à ce double degré de la foi et de
la gnose dont nous venons de comprendre la signification.
Ceux qui n'ont que la foi, les humbles d'esprit, restent au
bas de l'échelle; les chrétiens instruits s'élèvent jusqu'au
sommet. En ceci, tout de suite, se trahit l'influence
coalisée du gnosticisme et de l'hellénisme. De même que
l'exemple des gnostiques a conduit Clément à admettre la
distinction entre la gnose et la foi, de même cet exemple
l'a engagé à établir la même classification dans le domaine
de l'éthique; il a seulement, et ceci est à retenir, énergiquement maintenu qu'il n'y avait entre les membres des
deux catégories qu'une différence de degré, et non pas,
comme chez Basilide ou Valentin, une inégalité essentielle,
une inégalité de nature; il a enseigné, par suite, que le
même avenir bienheureux était réservé aux uns comme aux
autres; en un mot, quoique cela puisse paraître étrange au
premier abord, que le simple croyant était, au pur sens
religieux, aussi parfaitement et complètement chrétien que
le docteur le plus avancé dans la gnose. Mais, en admettant
ces deux classes, il ne marchait pas seulement sur les
traces de Basilide ou de Valentin; ainsi qu'eux-mêmes
peut-être, il suivait celles du stoïcisme. Le véritable gnostique de Clément va nous apparaître comme un émule du
Sage du Portique; son fidèle du premier degré correspond,
quoique les deux figures coïncident ici un peu moins régu-
lièrement, à l'apprenti philosophe de la même école,
au προκόπτων, pour employer le terme technique, à celui
qui est déjà engagé dans la voie du progrès; et, en enten-

dant Clément, on croirait souvent entendre Epictète; ce qui ne saurait nous surprendre, puisque l'un comme l'autre se sont inspirés de Musonius Rufus [1].

L'influence de l'hellénisme se montre encore quand Clément explique comment le fidèle s'élève et progresse [2]. Ne croyez pas qu'il va attendre ce progrès d'une de ces crises morales qui transforment un homme et le font véritablement renaître; de cet ébranlement qui secoue et laboure l'âme tout entière, et, de ses profondeurs remuées, fait jaillir tout d'un coup l'ardente foi au Christ, mort pour le salut des hommes, ressuscité pour les ressusciter à leur tour. Clément est aussi éloigné que possible d'un saint Paul ou d'un saint Augustin. L'œuvre du Christ est pour lui une œuvre d'éducation graduelle qui se réalise par l'influence du Logos. Clément a toujours présent à l'esprit le Verbe plutôt que le Christ; et le Verbe, c'est la sagesse, c'est un maître qui par bien des traits rappelle le maître de sagesse antique. C'est un *Pédagogue :* le mot est familier à Clément, et lui a servi de titre pour un de ses traités. Je m'arrête un instant; car je crains de trop simplifier, ce qui est toujours dangereux avec les Alexandrins. Je suis presque en train d'oublier que ce n'est là qu'une des faces de l'enseignement de Clément, si c'est la plus importante. Souvent Clément s'applique à nous rappeler, par quelque incidente, qu'il n'oublie pas le point de vue particulièrement chrétien. Il évoque le sang du Christ versé pour nous; il affirme que, si notre libre volonté est à l'origine du progrès moral, celui-ci ne peut aller bien loin sans le concours de la grâce. Mais sa tendance naturelle le porte ailleurs. En réalité, pour lui, comme

---

1. La dette de Clément envers Musonius a été montrée par Wendland, dans ses *Quæstiones Musonianæ.*

2. Ceci encore a été particulièrement bien vu par M. de Faye.

pour toutes les écoles issues de Socrate, la vertu est avant
tout science, et c'est essentiellement, en morale, l'idée
hellénique. Science, c'est partout le mot d'ordre et la formule de Clément. Le pouvoir de l'idéal grec est si grand sur
lui, qu'il s'est laissé aller un jour jusqu'à écrire, dans le
IV° livre des *Stromates* [1], ces lignes surprenantes : « J'oserai
dire que le gnostique ne poursuit pas la gnose en vue du
salut ; c'est en vue de la science du divin elle-même qu'il
veut la gnose ; l'acte de penser, par l'exercice, devient continu, et cette pensée continue devenant, par une pénétration
incessante, la substance même du sujet pensant, cette
contemplation éternelle est son essence vivante. Si quelqu'un, par hypothèse, proposait au gnostique le choix
entre la connaissance de Dieu et le salut éternel, et que ces
deux choses fussent distinctes (mais elles sont en fait aussi
exactement identiques que possible), sans hésiter un instant, il choisirait la connaissance de Dieu. » Et sans doute
c'est là une de ces héroïques folies qui sont coutumières
aux esprits à tendances mystiques, comme en avait l'esprit
de Clément ; sans doute aussi Clément, qui n'était mystique
qu'à demi, qui était un mystique raisonnable, — dans cette
sorte de contradiction est pour une bonne part son originalité, — n'a pas négligé de souligner lui-même, aussi clairement que possible, l'impossibilité qu'implique l'hypothèse,
au moment même où un élan irrésistible la lui faisait
émettre. Enfin il faudrait se demander encore ce qu'est cette
gnose, dont parle tant Clément, et l'on verrait vite que le
contenu en est principalement de nature religieuse et morale.
Toutefois, si cette déclaration est une de celles dont il ne
faut pas abuser, on accordera que de pareils traits sont

1. *Stromates,* livre IV, chap. xxii, 136, 3.

comme un éclair qui nous permet d'entrevoir jusqu'au fond l'essence d'une âme, et que, malgré toutes ces réserves, nous sommes ici plus proches de Socrate que de Tertullien.

Quelle est cependant la différence entre le fidèle du premier degré et le parfait gnostique ? Elle est d'abord dans le mobile qui les fait agir : le néophyte n'obéit qu'à la crainte ; il est déjà en progrès quand il la remplace par l'espérance ; il aura touché le but quand il poursuivra le bien pour lui-même, dans un esprit de désintéressement absolu. La différence est ensuite dans les exigences imposées ; elles sont beaucoup moins rigoureuses pour lui que pour le gnostique. Deux des écrits de Clément, le long traité en trois livres du *Pédagogue*, et la curieuse homélie : *Si le Riche peut être sauvé*, s'adressent à lui. Une sagesse douce et modérée les inspire. Tous deux nous montrent clairement qu'il y avait, dans la communauté chrétienne d'Alexandrie, une forte proportion de gens aisés ou riches. Clément ne leur demande pas de se soumettre au conseil, que le Seigneur n'adresse qu'à ceux qui veulent être parfaits, de vendre ce qu'ils possèdent et de le distribuer aux pauvres. Il leur en reconnaît la propriété, et veut seulement qu'ils en fassent un bon emploi. Tout le second livre du *Pédagogue* est un manuel de tempérance qui suppose l'existence d'une vie sociale très cultivée. Le régime de la table, les relations conjugales, de menus détails même, qui avaient d'ailleurs plus de sens pour un chrétien du IIIᵉ siècle que pour nous, comme l'usage des fleurs et des couronnes, sont réglés avec un libéralisme aussi intelligent que nous semble farouche le rigorisme d'un Tertullien. Il ne s'agit nullement de déclarer la guerre à la civilisation ; il s'agit de l'épurer, de l'ennoblir, de la spiritualiser. Tout ce bon sens avisé, cette moralité discrète et de bon goût, proviennent en partie d'une source profane : Clément s'est très souvent borné à transcrire Musonius Rufus. On a considéré comme une sorte de date historique le démarquage que saint Ambroise a fait du *De officiis* de Cicéron. Il faudrait reporter la date d'un siècle et demi en arrière : Clément avait démarqué avec autant de sans-gêne, — sans-gêne que les mœurs littéraires du temps autorisaient, — un traité de morale stoïcien. Mais ce qu'il emprunte prend parfois chez lui, par de légères modifications, par d'habiles nuances, un accent assez personnel. On croirait déjà entendre, à certaines minutes, un de ces ecclésiastiques modernes, de bon ton et de manières fines, qui savent donner à la piété même la plus austère un aspect aimable et séduisant ; un de ces chrétiens de notre xviiᵉ siècle qui, comme l'excellent Fleury, faisaient à la politesse et à la décence une place honorable parmi les vertus. Les plaisirs innocents ne sont pas interdits ; ils sont le sel de la vie. Un sentiment délicat de la nature, une peinture brève des mœurs rustiques, entr'ouvrent quelquefois, par une échappée furtive, une jolie perspective à l'horizon d'une société active, sérieuse, et en même temps élégante. Il se dégage de ce christianisme alexandrin, à la fin du iiᵉ siècle, un charme très vif, comparable à celui que respirent certaines peintures des Catacombes, pleines de sérénité.

On s'arrêterait donc presque volontiers à ce premier stade, où d'ailleurs Clément semble avoir pris quelque plaisir à faire halte, quand il écrivait son *Pédagogue*. Mais son âme avait des aspirations plus hautes. Le gnostique, c'est-à-dire le chrétien parfait, tel qu'il le rêvait, est une figure singulièrement complexe, qu'il a dessinée à plusieurs reprises, avec un art savant, à grand renfort de

retouches et de nuances. Nous ne savons qu'imparfaitement ce qu'était cette gnose dont il lui promet la possession ; car il n'a pas écrit le livre final qu'il promettait dans
le *Pédagogue*, sous le titre de Διδάσκαλος, *le Maître*, et
où il nous eût donné peut-être une ébauche de la théologie
systématique qu'Origène a exposée dans son traité *Des
Principes*. Mais il a écrit à la place les *Stromates*, ouvrage
interminable et confus, qu'on a mainte envie de fermer avec
colère, tant on est déconcerté d'abord par le mépris voulu
de tout ordre et de tout plan, et qu'on lit avec grand intérêt quand on a surmonté ce premier sentiment d'exaspé-
ration légitime ; or la meilleure partie des *Stromates*, —
les livres IV, VI et VII notamment, — est précisément
consacrée à l'analyse de la vie morale du gnostique. Ici
encore, quoique nous soyons au degré le plus élevé de la
vie chrétienne, le contact est presque continu avec la morale
antique ; peut-être même devient-il plus étroit. Ainsi apparaît fréquemment une idée platonicienne, celle que la vertu
consiste à se rendre semblable à Dieu. Il est visible que
cette théorie dérive de la page célèbre du *Théétète*, et
qu'elle n'est pas une sorte d'annonce de l'Imitation de
Jésus-Christ. De là vient que Clément est obligé de prendre
ses précautions pour éviter un malentendu possible : il
établit fortement, contre le gnosticisme encore plus que
contre le platonisme, — que l'homme peut *se rapprocher*
de la divinité, mais non s'*identifier* à elle ; en un mot que
l'âme humaine est une création, non une émanation et une
partie de la divinité. Précautions d'autant plus utiles que
Clément emploie volontiers, comme la plupart des théologiens grecs, des formules qui font de la vie éternelle,
promise par le Christ, une espèce de divinisation. Plus
peut-être encore que l'idéal platonicien, celui du Portique

est présent à sa pensée, et c'est la langue du stoïcisme qu'il parle le plus ordinairement. Comme le sage de Musonius ou d'Épictète, le gnostique se libère de toutes les passions ; il poursuit l'*ataraxie, l'apathie* ; il l'atteint et parvient ainsi à une perfection quasi-inadmissible, d'où la possibilité de tout mal est presque exclue. Par là, Clément, en même temps qu'il est le disciple lointain de Zénon, est aussi l'un de ceux qui ont le plus efficacement travaillé à préparer le monachisme. Mais, une fois purifié ainsi de tout besoin et de tout désir, le gnostique va trouver dans une force toute chrétienne le principe actif qui inspirera et gouvernera sa vie nouvelle : cette force est l'ἀγάπη, la charité ou l'amour. Dans son entier désintéressement, élevé au-dessus de la crainte, au-dessus même de l'espérance, dégagé, nous l'avons vu, de toute considération égoïste de salut personnel, il aime le bien pour lui-même ; il l'aime en Dieu ; il ne le poursuit plus ; il s'identifie à lui ; il le réalise et il le vit. La connaissance et la contemplation de ce bien suprême sont la première forme de cette existence renouvelée ; elles mènent Clément sur le chemin du mysticisme, mais à mi-chemin seulement ; car il ne recourt pas à l'extase, comme moyen de parvenir à la connaissance de Dieu ; il est encore assez loin de Plotin. Vient ensuite l'accomplissement des préceptes, qui naît tout naturellement de la gnose ; car les bonnes œuvres suivent la science du vrai comme l'ombre suit le corps. La troisième forme est de travailler à reproduire autour de soi d'autres exemplaires de cette vie idéale ; c'est la prédication par la parole et l'exemple. En cela, Clément, qui était prêtre, pense en première ligne aux devoirs du prêtre et de l'évêque, mais sans limiter spécialement, — ses vues sont beaucoup plus larges, — la possibilité de la vie gnostique à une catégorie de personnes hiérarchisées et consacrées. Ainsi tout se réunit dans cette conception féconde, synthétique : un libre exercice de l'intelligence où même un Aristote eût pu reconnaître en quelque mesure sa tradition ; un haut idéalisme que Platon et Philon n'eussent pas désavoué ; une activité sociale de propagande, d'éducation réciproque qui est d'abord très évangélique, mais qui est aussi comme une transposition de toute la morale antique de l'action ; enfin, à la base, la foi, et au sommet, la charité, telles en somme que le plus simple des fidèles pouvait les entendre et les posséder. L'homme qui a su s'élever à ce noble idéal est aujourd'hui encore digne d'intérêt.

VI

Sans doute, on pourra se demander si une conception aussi complexe est absolument cohérente. Par exemple, on pourra s'étonner que l'âme du gnostique soit à la fois vidée de toute passion par la froide apathie du Portique, remplie et réchauffée par la charité chrétienne. Clément était assez clairvoyant pour sentir la contradiction, et il y a répondu : mais il a eu quelque embarras à y répondre. La même difficulté nous arrêterait, si nous avions à étudier sa théologie, et si nous constations que son Dieu est à la fois le Dieu vivant des juifs et des chrétiens, et la plus sèche des abstractions, obtenue par le procédé d'analyse et de sublimation le plus artificiel et le plus trompeur. On est tenté de se demander encore si les idées qui, depuis saint Paul, paraissaient constituer l'essence même du christianisme, ne risquaient pas d'être un peu oubliées ; si le Christ réel ne s'effaçait pas un peu devant le Verbe éternel ;

si la Rédemption était bien nécessaire quand la gnose est
si puissante ; si la Révélation même était indispensable,
quand la philosophie contenait déjà tant d'éléments de
vérité. Assurément Irénée et Tertullien représentent une
autre forme de la conscience religieuse, et reprennent ici,
au point de vue purement chrétien, leur avantage. Mais je
suis tout à fait d'accord avec Harnack et M. de Faye, pour
dire qu'il ne faut pas pousser trop loin ces réserves. Ce
qu'il y a de meilleur dans l'esprit du christianisme respire
partout dans l'œuvre de Clément : la foi candide et entière
en la bonté du Père céleste, la charité la plus tendre et la
plus profonde. En somme, il avait le droit de dire ce qu'il
a dit à ses adversaires, au commencement du VIIe livre
des *Stromates*[1] : « Si quelques-uns trouvent que ce que
j'avance diffère des Écritures, qu'ils sachent que c'est bien
d'elles que mon enseignement tire sa vie et son esprit. »
Ce qui fait son originalité et sa force, c'est que, s'il n'a pas
su toujours ni ne pouvait unir logiquement les doctrines
qu'il associait, sa vie morale, pour tant que deux forces
opposées concourent à la produire, est harmonieuse et une,
se développe librement, par un jeu simple et aisé, sans
contraste et sans effort. Les constructions théoriques mêmes
où il se complaît, si elles ne sont pas d'une cohérence parfaite, ne sont jamais l'œuvre d'un travail de marqueterie
patient et truqué ! En les combinant aussi, il se joue, et les
matériaux très divers qu'il y emploie viennent d'eux-mêmes
se présenter à lui, sans qu'il ait à prendre la peine de les
choisir. Si j'avais ici le loisir d'entrer dans le menu détail,
je montrerais facilement, par quelques phrases typiques,
comment, quand Clément expose l'idée la plus proprement

1. VII, 1.

chrétienne, — celle de la mort du Christ en croix par exemple, — il lui arrive le plus naturellement du monde, sans aucune affectation préméditée, de la traduire par une expression qui vient de la Grèce ; il l'a traduite une fois par deux mots empruntés d'Euripide ; et je montrerais inversement comment, quand nous l'entendons développer quelque thèse platonicienne ou stoïcienne au point de nous croire à l'école d'un maître païen, subitement, à un détour imprévu de la phrase, apparaît le rappel caractéristique d'un terme scripturaire ou d'une formule de foi. C'est pourquoi son gnostique, tout formé qu'il soit d'éléments platoniciens, stoïciens, péripatéticiens, aussi bien que chrétiens, n'est pas une pure création de l'esprit ; ces éléments ont passé au creuset ; et, de leur fusion, est sorti un nouvel être, très individuel et bien vivant.

Ainsi la nature de Clément a été assez conciliante pour se laisser pénétrer également par le christianisme et par l'hellénisme, et assez féconde pour produire, de cette double semence, un mode nouveau de pensée et de vie. Parti de ce simple mot de saint Paul, que « la Loi fut la pédagogie qui mène au Christ [1] », il l'a étendu, — ce qui était bien autre chose, — au monde des Gentils, et il a montré l'action du Verbe s'exerçant aussi parmi eux, y éveillant aussi des prophètes, leur donnant ainsi comme un autre Testament, une autre Bible. Par là il est arrivé à une conception générale de l'histoire de l'humanité, remarquable par son élévation et sa largeur. Épris d'unité, il a mis de l'unité dans cette histoire ; il a voulu que l'histoire fût une, comme la vérité, comme la vertu. Certains apologistes avant lui avaient essayé de rendre justice à Socrate.

1. Ep. aux Galates. III, 24.

Augustin, au contraire, devait appeler un jour les vertus des païens : « des vices splendides ». Clément, lui, a proclamé nettement qu' « un juste ne peut différer d'un juste en tant qu'il est juste [1] ». Ainsi semble-t-il que tout soit préparé, progressif, régulier dans le développement de l'humanité ; que l'illumination du Verbe ait grandi par degrés jusqu'au jour de sa manifestation totale. Ainsi, l'Évangile ne paraît plus être un point de départ nouveau [2], mais plutôt le point d'aboutissement des deux grandes voies le long desquelles le divin Pédagogue menait depuis longtemps, pas des moyens divers, les deux grandes fractions de l'humanité vers le même but.

Disons encore que cela ne s'accorde pas, à première vue, sans quelque difficulté, avec l'idée d'une chute originelle, d'un peuple élu et d'un Rédempteur. Mais cela permet à Clément de concevoir un idéal très pur, qui reste grec encore par l'estime où il tient l'exercice désintéressé de la pensée, et même par le sentiment assez vif du prix de la vie sociale, comme il est chrétien par l'esprit de sacrifice, et par l'exaltation de l'amour de Dieu. De la conception si libérale qu'il s'est faite de l'histoire, grâce à la notion du Logos-Pédagogue, de sa conception personnelle du christianisme et de l'hellénisme, naissent cette sérénité, cet optimisme dont rayonne toujours sa pensée, et où s'unissent, dans un doux éclat, quelque chose du souverain intellectualisme d'un Aristote ou d'un Platon, et la joie pacifique de l'Évangile.

Le système de Clément, surtout son système théologique, plutôt que sa doctrine morale, contenait une cer-

1. *Stromates*, livre VI ; ch. vi, 47, 1.
2. J'emprunte cette image très juste à Bigg, l'auteur du livre bien connu : *The Christian Platonists of Alexandria*, p. 47.

taine proportion d'éléments malaisément conciliables avec la tradition ; l'orthodoxie du IV° siècle les rejeta, sans que jamais le nom même de Clément soit devenu suspect [1], et que ses écrits aient été mis à l'index. Au contraire Origène, parce qu'il a plus complètement développé ses idées, devait un jour être condamné. Mais c'est grâce à eux seulement que la théologie du IV° siècle a été rendue possible. Surtout, c'est grâce à eux que le meilleur dans l'héritage de l'antiquité classique a été plus tard sauvé du naufrage. Nous devons avoir pour eux aujourd'hui encore un sentiment de reconnaissance, car ils sont les ancêtres de tous ceux qui ont rêvé d'un christianisme assez large pour s'allier à la science, assez souple pour se prêter à un développement, assez libéral pour pénétrer toute la vie sociale sans la mutiler ; ils sont les ancêtres de tous ceux qui ont pensé, dans l'Église, que le Dieu des chrétiens devait être à la fois tout Amour et toute Vérité.

1. Il faut attendre jusqu'à Photius pour trouver sur son compte un jugement vraiment sévère.

VIII

LA MORALE DE L'ISLAM

Par le BARON CARRA DE VAUX

La morale de l'islam est en principe celle du Coran, puisque, dans cette religion, toute la loi et toute la philosophie sont censées dérivées du livre révélé ; mais en pratique on n'aurait pas une idée juste du sentiment moral chez les mahométans, si l'on n'étudiait que le Coran seul. Il faut tenir compte d'autres données ; on est forcé d'ajouter, au système un peu fruste et un peu primitif du livre saint, d'autres systèmes qui le modifient ou le complètent. Ces autres morales sont surtout : la morale des mystiques, et la morale populaire exprimée par les proverbes et par les fables. Et ce ne sont pas encore là tous les éléments de la question ; si l'on voulait la traiter d'une façon tout à fait complète, il faudrait encore adjoindre à ces systèmes la morale des philosophes anciens, des Grecs, qui a eu de l'influence sur quelques esprits d'élite ; puis il conviendrait de tenir compte de diverses habitudes ou dispositions particulières aux différents peuples chez lesquels l'islamisme s'est implanté. Enfin il faudrait faire intervenir, pour l'étude de la question dans le présent, les influences venues de l'Occident et de la civilisation contemporaine.

Mais laissons de côté la morale des anciens philosophes, qui a surtout un intérêt historique ; négligeons aussi les variations psychologiques propres aux diverses nations, qu'il serait trop long d'étudier ici, et bornons-nous à parler des trois premiers systèmes, c'est-à-dire des morales coranique, mystique et populaire, en indiquant sommairement quel peut en être l'effet en face des influences modernes.

I

LE CORAN

Le Coran, c'est la loi. Il importe en premier lieu de remarquer son caractère objectif : les préceptes du Coran sont des lois promulguées au dehors, imposées à l'homme par un maître souverain qui est Dieu. On voit tout de suite comment cette conception d'une loi externe s'oppose à la conception admise par beaucoup de moralistes contemporains, d'après laquelle la morale est une loi subjective, interne, résidant dans l'âme, immanente. Cette loi posée au dehors, selon la façon de sentir de l'islam, se présente tout autrement que le devoir perçu du dedans, qui mystérieusement commande à la conscience. La pensée de l'islam va de Dieu à la loi ; elle part de l'existence de Dieu manifestée par ses œuvres, par sa puissance, par ses actes, pour prouver le devoir ; ces moralistes modernes, au contraire, partent du sentiment interne du devoir pour prouver Dieu. Ajoutons cependant que l'opposition que nous constatons ici est très frappante lorsque nous parlons de la morale coranique ; mais elle ne s'appliquera plus tout à l'heure à la morale des mystiques.

Donc, dans la morale coranique, la notion de loi est plus immédiate et beaucoup plus nette que celle de devoir. La notion générale et abstraite du devoir n'est pas très bien

dégagée dans aucun des trois systèmes. On a quelque peine
à la trouver dans l'islam ; an serait même un peu embar-
rassé de traduire en arabe le mot de devoir.

Le terme *wâdjib* est, je pense, celui qui le rendrait le
moins mal ; mais encore exprime-t-il plutôt la nécessité que le
devoir librement consenti. Il s'appliquerait à ce qui est
fatal au sens antique, ou à ce qui est obligatoire en raison de la force de la sanction ; il n'exprime guère ce qui
est obligatoire moralement. Dans le système coranique, le
devoir n'est que ce qu'ordonne la loi.

Mais si la notion de devoir est plus faible que chez nous
dans les conceptions orientales, au contraire la notion de
loi y est beaucoup plus accentuée ; elle a plus de vigueur,
et elle est plus compréhensive. La loi n'a pas cette apparence de règlement un peu artificiel, convenu en vue de
l'utilité commune, et modifiable suivant les circonstances,
qu'elle tend à prendre chez nous. Bien plutôt la loi est
quelque chose de fondamental, de primitif, de permanent
et de sacré. C'est l'expression d'un ordre dont la raison
est en dehors et au-dessus de l'humanité. Cet ordre,
imposé par Dieu, est général ; il ne s'applique pas seulement à la vie et à l'organisation religieuses, mais aussi à
la vie sociale et à la vie politique.

Pour les Orientaux, cela est bien connu, le sentiment politique est étroitement lié au sentiment religieux ; la société
civile se confond en principe avec la communauté religieuse ;
le pouvoir temporel s'associe au pouvoir spirituel ; l'état
s'identifie avec la religion.

Il y a quelque chose de biblique dans cette façon de sentir. Comme Allah, le Dieu du judaïsme n'a pas été seulement une personnalité religieuse ; il était au moins autant
une personnalité nationale et politique ; c'était le Dieu d'un

peuple, d'un peuple beaucoup moindre il est vrai par le nombre, que l'immense communauté musulmane, et moins animé de l'esprit de conquête; mais déjà chez les Hébreux le patriotisme ou le sentiment national affectaient un caractère religieux. Encore aujourd'hui en Orient, chez les chrétiens eux-mêmes, les communautés ou nations sont en même temps des confessions; elles sont définies à la fois par la race, par la langue, par la religion et le rite; et l'autorité religieuse est celle qui représente chaque nation chrétienne aux yeux du gouvernement musulman. Dans l'intérieur de l'islam on trouve aussi cette même confusion ou cette même liaison d'idées; il n'y a pas deux mots pour exprimer les idées de secte et de nation; le mot *millet* sert aussi bien pour la division politique que pour la division religieuse.

Ainsi le Coran est avant tout la loi sociale de la nation mahométane: il a été présenté comme tel par le Prophète, dès qu'un groupe de croyants a commencé à se former, et il a été compris comme tel par toute la masse musulmane jusqu'à nos jours. Cette loi réglemente donc surtout la vie publique; elle s'applique principalement aux actes extérieurs; elle définit les devoirs de l'homme dans la famille et la société; elle est assez explicite en ce qui concerne ses relations avec les croyants, et même avec les non-croyants, et le culte public qui doit être rendu à Dieu; mais elle est beaucoup plus vague ou plus sobre lorsqu'il s'agit de définir les devoirs de l'homme envers lui-même et de régler sa vie intérieure.

C'est pourquoi nous verrons tout à l'heure que le mysticisme a dû venir la compléter.

Comme toute loi, celle du Coran a des sanctions, et elle en a de terribles.

Il y en a qui peuvent être appliquées par les hommes, par les croyants, et d'autres dont Dieu s'est réservé l'usage.

Au croyant appartient un droit général de punir l'infidèle, tout au moins de le combattre. Ce droit devient un devoir quand le croyant est le plus fort, et le manque de foi peut alors être pris pour un *casus belli* : « Combattez-les quand vous êtes les plus forts » (Coran, XLVII, 37). La punition de l'infidèle consiste à entrer, après la défaite, dans la condition des vaincus. Cette condition a été celle des non-croyants, jusqu'à nos jours, en pays ottomans ; le manque de foi entraînait, en pays musulman, la perte de beaucoup de droits politiques ; ceux qui étaient accordés ne l'étaient que par faveur, en vertu d'une tolérance qui n'avait rien d'obligatoire au point de vue de l'islam, et qui pouvait à tout moment être suspendue.

Quant à l'apostasie du musulman, même du musulman récent, qui avait été antérieurement chrétien et qui ne s'était converti à l'islam que par la force, elle était, de par la loi et la coutume, assimilée au crime de droit commun : l'apostat était passible de mort. L'influence des idées occidentales amènera sans doute les autorités et les populations musulmanes à renoncer à l'application de semblables peines dans le cas de fautes contre la foi.

La sanction que Dieu s'est réservée est plus terrible encore que les précédentes, c'est l'enfer, avec ses châtiments qui sont fort durs selon la croyance islamique, et qui sont éternels, selon l'opinion la plus sévère : il y a eu un peu de flottement sur ce dernier point. L'enfer est très souvent évoqué dans le Coran ; il y est décrit avec des images très vives, de même que le paradis, sanction de la foi et des bonnes œuvres. Dieu applique lui-même ces sanctions. Il agit en tout ceci d'une façon absolument personnelle et volontaire ; sa figure a, dans le Coran comme dans la Bible, un relief très accusé; il est une personne très vivante, une autorité souveraine, indépendante ; il a posé la loi comme il lui a plu ; il l'a dictée à son prophète par l'intermédiaire d'un ange ; il se charge en dernier ressort de la faire respecter, en appliquant, selon la connaissance parfaite qu'il a des actes humains, les sanctions de l'au-delà.

Cependant cette conception de la loi à laquelle nous arrivons ainsi, n'est-elle pas tout de même un peu trop absolue ? Est-il vrai, comme nous sommes presque amené à le dire, que la loi est pour Dieu tout à fait arbitraire, qu'il la fixe comme il lui plaît, et que le bien et le mal ne dépendent que de ce qu'il a capricieusement fixé ? Les docteurs de l'islam ne reconnaissent-ils donc pas que le bien est quelque chose en soi, que la loi doit définir, et qu'il y a dans le cœur de l'homme un certain idéal, dont elle est l'expression ? Si d'ailleurs, selon leur propre sentiment, la loi s'applique surtout à la communauté et a pour but son organisation, ne doit-on pas admettre qu'il y a certaines habitudes préalables, certaines tendances de la race qu'elle représente et qu'elle consacre ?

Évidemment, le pouvoir absolu de Dieu d'ordonner ou de défendre est surtout théorique. C'est pourtant cette théorie qui prévaut dans l'islam orthodoxe. Pour un docteur comme Gazali, Dieu ordonne ce qu'il lui plaît, arbitrairement, sans aucune raison de convenance ni d'utilité, car il est au-dessus des convenances, et rien ne peut lui être utile ; le bien et le mal ne naissent donc que de la loi ; c'est là la doctrine pure. Cette doctrine a été combattue par les esprits les plus libéraux de l'islam, tels que les Motazélites, et par ceux qui ont subi l'influence platonicienne. Pour ceux-là il existe un bien antérieur à la loi, que Dieu réalise, que l'homme pressent, et que la loi doit seulement définir.

Mais laissons la philosophie pour nous en tenir surtout aux aspects pratiques de la question.

En pratique, les commandements de Dieu ne peuvent pas être aussi arbitraires que le voudrait la théorie. Il faut de toute nécessité que le dieu se prête un peu aux préjugés de la race à laquelle il se révèle ; autrement on ne l'écouterait pas ; il doit réaliser à peu près l'idéal de justice que se forme son peuple ; autrement celui-ci ne le reconnaîtrait pas.

Or il n'est pas fort difficile de distinguer dans le Coran quelques traits essentiels, qui tout en étant présentés comme venant de l'autorité divine, sont en réalité sortis de l'âme de la race arabe.

Ainsi on y constate un goût très réel de l'honneur et de la loyauté, et ce goût était déjà manifeste chez les Arabes avant l'islam. Le Coran le consacre : « Remplissez la mesure, ne soyez pas des fraudeurs ; pesez avec une exacte balance » (Coran, XXVI, 181-182). La balance est un des attributs de la religion musulmane ; elle figure au jugement dernier.

Mahomet aime la franchise ; il a horreur des faux amis, des indécis, des hypocrites : « Ce sont ceux qui attendent les événements. Si Dieu vous accorde la victoire, ils disent : Ne sommes-nous pas avec vous ? Si c'est les infidèles qui ont du succès, ils leur disent : Ne vous avons-nous pas servis contre les croyants ?... Ils flottent entre l'un et l'autre, n'appartenant ni à ceux-ci ni à ceux-là. (C. IV, 140. 142). » Mahomet abhorre le secret ; il défend les entretiens clandestins ; la communauté musulmane doit vivre et combattre au grand jour : « Les entretiens clandestins sont inspirés par Satan ; que les croyants mettent leur confiance en Dieu » (C. LVIII, 9, 11).

Il y avait aussi dans le tempérament arabe une grande propension à la générosité ; la munificence, la libéralité, l'aumône sont des vertus bien orientales ; Mahomet en fait des vertus musulmanes : « Ceux qui font l'aumône, hommes et femmes, font à Dieu un prêt généreux ; il leur sera rendu le double, et ils recevront en plus une riche récompense » (C. LVII, 17)..

Dans les cas précédents, le Dieu de l'islam ne fait qu'enregistrer des sentiments de la race arabe, qui, selon le jugement universel, sont beaux et bons. Mais, à l'inverse, on l'entend quelquefois parler le langage de la race dans des cas où on aurait voulu qu'il le contredît ou qu'il le corrigeât ; par exemple lorsqu'il commande la guerre pour motif religieux, qu'il encourage la propagande par le glaive, qu'il institue en quelque sorte la religion de la force. Le Dieu du Coran est très combatif ; il l'est plus encore que le Dieu biblique, qui est surtout un opiniâtre et un défensif. Allah est agressif ; il est provoquant ; il est conquérant. Évidemment sa personnalité reflète celle d'un peuple jeune, entreprenant, entraîné par un besoin nouveau et soudain d'expansion. Dans la dispute, même théologique, Allah est assez emporté ; il a de l'entrain ; il aime les mots violents : « Ceux qui luttent contre Dieu seront culbutés (C. LVIII, 6). Dieu est fort et puissant. Il y a le parti de Dieu et le parti de Satan, c'est le parti de Dieu qui doit prospérer » (C. LVIII, 22). Et d'ailleurs Allah ne marque pas de limite entre la dispute théologique et la dispute à main armée : celle-ci suit naturellement celle-là. Emporté par l'ardeur d'un peuple encore barbare, le Dieu inscrit la guerre sainte dans sa loi, sans craindre de jouer ainsi le rôle de chef d'une puissance temporelle ; et nous savons que ce trait est un de ceux par où la loi de l'islam est le plus en opposition avec le sentiment des morales modernes.

Si l'on recherche quelques détails de plus sur la morale coranique, on trouve qu'elle est très voisine, en beaucoup de ses parties, de la morale biblique ; les Arabes, peuple parent des Hébreux, devaient s'assimiler aisément les préceptes fort simples de la loi du Sinaï. Il y a dans le Coran un passage très remarquable (XVII, 23-41) qui est bien près d'être une paraphrase du Décalogue. Mahomet lui-même le présente comme un résumé de sa morale : « Voilà, dit-il en terminant, ce que Dieu t'a révélé en fait de sagesse. »

Le premier précepte contenu dans cette paraphrase est le même que le premier commandement du Décalogue : « Tu ne placeras pas d'autres dieux à côté de Dieu ; ...Dieu a ordonné de n'adorer que lui seul. » Le précepte essentiel qui vient en second lieu est le premier de la seconde table mosaïque ; le respect des parents : « Dieu vous a ordonné de tenir une belle conduite envers vos père et mère, quand l'un d'eux ou tous deux ont atteint la vieillesse et qu'ils restent avec vous... Gardez-vous de leur dire des mots de mépris... soyez déférents avec eux et adressez cette prière à Dieu : Seigneur aie pitié d'eux, comme ils ont eu pitié de moi, en m'élevant quand j'étais tout petit. » Le respect des parents est une vertu encore aujourd'hui très importante dans beaucoup de populations musulmanes ; l'autorité du père y est presque absolue. Vient ensuite le précepte qui défend l'homicide : « Ne tuez aucun homme, si ce n'est pour une juste cause ; » en particulier « ne tuez pas vos enfants par crainte de pauvreté... ces meurtres sont un péché

atroce ». On voit pourtant que la vie humaine n'avait pas
aux yeux de ces Arabes encore primitifs la valeur qu'elle
a acquise depuis ; la sanction du meurtre n'est pas en
principe la mort ; un « pouvoir » est donné aux parents
ou aux protecteurs de la victime ; il faut sous-entendre
que ce pouvoir leur permet d'exiger du meurtrier quelque
somme d'argent comme prix du sang ; la mort du meurtrier paraît un châtiment excessif : « Que le proche n'outre-
passe pas la limite en tuant le coupable. » L'adultère est
défendu en deux mots : « Évitez l'adultère, car c'est une
turpitude. » Le châtiment de cette faute n'est pas indiqué
en cet endroit ; on voit ailleurs qu'il est plutôt le fouet que
la lapidation. Les autres préceptes sont relatifs à la protection des orphelins, à la justice dans les transactions et à
l'aumône. Pour l'aumône, l'islam a admis, comme la Bible,
la proportion décimale. En ce passage Mahomet ajoute
quelques phrases pour recommander d'éviter la prodigalité,
ce qui est conforme à la sagesse populaire, et de traiter
les pauvres avec douceur, ce qui peut être une trace d'influence chrétienne.

Enfin, on n'ignore pas quelles sont les lois du Coran
relatives à la femme. En cette circonstance, Allah paraît
avoir moins exprimé le sentiment de la race arabe, que
cédé aux désirs de Mahomet son prophète. Il lui a accordé
la polygamie, avec des protections particulières pour ses
propres femmes ; la plus grande partie de ces avantages
ont été ensuite étendus aux croyants. On sait combien les
lois coraniques relatives à la situation de la femme ont
pesé lourdement sur la civilisation musulmane. Quelques
progressistes aujourd'hui cherchent à les amender [1].

1. Voir par exemple notre article sur *le Voile des femmes dans l'islam*, dans les *Annales coloniales*, 1906.

II

LA MYSTIQUE

D'après ce que nous venons de dire, on voit qu'un livre comme le Coran peut bien définir certains caractères extérieurs d'une civilisation, marquer les points principaux d'un code du droit et de l'honneur à l'usage d'un peuple encore primitif, mais qu'il ne pénètre pas fort avant dans l'étude des questions morales, et qu'il est de peu de ressources pour la vie intérieure. C'est pourquoi il a fallu au Coran ajouter autre chose. Il s'est trouvé de bonne heure des musulmans. qui, ayant subi quelque influence de la culture grecque ou chrétienne, ont eu le goût de la psychologie, de l'analyse et des exercices moraux. Il s'est rencontré aussi des tempéraments ardents qui ont éprouvé le besoin de la contemplation, le désir de la vie spirituelle. Il a fallu pour satisfaire les croyants de ce caractère, une doctrine autre que celle du Coran, moins extérieure, moins sociale, moins fruste aussi et moins simpliste, une doctrine mieux faite pour l'individu, plus capable de pénétrer dans les replis de l'âme, plus intime. plus recueillie et plus délicate. C'est à cette nécessité qu'a répondu le mysticisme.

J'ai montré ailleurs comment l'islam a un peu résisté à l'introduction de la mystique, qu'il a dû pourtant accueillir[1] ; je ne reviens pas sur ce point. Je pars du fait que le mysticisme existe dans l'islam, mais en constatant qu'il y a sa vie propre, son esprit bien distinct de celui du Coran.

La conception de la morale dans la mystique musulmane

---

1. Voir notre *Mahométisme. le génie sémitique et le génie aryen dans l'islam*, Paris.

est subjective et expérimentale. Elle ne comporte pas beaucoup plus que celle du Coran l'idée de devoir. Ce n'est pas le devoir qui est l'objet de l'aperception mystique ; mais ce sont certaines émotions, certains états psychologiques et quelquefois même physiologiques, qui donnent satisfaction à l'ascète. La morale mystique est une recherche des procédés psychologiques et physiques qui peuvent produire ces états. Ceux-ci sont divers ; il en est de pénibles et de douloureux ; mais celui qui est finalement recherché et qui est la pierre de touche pour la valeur de la doctrine ascétique, est un état de paix intérieure, de calme, de légèreté d'âme, dans lequel le mystique se sent environné de joie et libéré de tout souci.

On peut remarquer d'ailleurs que cette sorte de recherche, qui est systématique de la part des mystiques et qui constitue leur art propre et leur spécialité, n'est pas tout à fait inconnue au reste de la population musulmane. Celle-ci a presque toujours un attrait naturel pour les états de calme, d'indifférence, d'absence de lutte, d'abandon au destin ; c'est un attrait que nous sommes portés à confondre avec l'indolence, mais qui peut cependant s'en distinguer. En dehors de la littérature mystique, on rencontre des écrits, parfois légers, qui ont pour but de « chasser les soucis » ; c'est là une expression chère à l'islam.

Il est à peine besoin d'ajouter que, pour le mystique, cette libération des soucis s'obtient, à la fin, par la proximité de Dieu que les exercices de l'ascèse doivent rendre de plus en plus sensible à l'âme, et par la soumission complète à sa volonté. La volonté de Dieu n'est pas conçue tout à fait de même ici que dans le système coranique. La personnalité divine elle-même diffère essentiellement de ce qu'elle est dans le Coran. Elle ressemble bien davantage à ce que nous connaissons dans nos religions d'Occident. Dieu cesse d'être une entité nationale ; l'idée de nation n'a rien à voir dans la théorie mystique. Dieu n'y est pas politique ; il le serait seulement un peu dans le sens social, pour recommander, à la façon chrétienne, la pitié, la compassion, l'affection pour ceux qui souffrent. Encore n'est-ce pas là un des traits dominants du mysticisme musulman. Dieu n'y est pas guerrier en principe ; sa violence est d'une toute autre nature ; c'est celle que le mystique subit dans le ravissement, ou celle qu'il exerce sur lui-même dans la macération du corps. Enfin et surtout Dieu n'est pas un maître extérieur ; il est une sorte d'esprit qui pénètre au-dedans de l'âme, qui s'y infuse, qui vit dans l'être humain et qui l'absorbe peu à peu en lui. Cet esprit est, par-dessous tout, aimant. L'amour n'entre presque pas dans la conception du Dieu coranique. Le Dieu mystique au contraire est aimant et digne d'amour, comme le Beau idéal des platoniciens, ou comme le Dieu des chrétiens. A part quelques écarts vers l'hindouïsme, le mysticisme musulman s'est développé entre le platonisme et le christianisme. La volonté de ce Dieu, à laquelle l'ascète doit être complètement abandonné, est alors, en général, une volonté très intime, très abstraite, portant sur des états d'âme, commandant le détachement, le renoncement. mais n'excitant que dans des cas très rares le mystique à quelque acte extérieur énergique, susceptible d'avoir une portée dans le monde physique ou politique.

Malgré la grande différence qu'il y a entre ces deux conceptions de la divinité, un grand nombre de mystiques sont demeurés fidèles à la révélation coranique, et ont enté sur elle leur propre doctrine. Le Coran qui était le livre des guerriers, a servi de texte aux contemplatifs ; la réputation

des premiers en a un peu souffert. L'idéal de la perfection
religieuse et morale s'est transformé aux yeux du peuple.
Les saints qui étaient à l'origine les conquérants sont deve-
nus les ascètes. L'orthodoxie musulmane a superposé ces
deux façons de sentir. Le mysticisme, une fois légitimé par
elle, a plu à beaucoup d'esprits ; dans toutes les classes de
la société, des croyants s'y sont trouvés enclins, savants,
théologiens, princes, ou gens du peuple. L'influence de la
mystique sur la société musulmane est devenue considérable.

Quels sont les effets de cette influence ? Ils sont divers,
et ils se produisent quelquefois en des sens opposés. On
peut d'abord en signaler un qui n'est pas d'ordre politique
ni religieux, mais plutôt d'ordre littéraire : le mysticisme
a développé dans l'islam l'art de s'analyser, la science de
la psychologie ; il a par le fait avancé l'étude de la morale.
Il est la seule occasion que les musulmans aient eu d'être
psychologues. On sait en effet qu'il n'y a pas de romans
dans l'islam, en dehors des romans et contes populaires.
La situation de la femme dans cette civilisation en
est cause ; les écrivains de l'islam n'ont donc pas,
comme les nôtres, trouvé dans ce genre littéraire l'occasion de disséquer des âmes et d'analyser des sentiments.
C'est la direction spirituelle qui leur en a fourni le prétexte.
Car la direction est obligatoire dans le système de la mystique musulmane non moins que dans le système chrétien,
et l'élève doit rendre compte de tout ce qu'il éprouve à
son directeur. De là sont venues de très fines analyses des
tempéraments, des caractères, des défauts, et aussi l'expérience morale, l'art de corriger ou de modifier les dispositions de la nature. Cette analyse ne s'est pas uniquement
appliquée à l'éducation mystique ; elle s'est poursuivie chez

les maîtres de la vie contemplative, qui ont eu plaisir à se
l'appliquer à eux-mêmes et à décrire les émotions qu'ils
ressentaient au cours de leur carrière spirituelle. On trouve
de semblables descriptions chez un grand poète comme
Djélàl ed-Dîn Roumi, ou des analyses morales d'une mer-
veilleuse précision chez un docteur comme Gazali. L'islam
a là des écrivains qui peuvent être comparés à un Nicole
ou à un Jean de La Croix. Il se produisit donc, du fait du
mysticisme, un grand éveil sur le monde de l'âme ; et ceci
n'est pas négligeable : cette science de la psychologie et de
la morale ainsi acquise par les musulmans, peut nous permettre de nous entretenir avec eux d'une façon très délicate, et de pousser nos relations intellectuelles jusqu'à
une grande profondeur.

Mais en dehors de ce premier résultat fort précieux,
quels sont les effets du mysticisme sur le caractère et la
civilisation des peuples de l'islam? Ils sont, disais-je, assez
variés et presque opposés entre eux. Le mysticisme peut
être un danger pour l'islam lui-même ; il lui a nui en certaines circonstances, et peut lui nuire encore.

En effet les procédés mystiques rendent possibles de
grandes variations de la doctrine orthodoxe. Le mysticisme
est habitué à rechercher en toute chose et en toute doctrine le sens intérieur. Trouvant peu d'idées profondes
dans le Coran, il en met ; y trouvant des idées un peu
dures, un peu brutales, d'apparence assez grossière, il les
interprète ; et il a agi ainsi dès l'origine. Dès les premiers
temps de l'islam, il y a eu des sectes de « Baténiens » ; on
appelle ainsi ceux qui recherchent le sens intérieur. De
tout temps des interprétations ont été proposées, dont
quelques-unes ont fini par dénaturer complètement le
sens, pourtant très clair, du Coran. Cette tendance existe

encore aujourd'hui. On voit combien elle peut être dangereuse pour l'unité orthodoxe. Des sectes, devenues tout à fait distinctes de l'islam, s'en sont détachées par degrés de cette façon. La religion du Babisme, aujourd'hui fameuse, est dans ce cas. Si nous croyions devoir, quelque jour, désirer la désagrégation de l'islam, le mysticisme, en tant qu'il nuit à la simplicité des idées, qu'il les rend plus subtiles et plus variables, pourrait sembler utile à nos intérêts.

Cependant il faut compter d'autre part qu'il prêterait son concours aux idées mahdistes, lesquelles sont liées au sentiment panislamique, et dont le cachet occulte plaît aux esprits mystiques. Il faut observer aussi qu'il augmente le fanatisme, en rendant la vie plus méprisable et en exaltant le désir des biens de l'au-delà. En outre il habitue au mystère, au secret, et il peut conduire à la formation de sociétés secrètes, dont l'esprit est fort contraire au caractère ouvert et loyal du Coran. Il y a donc lieu de croire que les dangers qu'il peut offrir pour nous sont plus grands encore que ceux qu'il présente pour l'orthodoxie de l'islam.

En ce qui concerne la vie ordinaire, la culture mystique est capable d'adoucir les mœurs ; elle développe l'habitude de la bienfaisance ; elle fait fleurir dans l'islam un sentiment plus évangélique ; le Coran avait surtout l'esprit de la Bible ; le mysticisme, sous plusieurs aspects, reflète surtout celui de l'Évangile ; il a introduit dans l'islam plus d'onction et de tendresse.

Dans le même sens on peut constater qu'il a parfois arrêté les excès du despotisme, ou tempéré la dureté du commandement qui est trop souvent absolu et brutal chez les nations d'Orient. On se souvient de la pièce de Hugo :

> Un jour Ali passait ; les têtes les plus hautes
> Se courbaient au niveau du pied de ses Arnautes.

Un pauvre derviche fend la foule, arrête le cheval du
pacha par la bride, reproche au potentat ses cruautés, le
menace de la colère divine ; Ali ne se fâche pas :

> Il écouta le prêtre [1] et lui laissa tout dire,
> Pencha son front rêveur, puis avec un sourire
> Donna sa pelisse au vieillard.

Cette anecdote poétique est un bon symbole de l'influence
du mysticisme musulman en ce qu'elle a de meilleur.

Il est admirable que la mystique ait pu se faire écouter,
à côté de la poésie et de la science, par des héros barbares
tels que les Houlagou, les Orkhan et les Tamerlan.

Malheureusement tous les personnages voués à l'ascétisme dans l'islam n'ont pas inspiré le même respect. Il est
arrivé souvent que les religieux se sont attirés le mépris
du peuple musulman et des étrangers par leur paresse,
leur tenue sordide et quelquefois indécente, et par la bizar-
rerie de leurs exercices qui sortaient du domaine de la religion pour entrer dans celui de la jonglerie.

Mais laissons ce côté de la question, d'autant que l'islam,
subissant de jour en jour davantage nos façons de sentir,
peut se réformer lui-même aisément sur ce point. Le fameux
vizir Koprulu n'avait d'ailleurs pas attendu les avis de
l'Occident, pour prendre en aversion les faqirs malpropres,
inutiles et mendiants.

Achevons d'énumérer les effets du mysticisme en ne le
considérant que sous ses aspects les plus dignes.

L'un de ses effets les plus fâcheux selon notre jugement,
est de déprécier à l'excès les biens temporels, et par suite
indirectement le travail et la science qui servent à les
acquérir. Dans l'islam le mysticisme s'est montré plutôt

---

1. « Religieux » eût été le mot propre.

défavorable aux études, autres du moins que celle de la
psychologie, bien que plusieurs grands savants et philosophes musulmans aient été des mystiques. Il arrive en
effet que des natures d'élite ont à la fois la curiosité scientifique et celle des choses de l'âme ; la mystique a été
d'ailleurs, pour plusieurs des savants dont je parle, un
chapitre de la philosophie. Mais, en principe, la théorie
mystique est plutôt hostile à la curiosité scientifique. Sur
ce point elle renchérit sur la doctrine du Coran qui déjà
recommande de ne pas trop chercher à pénétrer les secrets
de Dieu. Dans l'histoire de la philosophie musulmane, on
voit que la mystique orthodoxe a nui à la spéculation philosophique, en diminuant la confiance due à la raison pour
donner plus d'importance à l'inspiration.

Le mysticisme a aussi renchéri sur le sentiment de résignation vulgairement appelé fatalisme. Il est bien vrai
pourtant qu'il y a une grande distance entre « l'abandon »
des mystiques et le fatalisme populaire.

Ce dernier est passif et triste ; l'abandon doit être joyeux,
et on ne peut y arriver qu'après un long combat spirituel.
Mais la masse du peuple n'est pas capable de faire cette
différence ; et lorsqu'on lui prêche « l'abandon », elle comprend et met en pratique le fatalisme. L'énergie de la nation
musulmane subit de ce fait une grave dépression.

Le mysticisme n'a rien fait de général pour améliorer le
statut de la femme défini par le Coran ; il a seulement
initié les femmes à la vie contemplative et aux œuvres de
bienfaisance. Plusieurs d'entre elles ont fait des fondations
utiles et ont acquis un renom de sainteté.

Il est, pour conclure, difficile à notre civilisation de voir
favorablement ces doctrines et ces habitudes mystiques
qui, malgré certains bienfaits, sont susceptibles d'aug-

menter le fanatisme des peuples, qui les portent à mépriser
le progrès et la science, et qui les détournent de la vie de
lutte et de labeur. Nous pourrions profiter de l'affinement
que le mysticisme a produit en psychologie, pour montrer
à ceux qui s'y livrent que son véritable domaine doit rester
celui de l'âme, qu'il y a danger à le faire trop fréquemment
intervenir dans les affaires temporelles. « Mon royaume
n'est pas de ce monde » pourrait être sa devise et devrait
l'être d'après sa propre théorie. Il faudrait aussi que le
mysticisme ait dans l'islam la sagesse qu'il a eu dans
d'autres religions, de se considérer comme une voie d'exception, et comme un état qu'il ne convient pas de généraliser.

Nuisible lorsqu'on cherche à l'appliquer à la masse, il
a de la noblesse et de la beauté lorsqu'il est pratiqué par
quelques personnalités rares. Celles-ci peuvent d'ailleurs
exercer sur le peuple une influence salutaire ; en ayant soin
de ne pas se mêler de politique, sinon avec une extrême
prudence, elles peuvent élever l'esprit de la foule, adoucir
ses mœurs, la diriger dans les pratiques de la bienfaisance,
apporter dans la vie publique de l'islam un peu de ces sentiments de tendresse et de pitié, que la prédication trop vigoureuse du Coran a dédaigné d'exprimer.

III

LA MORALE POPULAIRE

Celle-là est très ancienne. On ne sait pas bien chez quel
peuple elle a pris naissance. Indienne avec Bidpai, elle
fut phrygienne avec Esope, et elle est devenue arabe avec
Loqman.

Il est difficile de dire si elle est originairement aussi populaire qu'on veut le croire. Des philosophes, représentés par les noms précédents, y ont travaillé.

Le rôle de la philosophie, d'une philosophie déjà scolastique, est au reste avoué et parfaitement visible dans les préambules des fables de Bidpai, selon la rédaction persane. Mais les philosophes qui ont rédigé ces œuvres, et dont les personnalités ont disparu sous la légende, ont-ils été des inventeurs en morale, ou bien ont-ils eu seulement l'intention d'inscrire et de formuler des sentiments et des instincts qu'ils voyaient latents dans l'esprit du peuple ? Cela est assez délicat à décider ; et je ne sache pas que des études décisives aient été faites sur l'origine de ce très intéressant système de morale.

Toujours est-il que cette doctrine contenue dans les fables et les proverbes, est aisément accessible au peuple, et qu'elle représente certainement avec exactitude plusieurs des instincts fondamentaux de l'âme populaire. Cette morale est expérimentale. Elle est issue de l'expérience moyenne de la vie de tous les jours ; elle n'est pas un principe, ni une loi posée *a priori* comme celle du Coran.

Elle est un résultat des leçons de la vie, la conséquence de ce qui se voit le plus communément au cours de l'existence ; elle est faite d'expériences vulgaires, non pas d'expériences rares et recherchées comme celles de la mystique.

Il semble bien que cette sorte de morale existe d'une façon assez spontanée chez les peuples de l'Orient. On peut croire que dans cette région elle est autochtone ; elle y est de plus très vivante, aujourd'hui encore. Pour nous qui avons davantage subi l'influence d'autres grands systèmes, elle a l'air moins naturelle ; nous la connaissons

pourtant bien par l'admirable adaptation qu'en a faite
notre La Fontaine.

Elle est à la portée de tous. Moins abstruse que la morale
mystique, elle est aussi moins solennelle et moins impérieuse que celle du Coran.

Ce qu'il y a de plus important à remarquer à son sujet,
c'est qu'elle n'est pas du tout religieuse ; elle est aussi
fort peu sociale.

Elle n'est pas religieuse. Elle ne connaît en effet presque
pas Dieu, et même presque pas de dieux. Dieu est trop
loin pour son point de vue ; il n'est pas un fait d'expérience
courante, sinon pour les âmes déjà portées à la religion et
déjà préoccupées de lui. Pourtant cette morale des fables
ne nie pas Dieu non plus ; ce serait une grande faute de
dire qu'elle est athée ; mais elle ne monte pas jusqu'à lui ;
et elle ne cherche pas non plus à l'attirer dans son domaine.
Elle l'affirme à peine. Sa devise serait quelque chose
comme le proverbe : « Aide-toi, le ciel t'aidera », de
La Fontaine. Que l'homme fasse d'abord ses affaires ; le
ciel peut-être s'en mêlera ensuite. Il n'y a pas de Dieu
dans la rédaction des fables de Loqman. Mais il a suffi que
cette morale n'ait pas nié Dieu pour que l'orthodoxie musulmane n'ait jamais eu le sentiment qu'elle pouvait lui être
expressément contraire.

Elle n'est pas religieuse non plus par le but. On ne voit
pas dans les fables de Loqman les animaux préoccupés
d'une autre vie, non plus que les personnages dans les
Mille et une nuits. Les buts à atteindre sont toujours rap-
prochés et d'ordre pratique : c'est pour les bêtes gagner
sa pitance, gagner de l'argent pour les hommes, se tirer
d'un mauvais pas, se défaire d'un ennemi, passer à travers des dangers. La morale, selon cette conception, devient

l'ensemble des moyens qui aident à atteindre ces buts
proches, ces bien limités. Il y a ici transposition de l'idée
morale et déplacement de son objet. La morale rentre
dans la sphère modeste de la vie terrestre ; elle n'est plus
du tout, comme dans les grands systèmes religieux, l'ensemble des moyens destinés à nous faire atteindre notre
fin suprême, située dans l'au-delà.

La morale populaire n'est encore pas religieuse par le
sentiment. On y sent très peu le plaisir du bien moral, la
joie de l'effort spirituel ; on n'y distingue pas le goût de
l'ordre intérieur, l'instinct de la beauté de l'âme ; mais
plutôt on y remarque la satisfaction de l'homme qui vit
tranquille ou du joueur qui a su être habile.

Cette morale n'est pas non plus religieuse par les
moyens. Elle ne contient pas l'idée et ne conseille pas la
pratique de la prière. Les personnages des contes, dans
les dangers qu'ils traversent, appellent bien quelquefois à
leur aide la magie ; mais ils songent peu à invoquer le
secours de Dieu ; ils s'en tiennent à leurs propres moyens ;
ils usent de leur prudence toute humaine, essaient des
combinaisons, font des observations, imaginent des ruses,
mettent en œuvre leur sagacité. La sagacité est une qualité très estimée des Orientaux ; maint apologue l'illustre
et la vante ; et la littérature populaire de l'islam est riche
en anecdotes sur des traces reconnues, des pistes suivies,
des voleurs découverts et même des vols bien faits, anecdotes dans lesquelles les policiers émérites de nos romans
modernes ont sans doute puisé quelques-unes de leurs
meilleures inspirations.

Par ce caractère neutre en matière religieuse, cette
morale subsiste indépendamment de l'orthodoxie et des
sectes ; elle peut plaire à la fois à beaucoup d'esprits de

tendances religieuses diverses, ainsi qu'à ceux qui sont médiocrement mystiques. Pour les autres, rien ne les empêche de la recevoir en y joignant la dose de sentiment religieux qui convient à chacun.

Nous disions encore que la morale des fables était peu sociale. Elle a en effet un caractère accusé d'individualisme ; et parfois même elle prend un aspect égoïste et quelque peu dur. L'homme y est très seul. Il est en méfiance à peu près contre tous, comptant sur lui plus que sur tout autre, très réservé dans ses affaires, travaillant pour lui surtout : c'est à peine si on le voit occupé des intérêts de sa plus proche famille. Il semble ignorer la nation et l'État. Ce sont là deux entités trop vastes pour tenir dans le cadre de ce système ; il n'y est rien dit du dévouement au bien public. Par cette absence de sentiment social, l'esprit de cette morale présente un contraste frappant avec celui du Coran, qui est entièrement fondé sur la conception de la communauté nationale. Cependant, ici encore, le système de la morale populaire ne nie pas ce qu'il omet. Il n'est point anarchiste et il ne contient aucun germe de rébellion, car la rébellion, d'abord est trop violente, ensuite est généralement dangereuse, et comme telle, par conséquent, est une faute.

On sent assez que la véritable notion du devoir n'existe pas plus dans ce système que dans les deux précédents. Celui-ci est un utilitarisme borné à cette vie : est en général digne d'approbation ce qui sert ici-bas, et ce qui surtout est utile pour un avenir assez prochain ; est blâmable ce qui nuit, et ce qui comporte trop de risques relativement aux chances de profit.

On peut relire comme illustration de cette théorie, le testament de Nour ed-Din dans les *Mille et une nuits*.

Les écrivains moralistes chez les Arabes ont aimé cette
forme de testament qu'ils ont empruntée aux Grecs. Voici
quelques lignes d'après l'adaptation de Galland : « La première maxime que j'ai à vous enseigner, c'est de ne pas
vous abandonner au commerce de toutes sortes de personnes. Le moyen de vivre en sûreté, c'est de se donner
entièrement à soi-même et de ne se pas communiquer
facilement. La seconde, de ne faire violence à qui que ce
soit ; car en ce cas tout le monde se révolterait contre
vous, » — on voit bien ici l'esprit utilitariste ; la violence
est blâmée non parce qu'elle est laide moralement, mais
parce qu'elle est dangereuse — « et vous devez regarder
le monde comme un créancier à qui vous devez de la
modération, de la compassion et de la tolérance. La troisième de ne dire mot quand on vous chargera d'injures » ;
— ceci n'est pas du tout conforme à l'esprit Coran, selon
lequel la dignité personnelle a droit d'être défendue de la
manière la plus vigoureuse ; mais c'est néanmoins une
recommandation utile en pays de despotisme ; — « on est
hors de danger, dit le proverbe, lorsque l'on garde le
silence... La quatrième de ne pas boire de vin, car c'est
la source de tous les vices. » — La prudence populaire est
ici d'accord, par hasard, avec la morale coranique. — « La
cinquième, de bien ménager vos biens. » — Voilà la morale
tempérée, opposée à la morale mystique qui enseigne le
mépris des richesses et en recommande l'abandon complet ; — « il ne faut pas en avoir trop », — cette parole
marque une certaine crainte superstitieuse de l'excès de
fortune, qui se trouve exprimée dans l'antiquité grecque :
il ne faut pas exciter la jalousie des dieux ; — « ni être
avare. Si vous dépensez vos richesses à propos, vous aurez
beaucoup d'amis. » — Ce dernier mot laisse percer à

l'égard de l'amitié un certain scepticisme ; il laisse pourtant entendre que la vie peut être douce et bonne, quand les désirs sont modérés, les richesses moyennes, et les affaires habilement conduites.

En somme toute cette morale tire en bas, vers la vie pratique, ces mêmes peuples que le Coran avait poussés vers la conquête politique, et la mystique vers les luttes spirituelles. Elle calme l'élan religieux et guerrier. En s'annexant aux deux premiers systèmes, elle les tempère ; une pondération se produit et une sorte de moyenne en résulte.

Il est pourtant un point sur lequel ces trois morales s'accordent à peu près, et où leurs différents esprits tendent à se rejoindre ; c'est justement le point qui est le plus saillant dans l'islam, je veux dire le fatalisme. Le fatalisme qui n'est, à la vérité, absolu dans aucune de ces trois doctrines, existe à une assez forte dose dans les trois. Il est dans le Coran la dépendance où se trouve l'homme par rapport aux décrets de Dieu, conçu comme maître puissant et volontaire ; il est dans la mystique l'abandon complet de la volonté propre à la volonté divine, abandon que fait l'ascète pour goûter les joies de l'amour divin ; dans la morale populaire, il est la résignation aux caprices inévitables de la fortune qui, dans ce système, remplace Dieu ; il est une sorte d'effacement prudent devant des causes trop fortes, difficiles à connaître et contre lesquelles il est impossible de lutter. D'après l'esprit des trois systèmes, la volonté de l'homme est portée à s'humilier, à se contenir tout au moins et à se restreindre devant quelque puissance très grande ; la lutte contre cette puissance suprême est ou révolte, ou égarement, ou maladresse.

Ce fatalisme n'est pas absolu ; il tend à amoindrir l'importance et l'énergie de la volonté ; il ne la supprime pas tout à fait. Mais tel qu'il est, il est suffisamment accentué pour caractériser cette civilisation assez primitive de l'islam, pour la distinguer et l'éloigner de la nôtre. Chez nous l'homme lutte beaucoup plus contre les grandes forces extérieures à l'individu, — non pas contre Dieu seulement — mais aussi contre le hasard, la nature, les accidents, les choses ou les groupes hostiles. L'homme d'Occident a foi dans l'effort, dans le travail ; il croit en leur vertu et en leur efficacité. Le peuple musulman n'a pas encore le même sentiment ; le travail est une expérience qu'il n'a pas assez faite. Il croit plutôt, selon un sentiment ancien et admirablement rendu dans beaucoup d'œuvres grecques, que le hasard ou le destin sont plus forts que nous tous ; lutter contre eux, c'est s'user vainement ; c'est perdre ses forces, c'est manquer de sagesse dans la conduite de sa propre existence, et c'est même insulter quelque obscure divinité.

Comme conséquence de cette croyance, la morale de l'islam n'a pas sanctifié et consacré le travail, et c'est l'idée la plus importante apparemment qui résulte de cette analyse. Le travail n'est pas commandé ni apprécié, parce que la foi en son efficacité manque ; et le précepte du travail manquant, il est naturel que l'idée du devoir soit aussi à peu près absente, car c'est en somme au travail de chaque jour, au travail professionnel, qu'elle s'applique le plus naturellement.

L'obligation du travail et son caractère sacré étaient pourtant inscrits dans la Bible et exprimés en termes simples, forts et magnifiques.

Mahomet qui a pris beaucoup de ses idées dans la Bible, n'a pas su y choisir celle-là.

La morale populaire est cependant encore, de ces divers systèmes, celui avec lequel notre civilisation peut le mieux s'entendre. Elle n'a pas sans doute le goût de l'effort ; mais elle a quelque notion des avantages du travail ; elle apprécie les richesses ; elle aime à les gagner peu à peu, avec prudence, sans toutefois dépenser dans leur recherche plus de peine qu'elles ne valent. Le défaut de cette morale, selon notre jugement, est d'être méfiante ; elle porte l'homme à se cacher ; elle le détourne des luttes viriles ; elle lui fait redouter les risques et l'instabilité de la fortune ; assez bien adaptée à un effort modéré, elle a beaucoup moins l'intelligence des grandes entreprises.

Il n'est pas impossible pourtant de l'améliorer. Déjà beaucoup d'Orientaux distingués ont commencé à comprendre ce que peut le travail organisé des grandes civilisations, quelle sécurité il donne, quelle est la régularité de ses conquêtes, comment il permet de conserver les biens et d'augmenter méthodiquement les richesses. Instruit par cette élite, le peuple musulman ne tardera pas à mieux sentir la dignité du travail, son efficacité, sa puissance. Son désir du progrès s'accroîtra, et l'on verra reculer le fatalisme qui y était jusqu'ici le principal obstacle.

En même temps, en se rendant compte du pouvoir qu'a l'homme sur les choses et sur les événements, ce peuple acquerra peu à peu le goût de la vie politique ; il se soumettra moins facilement encore aux caprices d'un despote qu'à ceux de la fortune ; et il sentira que le devoir social ne consiste pas seulement dans une obéissance passive et aveugle, mais qu'il comporte aussi de l'activité, même en dehors du temps de guerre.

Cette même morale plus modérée que celle du Coran est aussi celle qui se prête le mieux à l'émancipation au moins relative de la femme, et aux progrès que l'on doit apporter dans sa situation. C'est encore la seule qui spontanément admette l'égalité entre les hommes, je veux dire entre musulmans et non musulmans ; car le Coran marque entre eux une différence tranchée ; la mystique les sépare par des distances énormes et établit des degrés indéfinis le long desquels s'échelonnent les âmes ; au lieu que, selon la morale populaire, les hommes se valent tous à peu près ; ils sont tous plus ou moins soumis aux mêmes peines, aux mêmes dangers, aux mêmes faiblesses, créés pour vivre peu de temps, ballottés par la fortune qui leur dispense des parts approximativement égales de bonheur et de maux.

Il faut pour l'utilisation de cette morale, la relever par quelques sentiments fiers, l'animer d'un souffle plus large, lui ajouter de l'énergie au moyen de quelque grande passion telle que le goût du progrès ou l'amour de la patrie. L'islam peut toujours trouver le sentiment de la fierté nationale exprimé avec force à chaque page de son Coran, et il peut nous emprunter la noble passion des progrès scientifiques et sociaux. Les événements les plus récents semblent prouver qu'il n'est pas incapable de faire cette synthèse, et qu'en s'aidant seulement un peu de nos systèmes, il saura adapter les siens aux conditions d'une nouvelle ère.

IX

LUTHER

Par Eugène EHRHARDT
Professeur à la Faculté libre de Théologie protestante de Paris.

Il est à la fois plus facile et plus difficile de faire revivre
la grande figure de Luther que celle de maints autres initiateurs religieux ; plus facile si l'on s'en tient à l'homme, plus
difficile, si l'on considère le penseur et le théologien. Luther
n'a laissé aucun ouvrage qui ait pour son biographe la
valeur que les *Pensées* ont pour celui de Pascal ou les
Confessions pour celui de saint Augustin. Ses innombrables
opuscules sont tous des écrits de circonstance. L'homme
est tout entier dans chacun d'eux, comme il est dans les
sermons, les lettres et les propos de table, avec sa puissante idiosyncrasie religieuse et morale, sa verve intaris-
sable d'humoriste et de polémiste, son éloquence toute
populaire, à laquelle les siècles n'ont rien enlevé de sa
fraîcheur, avec les délicatesses de son imagination et de
son cœur, comme avec les éclats souvent brutaux de sa
colère et l'impétuosité intransigeante de son vouloir. Le
penseur est plus difficile à saisir. Luther n'était pas un
systématicien, et il n'a jamais fait effort pour réduire en
système ses principes théologiques et philosophiques. La
pensée, chez lui, obéissait à des préoccupations pratiques.

Il traitait tel ou tel point de doctrine ou de morale, au fur et à mesure que les circonstances l'exigeaient. Ses aspirations, son but, sont toujours les mêmes, mais ses arguments varient et quelquefois se contredisent. Sa vie présente une admirable unité, aussi bien sa vie intérieure que sa vie active, mais son œuvre littéraire est complexe. Elle ne reflète pas l'effort d'un penseur qui vise à une synthèse harmonieuse, mais les luttes d'une âme qui d'abord a combattu ses propres doutes et ses propres angoisses, et ensuite les représentants de dix siècles d'autorité politique et religieuse.

Il est, dès lors, naturel que je parle ici le moins possible du théologien et le plus possible de l'homme et des causes profondes qui ont déterminé son activité. J'essaierai de vous faire assister à son développement et à la genèse de ses convictions, je vous montrerai ensuite ce qu'il a été et ce qu'il a voulu pendant les années où il lui a été donné d'obéir le plus librement aux inspirations de son génie, j'indiquerai brièvement quels sacrifices les événements ont imposé à l'idéalisme de ses premiers jours, je m'appliquerai enfin à caractériser les résultats immédiats de ses efforts et surtout à en noter les répercussions lointaines et les conséquences durables.

Luther a eu une enfance très dure; ses parents, qui étaient d'origine paysanne, l'élevèrent avec une sévérité extrême, selon les mœurs du temps. Il connut très jeune la lutte pour la vie et les privations. Les écoles qu'il fréquenta, il les compara plus tard à des chambres de torture. Sa jeunesse fut mélancolique, non sans rayons de lumière toutefois, car il aima de bonne heure la nature et la musique. C'est à l'oppression qui pesa sur lui pendant ses années d'enfance, qu'il attribue expressément l'angoisse morale

qui le poussa plus tard à entrer au couvent. Sa piété se
forma sous l'influence de cette même oppression. Très
intense, elle prit bientôt un caractère sombre et inquiet.
L'Église n'avait pas oublié que le Dieu de l'Évangile est un
Dieu d'amour, elle rappelait cette vérité dans son enseignement et dans ses liturgies et les mystiques avaient répandu,
jusque dans le peuple, une piété simple, pratique et douce,
mais pour la masse Dieu n'en était pas moins, avant tout,
un créancier et un juge. La théologie régnante et le con-
fessionnal avaient favorisé une sorte de marchandage entre
Dieu et l'homme qui ne laissait à la grâce divine qu'un
rôle plutôt nominal. D'ailleurs cette grâce était conçue
comme une force surnaturelle qui se communique à des
degrés variables, non comme l'action de la personne de
Dieu sur la personne humaine, à la manière antique et
naturiste, non à la manière chrétienne. Les âmes ne met-
taient pas en elle leur confiance, elles s'efforçaient surtout
d'apaiser la colère de Dieu par des œuvres satisfactoires.

C'est sous l'empire de cette notion toute juridique de la
religion que Luther s'est trouvé placé. Seulement, à l'encontre de la plupart des fidèles, il la prit, non seulement
au sérieux, mais au tragique. Il avait sans cesse peur de
Dieu. Son père le destinait à l'étude du droit et rêvait pour
lui une carrière brillante, mais Martin Luther, si avide qu'il
fût de savoir, si aimé qu'il fût de ses compagnons de jeunesse, si goûtés que fussent ses talents de musicien et de
poète, était sous l'empire d'un tourment intérieur perpétuel.
Enfin, sous l'impression d'un danger qu'il courut et probablement aussi de la mort subite d'un de ses amis, il résolut,
en 1505, de se faire moine. Il prit cette détermination que
sa famille désapprouvait vivement, dans l'espoir d'apaiser
la colère de Dieu et de gagner plus sûrement le ciel. Au

couvent il mit une sorte de passion à se soumettre aux obligations les plus humiliantes et à rechercher les exercices de piété les plus mortifiants ; c'est en vain qu'on s'est efforcé de jeter la suspicion sur les récits qui nous montrent Luther s'adonnant avec une ardeur sans pareille aux jeûnes, aux veilles et à la prière. Mais il ne parvint pas à goûter la paix intérieure, ses œuvres lui paraissaient toujours insuffisantes, mauvaises même ; on eût dit qu'il y avait deux hommes en lui, l'un qui cherchait la paix avec Dieu et l'autre qui se forgeait des péchés imaginaires et s'enfonçait toujours plus avant dans le sentiment de sa culpabilité.

Peu à peu cependant la lutte s'apaisa. Quelques versets de la Bible, un vieux moine qui lui rappela ces paroles du symbole apostolique : *je crois* à la rémission des péchés, plus tard son supérieur Staupitz, devinrent ses consolateurs. Il se consacra alors avec ardeur aux études bibliques et patristiques, délaissant toujours plus les scolastiques auxquels il avait donné jusqu'alors la préférence. Chargé d'enseigner la philosophie et la théologie à Wittemberg et à Erfurt, il se montra théoriquement encore imparfaitement dégagé de la théologie régnante, encore hésitant sur cette notion de la foi qui devait devenir, dans la suite, le levier de son œuvre de réforme, mais déjà il insistait, plus qu'on ne faisait d'ordinaire, sur la gravité du péché et sur l'impuissance de l'homme pour le bien ; il était surtout préoccupé de prodiguer aux âmes les consolations de l'Évangile et se montrait réfractaire à l'idée du mérite des œuvres.

Rien n'était plus éloigné de sa pensée que de vouloir réformer l'Église ou l'État. Sans doute, pendant son voyage à Rome, il avait vu de près les scandales de la capitale pontificale, mais son respect de la papauté n'en était pas moins demeuré entier. D'ailleurs la vie intérieure et spirituelle le préoccupait d'une façon si exclusive, que rien ne l'attirait vers l'arène des luttes politiques ou ecclésiastiques. Il se sentait heureux dans sa faculté de théologie de Wittemberg qu'il avait transformée en une école d'études bibliques et où régnait l'esprit de saint Augustin et des mystiques allemands.

Mais en 1517 se produisit l'affaire des indulgences. Elle fit sortir Luther de son silence. Il s'agissait pour lui de sauvegarder le caractère tragique du péché et la nécessité d'une contrition sérieuse pour obtenir le pardon de Dieu. Il s'attendait à être soutenu par l'Église. Il fut, au contraire, combattu. Son adversaire Eck l'attira, à dessein, sur le terrain glissant de la question de l'autorité des papes et des conciles. Luther n'hésite pas à déclarer que même les conciles œcuméniques ont pu se tromper. L'excommunication ne tarda pas à être lancée contre lui, il riposta en brûlant la bulle du pape qui la proclamait. Désormais le lien entre la papauté et lui est définitivement rompu.

Au cours de cette même année, 1520, il lança contre elle le plus audacieux de ses écrits : le *Prélude sur la captivité babylonienne de l'Église*, dans lequel il passe en revue les sacrements catholiques, pour combattre d'abord l'idée fondamentale même du sacrement, celle d'une action en quelque sorte magique de la divinité par le moyen d'objets matériels ou de formules de bénédiction et, d'autre part, la mainmise de l'Église sur la société civile par ces mêmes sacrements. Il ébranle la colonne sur laquelle repose l'édifice du catholicisme.

Cette année 1520 est la première de celles que l'on pourrait appeler les années d'apogée. Elles durèrent jusqu'en 1525. Presqu'en même temps que le *Prélude* parurent deux autres écrits de premier ordre : le *Traité de la liberté chrétienne* et la *Lettre à la noblesse chrétienne allemande*. Dans le premier, Luther donne une description classique de ce qu'il entend par la vie chrétienne, d'après ses nouveaux principes religieux ; le second fit de lui, pour plusieurs années, l'homme le plus populaire de l'Allemagne. Luther a reconnu que le système romain est une source **d'abus et de misères pour son pays**, il voudrait en secouer le joug, donner à Dieu ce qui est à Dieu et à César ce qui est à César, rendre l'Allemagne à elle-même, faire cesser l'exploitation pécuniaire de sa patrie par la curie romaine et provoquer une efflorescence des études et de la vie nationale. Cet écrit éveille de grandes espérances ; tous les mécontents tournent dès lors leurs regards vers Luther, aussi bien la noblesse qui luttait contre l'absolutisme naissant des princes, que les paysans et le prolétariat des villes, et enfin les humanistes qui acclamèrent Luther comme l'homme d'action, seul capable d'accomplir la délivrance qu'ils avaient rêvée, sans parvenir à la réaliser.

Arrêtons-nous un instant ici et rendons-nous compte de ce qu'est, à ce moment-là, la pensée de Luther. Dans les écrits que nous venons de mentionner et dans quelques autres qui les suivirent de près, il donne déjà toute sa mesure ; à certains égards il la donne plus que jamais.

Luther a engagé la lutte contre Rome sur toute la ligne. Il attaque son dogme, sa hiérarchie, son culte, sa politique, mais il n'oublie pas un instant qu'il n'est entré·dans cette lutte ni en philosophe, ni en politicien, il ne perd jamais de vue son point de départ qui est tout religieux et tout spirituel. Qu'avait-il demandé à l'Église ? Dieu, son pardon, la communion avec lui. Si elle lui avait donné ces biens, il n'eût point eu de reproche à lui faire, il eût gardé son

habit de moine, il se serait incliné à tout jamais devant le
pape, il aurait été le défenseur le plus ardent du dogme. Il
n'eût sans doute pas consenti à certains abus, il les eût
même combattus, mais en fils respectueux qui défend une
mère que certains de ses enfants déshonorent. Il ne demandait à l'Église que le pain de l'âme, elle ne put le lui assurer. Il choisit, de plein gré, parmi les moyens de salut
qu'elle lui offrait, les plus pénibles; ils ne contribuèrent
qu'à le jeter dans le désespoir. Il se sentait loin de Dieu et
sa vie, malgré le caractère de sainteté dont elle était
revêtue aux yeux des hommes, lui semblait immorale. Pendant quelques années il se créa, avec quelques amis, une
atmosphère de piété sereine et active; qu'on ne vienne pas
l'y troubler et il ne troublera personne. Mais la lutte qui
surgit à propos des indulgences lui révèle qu'il est, pour
ainsi dire, déjà hors de l'Église. Maintenant ses idées se
précisent et se dressent en face du système romain.

La vérité fondamentale est désormais pour lui celle-ci :
Dieu ne demande de nous qu'une chose, c'est une disposition de l'âme. Cette disposition, Luther, s'appuyant sur
saint Paul, l'appelle la foi. Qu'est-ce que la foi? Ce n'est
pas un acte d'obéissance à l'Église, ce n'est pas le sacrifice
de la raison au dogme, c'est la confiance dans les promesses de Dieu à l'égard des pécheurs; on pourrait adhérer
à tous les dogmes imaginables, sans avoir la foi. La foi
ainsi conçue justifie, c'est-à-dire qu'elle met l'homme
pécheur dans l'état de justice devant Dieu. Est-ce parce
qu'elle constitue un mérite? Est-ce parce qu'elle rend
l'homme meilleur? Nullement. Autrefois Luther avait recherché la justice active, celle précisément qui repose sur les
mérites, sur la perfection relative de l'homme, mais ses
expériences, jointes à l'étude de la théologie paulinienne,

l'avaient convaincu du néant de cette justice. Il est impossible à l'homme de faire son salut par la justice active, il ne peut le faire que par la justice passive, celle précisément qui découle de la foi. Ce qui rend l'homme juste devant Dieu, c'est qu'il renonce à toute justice propre, qu'il se jette en quelque sorte dans les bras de Dieu, qu'il attend tout de lui et rien de ses propres efforts. C'est alors qu'il acquiert l'assurance du pardon de Dieu et qu'il se sent indissolublement uni à lui, tandis que la malédiction de Dieu repose sur toutes les tentatives que l'homme fait pour mériter la faveur divine; plus il veut la mériter et plus il s'en rend indigne.

Mais la foi ainsi conçue ne devient-elle pas le principe d'un quiétisme dangereux ? Cette notion de la justification passive ne détruit-elle pas sans le remplacer, un des principaux ressorts de le vie morale ? Il n'en est rien. La foi est intimement liée à la charité. Dans son écrit sur la liberté chrétienne, Luther soutient cette double thèse : par la foi le chrétien est maître et souverain du monde; par la charité il est le serviteur de tous les hommes.

Le premier effet de la foi, c'est de donner à l'homme une grande assurance, une grande joie et un grand courage ; il ne craint plus de condamnation de la part de Dieu et, certain de son amour, il ne redoute plus non plus aucune puissance humaine; il ne permettra surtout pas qu'aucun homme vienne se placer entre Dieu et lui et, sous prétexte de jouer le rôle de médiateur, lui imposer une loi prétendue divine dont l'observation serait la condition du salut. Le chrétien qui a la foi est au-dessus de toute loi formulée, même biblique, sa foi elle-même est la seule limite de sa liberté; tout ce qui peut subsister avec la foi, il peut le faire, sans aucune crainte. Il ne fait plus rien pour gagner la faveur de Dieu, pour se rendre digne de son pardon ou de ses bienfaits; la foi qui saisit la grâce lui donne seule l'assurance que Dieu le considère comme juste et le met au rang de ses enfants. La grâce n'est pas une sorte d'influence magique qu'il faut mériter par des œuvres et qui se mesure en quelque sorte quantitativement, elle n'est autre chose que le regard favorable que Dieu jette sur nous, qui nous arrache à toute crainte et qui nous dispense de peiner pour obtenir ce que Dieu n'accorde que gratuitement à ceux qui attendent tout de lui et rien d'eux-mêmes.

Cette liberté toutefois est loin d'être de l'indifférence. La foi ne nous plonge pas dans l'extase mystique, elle ne produit pas un sentiment égoïste de sécurité, elle n'engendre pas la paresse morale. Elle est le plus puissant mobile d'action qui se puisse imaginer et elle ne peut faire autrement que de se mettre spontanément au service du prochain. Le vrai croyant fait nécessairement de bonnes œuvres, lui seul peut en faire, car ce ne sont point les bonnes œuvres qui rendent l'homme bon, comme on se l'imagine dans le catholicisme : c'est l'homme bon, l'homme devenu agréable à Dieu, qui seul peut faire de bonnes œuvres. Il les fait tout naturellement comme l'arbre produit des fruits et le feu de la chaleur, il n'a pas besoin d'un motif spécial pour faire le bien, il le fait d'une façon désintéressée et trouve en lui-même le motif de le faire.

« La foi, dit Luther dans la préface à l'épître aux Romains, est une chose vivante, active, industrieuse, tellement qu'il est impossible qu'elle ne produise pas le bien sans cesse. Elle ne demande pas s'il y a de bonnes œuvres à faire, mais, avant qu'on ne l'ait sollicitée, elle les a faites et elle agit sans cesse. Celui qui ne fait pas de bonnes œuvres, n'a pas la foi... La foi est une confiance vivante et

hardie en la grâce de Dieu. Celui qui la possède risque-
rait mille fois sa vie plutôt que de la lâcher. Et cette confiance et certitude de la grâce divine rend joyeux, audacieux et plein d'entrain à l'égard de Dieu et de toutes les
créatures ; c'est ce qu'opère le Saint-Esprit par la foi.
Aussi l'homme devient-il, sans contrainte, disposé à faire,
avec entrain, du bien à tout le monde, à servir tout le
monde, à souffrir toutes sortes de maux, pour l'amour et
la gloire de Dieu qui lui a témoigné cette grâce ; ainsi il est
impossible de séparer les œuvres de la foi, aussi impossible
que de séparer la chaleur et la lumière du feu [1]. »

Écoutez encore un passage d'un sermon pour le troisième dimanche de l'Avent : « Si tu demandes à un
homme chaste pourquoi il est chaste, il doit dire : Ni à
cause du ciel, ni à cause de l'enfer, ni par amour de quelque gloire, ni par crainte de quelque honte, mais uniquement parce que cela me semble excellent et que cela plai-
rait à mon cœur, quand même ce ne serait pas commandé.
Le cœur ainsi disposé aime la loi de Dieu et l'accomplit
avec joie. »

Enfin, dans le grand commentaire sur l'épître aux
Galates, Luther s'exprime ainsi : « Il faut d'abord qu'il y ait
un arbre et ensuite des fruits. La pomme ne fait pas
l'arbre, mais l'arbre fait la pomme. Ainsi la foi fait d'abord
la personne et celle-ci fait ensuite les œuvres... C'est dans
l'ordre politique que l'homme est formé par les œuvres,
comme Aristote enseigne qu'en jouant souvent de la
cithare, on devient musicien. Mais, dans l'ordre théologique, les auteurs de bonnes œuvres ne sont point formés
par les bonnes œuvres, mais les personnes, devenues

---

1. *OEuvres* de Luther. Ed. d'Erlangen, LXIII, 125.

bonnes par la foi, deviennent les auteurs de bonnes œuvres [1]. »

Ah Aristote, « le maître aveuglément païen », comme Luther le déteste ! A-t-il assez longtemps régné sur les âmes chrétiennes, avec sa discipline tout extérieure ! Désormais il faut qu'on réapprenne que l'homme doit être transformé, pour devenir un agent moral, et que ce qui importe, ce n'est pas la quantité des œuvres ni leurs effets extérieurs, mais la qualité que leur donne le cœur même de celui qui les accomplit.

On le voit aisément, Luther établit un rapport nouveau entre la religion et la morale ; ce rapport d'extérieur devient chez lui organique. Il a retrouvé la religion pure, celle qui cherche Dieu pour lui-même, et la morale pure, celle qui place le mobile de l'action dans l'action même ; la première est pour lui la condition de la seconde.

Les bonnes œuvres qu'accomplit l'homme bon ne sont nullement des œuvres extraordinaires. Elles consistent à faire la volonté de Dieu, et cette volonté se manifeste, pour chacun de nous, dans la vocation qu'il nous a donnée, que ce soit celle de père de famille, de magistrat, de serviteur, de soldat, peu importe. Rien n'est plus faux que de chercher, en dehors de sa vocation, une perfection supérieure et prétendue angélique. Luther connaît par expérience l'inanité de pareils efforts ; aussi combat-il, avec la dernière énergie, les vœux monastiques et la prétendue supériorité de l'état monastique sur celui de simple fidèle. Il ne cesse de le répéter : une mère qui soigne bien son enfant est mille fois plus agréable à Dieu qu'un moine qui récite ses prières, ou accomplit ses pratiques ascé-

---

1. Grand commentaire sur *l'Epître aux Galates*, I, 368-69, éd. Irmischer.

tiques. C'est en voulant mériter le salut, chose abominable, que les hommes sont tombés dans de pareilles aberrations et se sont trouvés amenés à préférer des œuvres stériles, dont Dieu ne se soucie point, aux œuvres vraiment utiles au prochain. Il n'est pas vrai qu'il y ait dans l'Évangile des conseils dont l'observation serait facultative, tandis que celle des commandements est obligatoire : il n'y a pas deux perfections, il n'y en a qu'une : faire preuve de confiance en Dieu et d'amour du prochain dans sa vocation, et accepter avec patience les souffrances que Dieu nous envoie, sans jamais s'en imposer une arbitrairement soi-même.

Le chrétien animé de ces sentiments a atteint le degré le plus élevé qui se puisse imaginer dans l'ordre religieux; il est prêtre, parce qu'il s'offre en sacrifice vivant à Dieu, et cette prêtrise est même la seule vraie, tandis que celle que confère l'ordination n'est qu'une invention humaine. Tout chrétien est prêtre, et l'Église n'est pas une société divinement régie par une hiérarchie, elle est l'assemblée des âmes qui se groupent autour de la parole de Dieu et sont disposées à se laisser guider par elle. C'est la parole de Dieu qui crée l'Église, celle-ci est partout où cette parole est annoncée : il n'y a pas d'institutions ecclésiastiques prescrites par Dieu, toutes celles qui sont compatibles avec l'Évangile sont tolérables, aucune ne possède un droit exclusif.

Transformer l'homme intérieur par l'Évangile, telle est l'idée maîtresse de Luther. L'Évangile, pour lui, n'a pas d'autre but, ni d'autre portée. Il ne renferme pas une loi sociale et ne prétend rien changer au monde extérieur. Il comporte, si j'ose ainsi dire, un programme de vertus plutôt qu'un programme d'actions ou de devoirs spécifiques.

Est-il donc sans aucune vertu sociale ? Nullement. D'abord les vertus qui découlent de la foi sont des vertus éminemment sociales, et ensuite la foi nous pousse à manifester ces vertus en toutes circonstances, c'est-à-dire à accomplir tous nos devoirs d'une manière parfaite. Il y a plus : là où l'Évangile a été compris, la sphère sociale se trouve, du coup, affranchie du joug qu'une religion légaliste voulait faire peser sur elle et rendue à sa propre nature, délivrée par conséquent des déformations que la hiérarchie romaine, avec ses prétentions à la domination temporelle, lui avait fait subir. Sous quelle loi la société se trouve-t-elle donc désormais placée ? Uniquement sous celle de la raison et du droit naturel qui sont eux-mêmes d'origine divine, mais n'ont rien de spécifiquement chrétien. L'Évangile ne regarde que l'homme intérieur, pour en faire une créature libre et joyeuse ; l'homme extérieur, la famille, l'État, relèvent de la raison. C'est le grand grief que Luther a contre le droit canon, d'avoir la prétention d'être une loi évangélique. C'est là, pour lui, la pire des contradictions *in adjecto* : l'Évangile n'est pas une loi qui commande, il est une parole de vie qui transforme les âmes, on n'a pas le droit d'exiger ou de commander quoi que ce soit en son nom, on n'a pas le droit de le matérialiser et d'en tirer un prétendu ordre divin de la société. Ce sera, plus tard, le principal reproche que Luther adressera aux anabaptistes et aux paysans révoltés, de réclamer, au nom de l'Évangile, des réformes sociales et de confondre la cause de l'Évangile avec celle de la révolution politique. Le chrétien ne prend jamais les armes, il souffre, il se laisse opprimer, il montre que son bonheur intime le met au-dessus des injustices d'ici-bas. L'Évangile en lui-même n'exige aucune transformation sociale.

Est-ce à dire que Luther ait été un conservateur à
outrance et un partisan de l'absolutisme ? Pas le moins du
monde. Il est sincèrement démocrate et il use vis-à-vis des
princes d'une franchise qui va souvent jusqu'à la rudesse.
L'idée qu'il se fait du droit naturel est sévère et lui sert souvent d'instrument de critique à l'égard des institutions exis-
tantes. Seulement le devoir d'en assurer le règne incombe
à l'autorité instituée par Dieu ; les particuliers n'ont pas
reçu la vocation de veiller au triomphe de la justice dans
la vie publique.

Cela ne veut pas dire, naturellement, qu'il leur soit
interdit d'élever la voix contre les imperfections de l'ordre
social. C'est là au contraire un droit dont Luther lui-même
a largement usé. Il n'est pas demeuré indifférent aux injustices et aux abus dont souffraient ses compatriotes. Il lutte
avant tout pour les droits de l'État et de la famille contre
les prétentions de l'Église. De quoi se mêle celle-ci en voulant régenter la conclusion et la dissolution du mariage ?
Le mariage est une chose de ce monde, purement humaine ;
dès lors de quel droit interdirait-on, comme le fait le droit
canon, d'épouser un non-chrétien ? Le mariage n'est pas
un sacrement, par conséquent il n'est pas non plus absolument indissoluble ; il y a des cas où la conduite de l'un
des époux met, de fait, fin à la vie commune ; ne faut-il
pas, dans ces cas, venir en aide à l'époux innocent et le
mettre en mesure de contracter une nouvelle union ?
Luther, bien entendu, ne veut pas favoriser la légèreté
morale, mais il se place au point de vue de l'équité, et des
besoins moraux et sociaux de l'homme.

L'obéissance aux parents est un devoir sacré. Luther
était jadis entré au couvent contre la volonté de son père.
Il lui en fit des excuses publiques dans l'introduction à son

fameux traité des vœux monastiques. Ces vœux, il les réprouve, non seulement au point de vue religieux, mais aussi au point de vue des droits de la famille et de la société.

Comme la famille, l'État est une institution, non chrétienne, mais cependant divine. Les rois et les princes sont *sui juris*, ils ne relèvent nullement de l'Église. Celle-ci, notamment, n'a pas le droit d'exiger d'eux la répression de l'hérésie, car elle n'est pas de leur ressort. « L'hérésie, dit Luther, dans son traité de l'autorité civile de 1523, ne peut pas être réprimée par la force, il faut une autre main pour cela ; la lutte contre elle n'est pas de celles que l'on soutient avec l'épée. C'est la parole de Dieu qui doit livrer le combat ; sinon, ce n'est pas le pouvoir séculier qui le mènera à bonne fin, dût-il remplir le monde de sang. L'hérésie est chose spirituelle, on ne peut ni la frapper par le fer, ni la brûler par le feu, ni la noyer dans l'eau. Seule la parole de Dieu est puissante contre elle [1]. » En matière civile l'autorité ne doit pas craindre de se servir du glaive, Luther est partisan d'une justice criminelle énergique et sévère.

Il ne se contente d'ailleurs pas de réprimer les abus dont l'ingérence de l'Église, dans un domaine qui lui est étranger, est la cause. Il entre en lutte contre tous les abus ; les mariages clandestins par exemple, qui donnaient lieu à une si désastreuse incertitude sur l'état des personnes, sont l'objet de sa part d'une polémique qui fut victorieuse et bienfaisante. Mais ce qu'il combat peut-être avec le plus d'âpreté, c'est l'usure, c'est-à-dire le prêt à intérêt. Sur ce point il est, sans s'en rendre compte, d'accord avec son adversaire détesté, le droit canon. Il a le capitalisme nais-

---

1. OEuvres Ed. d'Erlangen, XXII, 90.

sant et le commerce en horreur et il énumère avec complaisance toutes les roueries des commerçants; aussi trouve-t-il que, lorsqu'ils sont dévalisés par des brigands, ils
n'ont que ce qu'ils méritent, car ils ne sont eux-mêmes que
des voleurs. Lui, le fils de paysans, qui a vu ses parents
peiner durement pour gagner un maigre salaire, il ne comprend pas qu'un florin puisse en engendrer un autre entre
les mains du capitaliste; la fortune des Fugger d'Augsbourg, les Rothschild du xvie siècle, lui semble de tous
points mal acquise. Il ne peut pas admettre que l'on s'enrichisse en vendant plus cher qu'on ne les a achetés, des
objets ou des denrées que l'on ne transforme pas par le
travail. Il ne trouve légitime d'autre bénéfice que celui
qui a le travail pour source, ni d'autre prêt que la commandite agricole ou industrielle, avec participation du prêteur aux risques de l'entreprise. Toutes ses préférences
vont à l'agriculture, ainsi qu'à une société divisée en classes
nettement distinctes, ayant chacune ses droits et ses devoirs. On voit aisément que ses idées économiques sont
celles du moyen âge; il ne fait que peu de concessions aux
besoins nouveaux de son époque, mais, s'il se tourne vers
le passé plutôt que vers l'avenir, c'est par amour sincère
du peuple : campagnard dans l'âme, il redoute les nouveautés dans l'ordre social et ne conçoit d'autre régime
politique qu'un gouvernement patriarcal et conservateur.

Rien ne tient plus à cœur à Luther que l'éducation de la
jeunesse. Il faut instruire les enfants, les filles aussi bien
que les garçons, et c'est à ce but qu'il faut affecter les
biens que l'Église détenait sans profit pour personne.
Luther a doté plus tard son Église d'un manuel incomparable d'instruction religieuse et morale à l'usage de la jeunesse et du peuple, je veux parler de son *Petit catéchisme*.

Luther sait bien, cela va sans dire, que cet idéal de rénovation de l'homme et de la société, par l'action de l'Évangile sur les cœurs, restera toujours un idéal. Il est loin de s'imaginer que l'homme peut, d'un seul bond, atteindre à la vie morale parfaite et parfaitement autonome. Il ne se fait pas d'illusions sur la nature humaine. S'il rejette le système compliqué par lequel l'Église s'efforçait d'assurer à l'homme, avec le pardon de ses péchés, l'ascension vers la vie chrétienne, ce n'est pas qu'il ait du péché une idée amoindrie; bien au contraire, il croit, plus que l'Église, à la puissance du péché, et cette puissance subsiste chez le croyant; voilà pourquoi celui-ci a besoin de mortification; il ne doit d'ailleurs la chercher que dans une activité socialement utile; Luther, quoique personnellement très rompu aux exercices ascétiques, ne les imposait ni même ne les conseillait à personne. Voilà aussi pourquoi le pécheur, même croyant, a encore besoin de la loi, c'est-à-dire de la forme impérative de l'exhortation morale, l'identification de sa volonté avec celle de Dieu n'étant jamais complète. Sa vie est une perpétuelle pénitence, car, s'il sent en lui l'action de la grâce qui sauve, il sent d'autre part celle du péché qui doit nous pousser à la contrition. Cette pénitence est, du reste, toute différente de la pénitence catholique, parce qu'elle se produit sous l'action des promesses de l'Évangile qui brisent le cœur du pécheur et le redressent en même temps, non sous le coup des menaces de la loi.

Si Luther se rend compte des obstacles que l'Évangile rencontre dans le cœur des individus, à plus forte raison n'a-t-il pas cru que la société allait se transformer d'une manière soudaine, à son appel.

Cependant sa clairvoyance ne le rend pas pessimiste.

Car, malgré les paroles amères que lui ont parfois arrachées
les déceptions d'une carrière toute de combats, il est d'un
optimisme superbe, qui s'appuie sur la force que possède
l'Évangile de transformer les hommes en enfants de Dieu. .

Nous avons vu Luther, fort d'une conviction religieuse
inébranlable, concevoir un ensemble puissant d'idées
neuves et hardies. Il est nécessaire que je le montre maintenant aux prises avec les problèmes que rencontre inévi-
tablement celui qui veut penser sa foi, si libre qu'elle soit
d'ailleurs, et d'autre part avec la tradition dogmatique.

Le réformateur allemand a, tout naturellement, exposé
ses principes, je ne dirai pas dans un système, mais du
moins dans un cadre théologique qu'il avait en partie reçu
de l'Église qui avait fait son éducation religieuse, en partie
emprunté à son maître, saint Paul..

Le problème qui préoccupait les théologiens plus que
tout autre était celui de la justification de l'homme devant
Dieu en vue du salut futur. Luther, nous l'avons vu, ne
songea pas à poser la question religieuse autrement, quoique
sa solution fût radicalement opposée à celle de l'Église.
Toute sa pensée religieuse et morale est dominée par la préoccupation du salut transcendant et, étant donnée la façon dont
il conçoit la justification, par celle d'écarter le recours au
mérite sous toutes ses formes possibles. Il a élaboré son
idéal de joie religieuse et de liberté morale dans une lutte
constante contre la théologie de l'Église, mais pour ainsi
dire dans l'enceinte de cette théologie.

Par moments, cette préoccupation religieuse du salut
semble même nuire chez lui aux préoccupations morales.
On pourrait citer de lui un certain nombre de passages
dans lesquels il paraît condamner l'effort moral, ou du

moins en détourner les âmes, dans la crainte qu'elles ne mettent leur confiance dans leurs œuvres. « Pèche hardiment et crois hardiment », écrit-il une fois à Mélanchthon. Il faudrait être de mauvaise foi pour se méprendre sur la véritable pensée de Luther. Il n'en est pas moins vrai que l'on a pu s'appuyer sur certaines paroles sorties de sa plume pour défendre une conception dangereusement incomplète de la foi justifiante, et de cette conception incomplète sortira, dans la suite, un pharisaïsme de la foi sans les œuvres qui mérite peut-être moins de sympathie que celui des œuvres sans la foi.

C'est dans cet ordre de préoccupations qu'il a été aussi amené à faire entrer l'idée de la prédestination dans le cadre de ses notions théologiques. La prédestination l'effrayait jadis, plus tard il l'accueillit avec faveur, parce qu'elle ruinait à fond l'idée du mérite par les œuvres, et il développa cette doctrine avec une extrême hardiesse contre Érasme de Rotterdam. Ce savant, poussé par ses protecteurs, s'était décidé à prendre la plume contre Luther. Choisissant habilement un terrain sur lequel il pouvait se poser à la fois en défenseur de l'Église et de l'idéal philosophique des humanistes, il avait composé un traité sur le libre arbitre. Luther lui répondit par le *De servo arbitrio* qui est l'écrit théologique le plus considérable qui soit sorti de sa plume. S'inspirant à la fois de saint Augustin et de la notion du Dieu volonté, telle que l'avait développée le nominalisme, il affirme la prédestination dans le sens le plus absolu et pousse même jusqu'au déterminisme psychologique. « L'homme est, dit-il, semblable à une monture qui est montée ou par Dieu ou par le diable et qui suit, sans aucune initiative propre, l'impulsion que lui donne son cavalier. Tous ceux qu'il ne plaît pas à Dieu de conduire, sont

conduits par le diable. » Personne ne méconnaît les vues
psychologiques profondes qui sont à la base de ces affirmations. Luther voit nettement qu'au dessous de l'action des
divers mobiles qui font agir les hommes, il y a un état permanent de la volonté dont dépend l'efficacité de ces mobiles,
et qui détermine la valeur de l'agent moral. Si l'on va au
fond des choses, l'homme n'agit pas tantôt moralement
bien, tantôt moralement mal, suivant les sollicitations dont
il est l'objet, mais il est bon ou mauvais suivant la direction
primordiale de sa volonté. Mais enfin, que penser d'un Dieu
qui choisit arbitrairement les hommes qu'il veut conduire au
bien et ceux qu'il abandonnera au mal? A cette question
Luther aurait répondu que, lorsqu'il s'agit de Dieu, on ne
saurait jeter un défi trop superbe à la raison humaine et qu'il
ne voudrait pas d'un Dieu dont cette raison pût, en quelque
sorte, faire le tour. Cependant ce Dieu qui est au-dessus de
la raison n'est-il pas un Dieu redoutable et qui fait presque
horreur? A cette objection Luther répond par un conseil qui,
sans doute, théoriquement ne résout rien, mais qui, pratiquement, tranche la question. Ne vous occupez pas du Dieu
caché, tenez-vous-en au Dieu révélé en Jésus-Christ qui
promet le salut à tous ceux qui croient. Cette réponse
prouve évidemment que la pensée spéculative de Luther
s'est arrêtée devant l'antinomie entre la toute-puissance de
Dieu d'une part, sa justice et son amour d'autre part; elle
prouve aussi que chez lui la pensée spéculative n'a pas
une valeur indépendante, qu'elle est tout entière au service
de ses préoccupations pratiques.

Je disais tout à l'heure que Luther était déterministe,
non seulement au point de vue religieux, mais même au
point de vue psychologique. Il l'est, en effet, quelquefois,
mais, en général, il se contente de l'idée religieuse de la

prédestination. Pourvu qu'on lui accorde que l'homme ne saurait acquérir aucun mérite aux yeux de Dieu, il accordera à son tour que l'homme peut, dans la sphère purement humaine, faire le bien et le mal, acquérir des vertus ou s'adonner au vice, étant bien entendu que tout cela ne modifie en rien sa situation vis-à-vis de Dieu qui ne dépend pas du résultat de ses efforts.

En mettant au premier plan de sa pensée religieuse la justification par la foi appuyée sur la prédestination, Luther modifie foncièrement le sens et la portée de la doctrine ecclésiastique ; il n'en conserva pas moins les dogmes juridiques romains ainsi que les vieux dogmes métaphysiques grecs, et il ne songea pas un instant à en ébranler l'autorité. Loin de là, il s'efforce de les revivifier en les rapportant directement à ce qui constitue pour lui l'objet de la foi. Ils ne l'intéressent pas au point de vue métaphysique, mais seulement en tant qu'ils contribuent à donner au croyant la certitude de son salut. Inconsciemment il fraye ainsi la voie à la critique de ces mêmes dogmes et à la substitution d'affirmations purement religieuses à des formules impuissantes à exprimer la foi des fidèles.

Toujours est-il que ces dogmes constituent, en quelque sorte, l'extrême limite de son horizon intellectuel et forment la base de sa conception du monde. Il salua avec enthousiasme la renaissance des études grecques et hébraïques, mais il resta complètement étranger au mouvement scientifique et philosophique de son temps. La Bible est pour lui le fondement de toute science, elle renferme à la fois la meilleure expression du droit naturel et de la vérité chrétienne ; or, c'est sur cette double donnée que s'édifie la société humaine avec ses trois grandes hiérarchies, comme il dit : l'Église, l'État et la famille. Ses intuitions religieuses

et psychologiques sont profondes, et il sait les exprimer
en un langage vigoureusement poétique, mais son raisonnement est encore incomplètement affranchi des liens de la
scolastique. Parfois il juxtapose des notions abstraites là
où il faudrait analyser des réalités complexes, et il passe à
chaque instant, sans s'en douter, de la catégorie du subjectif dans celle de l'objectif.

Mais si Luther vit encore, à bien des égards, dans l'atmosphère du moyen âge, il n'en a pas moins triomphé
virtuellement de l'esprit du moyen âge. La scolastique
chez lui n'est que dans les mots ; en fait il va, à travers
les mots, aux réalités dont il est aussi avide, dans l'ordre
religieux, que les grands initiateurs scientifiques et philosophiques de son temps l'étaient dans l'ordre des sciences
historiques et naturelles. Sa théologie est, dans son fond,
toute expérimentale. Il y a plus. Le moyen âge était pessimiste, Luther était optimiste ; le moyen âge avait édifié
sa philosophie et son organisation sociale sur une base
dualiste, Luther écarte résolument ce dualisme métaphysico-moral et réconcilie la piété chrétienne avec la vie de
famille et la vie civile. Il prépare la libération complète, et
de la religion d'une part, et de la société et de la science
d'autre part, non en proclamant le principe du libre examen comme on l'a dit quelquefois, mais en plaçant l'intérêt religieux si haut, en donnant à la foi religieuse un
objet si exclusivement spirituel, que les évolutions socialistes et scientifiques ne peuvent plus l'atteindre..

J'ai parlé du principe du libre examen. Dans quelle
mesure peut-on l'attribuer à Luther ? Il est certain qu'il a
opposé l'autorité de sa conscience à la puissance des
maîtres du monde d'alors et, en un certain sens, à la Bible
elle-même, en jugeant la valeur des différents livres

bibliques à l'accord plus ou moins parfait dans lequel ils
étaient avec ce qui lui apparaissait à lui comme le sens de
la révélation divine; mais il ne réclamait en définitive tout
de même que la liberté de sonder les Écritures et d'opposer
la Bible à l'Église. En tous cas le principe du libre examen
n'a été en aucun sens le point de départ de Luther. Il ne
s'agissait pas pour lui de conquérir la liberté toute formelle de la libre recherche philosophique, mais de s'assurer,
par l'Évangile du salut par la foi, la liberté concrète de
l'enfant de Dieu vis-à-vis de toutes les prescriptions
humaines en matière religieuse.

Tel fut Luther dans ce que j'ai appelé ses années
d'apogée. Jetons encore un coup d'œil rapide sur celles qui
suivirent. Le but et les principes de Luther demeurèrent
les mêmes jusqu'à la fin, mais de graves événements vinrent
détruire les espérances qu'il avait conçues au début,
restreindre le cercle de son activité et rétrécir, par moments,
l'horizon de sa pensée. Je veux parler de la guerre des
paysans d'abord, et ensuite de la lutte contre les zwingliens
et les anabaptistes.

Des germes de révolution sociale existaient en Allemagne depuis la fin du xve siècle. La réforme religieuse
les fit éclore. Luther fut d'abord favorable aux paysans;
bientôt leurs excès l'indignèrent et il se porta vis-à-vis
d'eux à des violences de langage inouïes. Il leur reprochait
surtout de mêler l'Évangile à leurs revendications et de
confondre la liberté chrétienne avec la liberté politique.
On a souvent prétendu que la colère de Luther avait un
motif tout personnel. Il aurait redouté de voir sa réputation
compromise auprès des princes qui le protégeaient, et d'être
accusé d'avoir provoqué cette rébellion, en ébranlant l'au-

torité de l'Église. Cette interprétation de son attitude me semble inexacte : Luther n'était inquiet ni de sa gloire, ni de sa sécurité. Ce qui était en cause pour lui, c'était le pur Évangile. Il s'agissait de savoir si le caractère spirituel en serait méconnu ou non. Il ne voulait absolument pas qu'un mouvement qui avait pour but l'affranchissement des âmes, avortât dans une révolution politique ou se transformât en une simple tentative de réforme sociale. Il avait attribué au peuple plus de besoins religieux, plus de dévouement désintéressé à la cause de la vérité chrétienne, qu'il n'en rencontra. Sa confiance dans les masses avait déjà été fortement ébranlée par les excès des iconoclastes qui avaient pris le dessus à Wittemberg pendant son séjour à la Wartbourg; maintenant elle a disparu tout à fait. Luther n'attend plus rien de « Monsieur Tout le monde » (Herr Omnes); d'autre part les masses n'espèrent plus en lui. Il ne sera plus, désormais, l'homme en qui l'Allemagne tout entière met sa confiance; son rôle deviendra plus modeste; il ne sera plus le réformateur national, il ne sera plus que le fondateur d'une nouvelle Église.

Vers la même époque, la néfaste querelle sacramentaire s'éleva entre Luther et Karlstadt d'abord, entre Luther et Zwingle ensuite. Bien des divergences séparaient ces deux hommes. Ce qui inquiétait et irritait surtout Luther chez le réformateur de Zurich, c'était un certain radicalisme qui invoquait parfois la raison en matière religieuse, tandis que Luther voulait absolument rester sur le terrain de ce qu'il considérait comme la révélation historique ; la raison, selon lui, est aveugle dans l'ordre religieux. Zwingle était un philosophe et un humaniste qui avait conçu le plan d'une réforme intégrale, à la fois religieuse et sociale ; le réformateur saxon veillait jalousement sur les frontières de la religion pure. C'est cette antinomie qui envenima la querelle sur la Sainte-Cène. Luther fut d'un littéralisme d'autant plus aveugle, que son adversaire mettait davantage en ligne des arguments rationnels. Je ne mentionne cette controverse qu'à cause de l'influence qu'elle exerça sur l'esprit de Luther. En principe, il ne modifie pas sa notion de la foi, mais, en fait, elle n'en reçut pas moins une certaine atteinte. Luther, s'étant retranché avec opiniâtreté derrière un mot, donna, sans le vouloir, raison à ceux qui entendaient par foi, non plus la libre et joyeuse confiance en Dieu, mais la soumission à la lettre de la Bible, et se vit entraîné à des spéculations théologiques subtiles dont il s'était tenu éloigné jusqu'alors. Le théologien prit, dans une certaine mesure, le dessus sur le prophète ; la foi évangélique, bien malgré lui, commença, à partir de ce moment, à devenir orthodoxie.

Luther fut naturellement aussi amené à prendre position vis-à-vis des anabaptistes. Cette secte considérait l'Évangile comme une sorte de code et lui demandait une règle de vie individuelle et sociale. La plupart de ses adhérents étaient pacifiques et ne demandaient qu'à vivre au dehors des cadres de la vie civile, mais il y avait aussi un parti de l'action. Ce fut lui qui, en 1535, organisa à Munster, en Westphalie, une théocratie qui remplit d'horreur l'Allemagne tout entière. Luther ne pouvait voir dans les anabaptistes que des adversaires. Ils méconnaissaient aussi bien la nature de l'Évangile que celle de l'État et établissaient une dangereuse confusion entre l'ordre chrétien et l'ordre politique. Mais consentirait-il à armer contre eux le bras séculier ? Dès 1525 il émit l'avis que l'État a le devoir de punir les blasphémateurs, et peu à peu il en arrive à donner à l'idée de blasphème une extension telle que le blasphème se confond presque avec l'hérésie. Enfin en 1532 il signe une délibération qui déclare légitime l'application de la peine de mort aux anabaptistes ; jusqu'alors il s'était du moins contenté de demander qu'on les exilât.

Pour comprendre la sévérité de Luther à l'égard des partisans de l'anabaptisme, il faut se souvenir que, déjà avant la tragédie de Munster, ils étaient considérés comme des ennemis déclarés de l'ordre social et traqués partout, à peu près comme le sont de nos jours les anarchistes, leurs modernes successeurs, et qu'il y avait parmi eux des agitateurs dangereux. Ce n'est pas l'hérésie pure et simple que l'on poursuivait en leur personne. Il n'en est pas moins vrai que, sous la pression des circonstances, Luther a renié son point de vue primitif. Sa superbe confiance en la seule vertu de l'Évangile est ébranlée, il renonce à triompher de l'anabaptisme par la persuasion, il a recours contre lui à l'épée des princes.

En théorie il a séparé le domaine civil et le domaine religieux, mais en fait il n'a pas su maintenir cette séparation ; il fait de l'État le gardien de l'orthodoxie, et parfois il semble que les idées du moyen âge sur la « chrétienté », au sein de laquelle le pouvoir séculier est au service du pouvoir spirituel, le ressaisissent.

Luther n'a pas su soustraire complétement sa pensée et son action aux retours offensifs d'un passé qu'il avait si vaillamment et si victorieusement combattu. Il a subi, sous ce rapport, la loi commune qui a pesé sur tous les initiateurs religieux et sociaux.

Le Luther des dernières années n'est plus celui de 1520. Confiant en la puissance libératrice de la vérité, il avait espéré, un moment, entraîner à sa suite l'Allemagne tout entière, la délivrer de la tyrannie romaine, la régénérer par l'instruction et la diffusion d'une morale basée sur l'amour du prochain et faire de l'Église le corps des fidèles régi par la parole de Dieu et uniquement préoccupé d'en maintenir le dépôt intact.

Le résultat de ses efforts ne répondit pas à son attente. Les diverses Églises luthériennes qui se formèrent dans les territoires de l'Empire qui embrassèrent la Réforme n'eurent pas le caractère nettement spirituel ni l'autonomie que Luther avait rêvé pour elles. Dépourvu de talent d'organisation, indifférent, dans son idéalisme, aux formes extérieures, subissant d'ailleurs aussi la loi impérieuse des nécessités politiques, Luther ne sut pas empêcher que les princes ne missent ces Églises sous leur pouvoir et ne les fissent administrer par des Consistoires nommés par eux et pourvus à la fois d'attributions ecclésiastiques et d'attributions civiles. Ces Églises ont certainement beaucoup fait pour le peuple. Elles lui ont appris à prier, à chanter, à s'inspirer des enseignements et à s'appuyer sur les consolations de l'Évangile. Mais elles ont aussi dépensé une grande partie de leurs forces à des controverses stériles et à des luttes coupables contre des frères en la foi. Bientôt une nouvelle scolastique se forma dans leur sein, non moins subtile que celle du moyen âge. L'idée de la prêtrise universelle, que Luther avait proclamée avec tant d'audace, fut rejetée à l'arrière-plan, pour faire place à la domination exclusive des théologiens, de leur intellectualisme et de leur formalisme. Le sacrement prit une place prépondérante dans la vie religieuse des Églises luthériennes, tandis que leur action sociale fut plutôt faible. On vit se perpétuer dans leur sein l'institution de la pénitence, autrement motivée, sans doute, que dans le catholicisme, mais le plus souvent peu favorable à l'affranchissement et au développement de la conscience morale. Lorsqu'on étudie leur histoire depuis la mort de Luther jusqu'à l'avènement du piétisme dans la deuxième moitié du xvii° siècle, on se demande parfois si l'œuvre de Luther n'a pas avorté, si le luthéranisme a été autre chose qu'un catholicisme amendé sans doute, mais aussi réduit à des proportions mesquines.

Un pareil jugement serait pourtant radicalement faux. Jamais l'Église de Luther, en dépit de ses misères et de ses imperfections, n'est revenue ni au sacramentarisme, ni à la théocratie. En prêchant la justification par la foi, il lui a définitivement conquis cette vérité, que les rapports de l'homme avec Dieu ne dépendent d'autre chose que des dispositions de l'âme ; la magie sacramentaire et l'autorité du sacerdoce dont elle est la base ont perdu pour toujours leur prestige dans son enceinte. Malgré les apparences, un esprit nouveau l'anime. Luther n'a pas su l'organiser, mais il lui a légué le souvenir de sa puissante individualité, et dans ce souvenir, on peut le dire hardiment, un type nouveau de piété chrétienne. A l'idéal monastique il a substitué, en sa personne, un idéal qui, loin d'exclure aucun sentiment humain, les transfigure tous et les porte à leur maximum. Chez lui nulle affectation d'austérité ; il est plein de bonhomie, même aux plus mauvaises heures ; la joie l'emporte en lui sur la mélancolie. L'ancien moine était devenu époux et père de famille. Il habitait avec sa femme et ses enfants le couvent dont jadis il avait été le prieur. Ce couvent, transformé en foyer chrétien, où Luther goûte les joies de la famille et pleure devant le cercueil de sa fille Madeleine, est un symbole qui exprime d'une façon bien nette la révolution qu'il a opérée dans la piété et la morale chrétienne.

Le caractère moral de Luther a été très contesté. Je n'ai

nullement l'intention d'en faire l'apologie, mais j'ai le droit d'en dire ce que je crois historiquement vrai. Il est incontestable que Luther, nature autoritaire et passionnée, a été souvent violent et injuste à l'égard de ses adversaires, que, dans la polémique, il s'est laissé aller parfois à une crudité de langage impardonnable, et que, lorsqu'il s'adressait au peuple, il était souvent à dessein grossier à la manière du peuple, mais jamais il n'a été lascif dans ses propos, comme on le lui a reproché. Jamais, dans les moments décisifs de sa vie, il ne s'est laissé guider par l'orgueil, l'intérêt ou le désir de vengeance personnelle. Dans la fameuse affaire de la bigamie du Landgrave de Hesse, il s'est montré exceptionnellement d'une déplorable faiblesse ; mais à part cette défaillance, il a toujours fait preuve d'une virile fermeté et d'une noble indépendance.

Le peuple allemand a mis Luther au rang de ses héros nationaux. Il a su gré au moine saxon d'avoir écrit une page d'histoire qui relate une victoire de l'esprit allemand sur l'esprit de Rome et d'avoir été l'initiateur d'un mouvement qui a arraché pour toujours la moitié de l'Europe au sacramentarisme et à la théocratie. Il lui a su gré de nombreux autres bienfaits : de sa traduction de la Bible qui est un chef-d'œuvre littéraire et qui a été un instrument d'éducation nationale de tout à fait premier ordre, de ses cantiques qu'on chante toujours, de la rénovation de la langue allemande dont il a été l'auteur. Si l'on veut se rendre compte de ce qu'il a ajouté au patrimoine de l'âme allemande, il faut lire les poésies religieuses de Paul Gerhardt et entendre la musique de Jean-Sébastien Bach. Ces deux hommes ont été, peut-être, ses interprètes les plus authentiques. Les accents à la fois tendres et héroïques qu'ils ont fait retentir dans leurs compositions littéraires et

musicales sont, à certains égards, l'écho le plus fidèle et le
plus puissant que la prédication de Luther ait trouvé au
sein de son Église. Par Bach, en particulier, quelque
chose de la vie religieuse intime de Luther est entré dans
le domaine commun de l'humanité civilisée, sous une
forme accessible à tout esprit cultivé.

L'action de Luther ne s'est pas seulement exercée dans
l'ordre religieux et littéraire. Il a aussi influencé la vie
politique de son peuple. On ne peut pas dire qu'il ait été
un précurseur direct de la liberté politique, au sens
moderne du mot, comme l'ont été certains grands publi-
cistes réformés; mais il a conçu l'idéal de l'État éducateur
tel que le réalisèrent, plus tard, le prince Ernest le Pieux
de Saxe-Gotha, et, dans un esprit bien différent il est vrai,
Frédéric II de Prusse. Si l'Allemagne a connu, à côté de
l'absolutisme à la Louis XIV, un autre absolutisme, c'est
en partie à Luther qu'elle le doit.

Le socialisme chrétien évangélique contemporain s'inspire encore de l'esprit de Luther.

Il est aussi l'ancêtre de l'idéalisme allemand. Bien avant
Kant il a formulé l'idée d'une morale autonome, fondée
sur l'idée de liberté, d'une morale non réelle, mais personnelle, parce qu'elle fait dépendre la valeur des actes de
celle de la personne qui les accomplit. Le philosophe de
Kœnigsberg n'a fait que rationaliser les principes de l'auteur du traité de la *Liberté chrétienne*, mais, en substi-
tuant au mobile de l'amour de Dieu et des hommes celui
du respect de la personnalité abstraite, il leur a ôté quelque
chose de leur profonde humanité.

L'esprit de Luther se fait également sentir dans le mouvement philosophique et intellectuel allemand contemporain de Kant et postérieur à lui. Luther a combattu victo-

rieusement le dualisme du moyen âge et lui a opposé une
piété joyeuse qui unit et harmonise les sentiments en apparence les plus opposés, depuis les scrupules religieux et
moraux les plus délicats, jusqu'à l'amour le plus passionné
de l'art et de la nature. Il a préparé ainsi le terrain à ces
vastes synthèses des aspirations humaines les plus diverses
qui se rattachent aux noms de Herder, de Gœthe et de
Schleiermacher.

La science des religions devra assigner à Luther une
place prépondérante dans l'histoire du christianisme pau-
linien. Il n'a en effet connu Jésus qu'à travers saint Paul. Il
a, d'ailleurs, débarrassé le paulinisme de l'attente fiévreuse
de la fin du monde qui caractérisait la première génération
chrétienne et il en a surtout développé les éléments qui
n'exigent pas le cadre d'une Église. Sa tendance à faire
de l'Évangile un pur principe d'inspiration n'a pas encore
développé toutes ses conséquences. Elle se heurte à l'heure
actuelle à une tendance plus réaliste qui cherche à tirer
de l'Évangile une règle et un idéal concrets. C'est de la
lutte entre ces deux tendances, ou plutôt de leur action
réciproque, l'une sur l'autre, que dépend l'avenir de la
morale chrétienne.

X

LA MORALE DES QUAKERS

Par Raoul ALLIER

Agrégé de philosophie
Professeur à la Faculté libre de Théologie protestante de Paris.

Le quakerisme est plus qu'un système de théologie. Il est une vie. Il a son point de départ et son explication, non pas dans des raisonnements, mais dans les expériences profondes des hommes qui l'ont fondé.

Le premier d'entre eux est un pauvre homme, né en 1624, à Drayton, dans le comté de Leicester. George Fox est le fils d'un simple tisserand, grave et pieux. Il est élevé dans la foi protestante par une mère dont la famille a fourni des martyrs au temps de Marie la Sanglante. Il grandit dans le souvenir et comme dans la présence invisible de ceux qui ont préféré mourir que de mentir à leur conscience. Dans cette atmosphère, il est possédé d'une telle passion de sincérité, d'une telle horreur pour l'hypocrisie, que ses camarades le surnomment « George-Vérité ». Ce sera le trait fondamental de sa physionomie morale.

Son père aurait voulu faire de lui un ministre. Mais la misère ne permet pas des études qui sont coûteuses comme un luxe. L'enfant est placé chez un marchand de bestiaux. Pendant quelque temps, il est pâtre. Puis, il entre en apprentissage chez un cordonnier. Il médite, il

prie. A dix-neuf ans, il a des visions et des révélations inté-
rieures. Il n'est pas difficile de distinguer les raisons morales
et les préoccupations qui se traduisent de cette manière.

Le souci premier de Fox, c'est toujours celui de la
vérité. La vérité, ici, ne consiste pas à croire des propositions qui ne sont pas fausses. Elle consiste encore moins à
dire qu'on les croit. Elle n'est rien sans une conformité
voulue de la conduite à la conviction. Or, quand le jeune
cordonnier regarde autour de lui, il est épouvanté. Qui
donc, dans les Églises, est convaincu ? On soupçonnerait
volontiers que personne, ou peu s'en faut, ne l'est : car la
plupart des hommes qui portent le nom de croyants ne
montrent pas que leur vie en soit modifiée. Ils professent
qu'ils connaissent les enseignements de l'Évangile et qu'ils
les admettent, et leur vie est en contradiction perpétuelle
avec ces enseignements. La religion des masses est donc
un mensonge en acte.

Voilà l'expérience fondamentale de Fox. Et voici la
seconde. Il est poursuivi par une angoisse. Sans qu'il
sache l'énoncer clairement, cette angoisse est la forme
sentimentale d'une question, d'une question dans laquelle
toute sa vie est engagée : quel rapport organique y a-t-il
entre la foi au Christ et la justification, entre l'admission de
l'Évangile et la sainteté morale qui doit en être la conséquence visible ?... Fox se tourne vers ceux qu'on appelle
les ministres de la religion, et il découvre que son anxiété
les étonne, les ennuie, ou les agace. L'un d'eux lui recommande de « prendre du tabac et de chanter des psaumes » ;
un autre, devancier des psychologues modernes, qui ne
veulent voir dans les phénomènes religieux que des
troubles de la digestion ou de la circulation, lui prescrit
« des saignées et des purgations ». Un troisième le met à

la porte. Fox fait alors un raisonnement très simple. Si ces hommes sont irrités par ses scrupules, s'ils n'y comprennent rien, c'est qu'il leur suffit d'être sûrs de leurs croyances intellectuelles, c'est qu'ils ne sont point animés par la préoccupation de la sainteté. Il les traite de mercenaires. Il se détourne d'eux. Un seul refuge lui est ouvert. A défaut des sanctuaires de pierre où il ne peut plus rencontrer Dieu, il a le sanctuaire de son âme. C'est là qu'il trouve la communion avec ce qu'il cherche.

Il est dès lors armé de deux principes sur l'Écriture et sur l'Esprit : 1° En face du formalisme pratique des prêtres, il déclare que les professeurs de religion et les « docteurs à prix fixe », chargés d'expliquer les écrits sacrés, ne savent en tirer rien d'utile ni pour les autres, ni pour eux-mêmes ; car ils n'ont pas l'esprit qui les a dictés. 2° La profondeur de sa vie intérieure, ses besoins religieux intenses lui font comprendre que le témoignage direct du Saint-Esprit peut seul conduire le chrétien, l'affermir et le sanctifier ; aussi ne craint-il pas d'annoncer que l'heure est venue de fermer les académies où l'on subtilise sans expérience personnelle : le Seigneur veut instruire lui-même son peuple.

Fox a des intuitions, mais il n'est pas un théoricien. Deux hommes viennent à lui, qui sont capables de traduire en doctrines ce qu'il se contente de sentir. Ce sont Keith et Robert Barclay. Ils comprennent qu'il y a dans les prédications passionnées du cordonnier quelque chose de nouveau, un principe qui fera produire à la Réforme toutes ses conséquences. Ils comprennent que leur maître, malgré son manque de culture, a vu d'un coup d'œil ce qui est le vice essentiel de la théologie protestante à cette époque et la cause secrète du formalisme religieux. Des deux,

c'est peut-être Barclay qui pénètre le plus avant dans la
pensée de Fox. C'est qu'il a été catholique jusqu'à l'âge
de dix-huit ans. Il distingue que le protestantisme ecclésiastique n'a fait que la moitié du chemin et que, sous peine
de retourner à Rome, il doit renoncer à la fiction de l'autorité extérieure.

Les quakers seront irréductibles sur ce point. Ils
estiment qu'on transforme l'Évangile en une sorte de
judaïsme. On le traite comme une loi écrite qui s'applique
du dehors à l'homme et qui doit régler ses rapports avec
Dieu. De là, l'établissement des théocraties protestantes, en
particulier de celles des puritains dans la Nouvelle-Angle-
terre. De là, aussi, une intolérance qui est contraire à
l'individualité de la Réforme, mais qui est naturelle à des
hommes, qui se figurent être en possession d'ordres rédi-
gés par Dieu. Enfin, on ne voit pas que cette conception
même est inintelligible et que l'idée d'une révélation
extérieure n'a pas de sens. Il faut une parenté entre
l'homme et Dieu pour que Dieu puisse parler à l'homme.
Quelle que soit l'indignité de l'homme, il faut qu'il y ait
en lui un sanctuaire où Dieu puisse lui faire sentir sa présence et son action. Un quaker moderne, Worsdell,
exprime très bien ce que les fondateurs de la secte ont
voulu dire : « L'âme de l'homme est un miroir sombre,
faussé, brisé, mais cependant un miroir véritable par
lequel seul nous pouvons connaître quelque chose de Dieu.
Comment ? s'écriera le lecteur indigné, je connais la nature
de Dieu par la révélation, et non pas en regardant au
dedans de moi. Révélation à quoi ? A une nature incapable
de recevoir la vérité ? Non, cela est impossible. Pour autant
que vous aimez la vérité, la révélation peut exister pour
vous ; et, dans cette mesure seulement, votre âme est

l'image de Dieu. Mais par quoi encore pouvons-nous recevoir la révélation ? Est-ce par des mots ? Et si oui, comment comprenez-vous leur signification ? Voici un mot précieux de la révélation : Dieu est amour. Amour, oui, mais qu'est-ce que l'amour ? Une révélation écrite ne vous le dira pas ; toutes les révélations de nuée, de flamme ou de cristal s'arrêtent là. Seul, le miroir brisé pourra vous l'expliquer. »

Le quakerisme est donc, en premier lieu, une réaction de spiritualisme contre la tendance, qui s'aggravait, tous les jours. à matérialiser le principe formel de la Réforme. Il s'efforce ensuite d'être un approfondissement du dogme de la justification par la foi. De plus en plus, la scolastique protestante du xviie siècle se développait dans le sens de l'intellectualisme. Elle en venait à réduire le christianisme en une série de vérités à croire. Pour elle, accepter Jésus-Christ comme son Sauveur, c'est croire qu'il est bien cela ; c'est croire cela, et celui qui le croit est déclaré juste. Pour les quakers, c'est là une façon grossière de parler. Etre justifié, c'est être fait juste ; c'est être changé dans son fond le plus intime. Celui-là est sauvé par Jésus-Christ qui vit dans l'intimité de Jésus-Christ et dont l'esprit a rencontré l'Esprit de Dieu. En d'autres termes, les quakers repoussent à la fois l'*opus operatum* cérémoniel des catholiques et l'*opus operatum* intellectuel que la théologie protestante tendait à lui substituer. Ils insistent sur l'élément mystique de la communion avec le Christ, véritable greffe de l'homme pécheur, sur le saint et le juste. Par cette greffe, si j'ose m'exprimer ainsi, une sève nouvelle le pénètre, le régénère et transfigure sa vie. L'œuvre accomplie est religieuse. Mais elle n'est pas moins morale. Elle est morale dans la proportion où elle est religieuse, et elle est vraiment religieuse dans la proportion où elle est morale.

En parlant de ce mystère de la piété, nous ne sommes donc pas, malgré les apparences, en pleine théologie ni perdus dans les abstractions de la dogmatique. Pour le quaker, nous sommes en pleine réalité. Ces principes, qui semblent de pure théorie, doivent nous apparaître comme créateurs d'une vie qui ne ressemblera pas à toutes les vies.

*
* *

D'abord, les hommes qui sont pénétrés de ces principes ne savent plus rien de l'Église au sens traditionnel du mot. Un établissement visible qui ait le dépôt de la vérité et qui soit chargé de l'administrer, ils n'en ont même pas l'idée. Ils accordent qu'il y a « une Église catholique hors de laquelle il n'y a point de salut » ; mais elle est constituée par l'ensemble des âmes qui, partout, chez les chrétiens de profession, mais aussi chez les Turcs et les païens, s'ouvrent à la lumière intérieure et ne veulent suivre qu'elle. Il est clair que cette république universelle des âmes de bonne volonté ne saurait former un organisme visible.

Les Églises concrètes, dans lesquelles se groupent les croyants, ne sont que des associations libres de personnes unies par un lien spirituel et dont les membres s'appellent des « Amis ». Aucune de ces Églises locales — pas plus, d'ailleurs, que leur totalité — n'a son but en elle-même. Chacune d'elles n'est qu'un moyen dont les faibles hommes se servent pour alimenter leur vie intérieure. Il s'ensuit qu'elle n'a même pas pour fin la célébration du culte... Il y a quelque deux ans et demi, on discutait un jour, à l' « Union pour l'action morale », à propos de la séparation des Églises et de l'État, la question de savoir si le culte était le centre de la religion. Un quaker n'y aurait rien compris. Il aurait demandé la permission de s'expliquer sur l'idée même du culte, et il aurait commencé par déclarer que cette idée, au sens où tant de gens, même pieux, l'entendent, est absolument étrangère à une véritable religion. Quel plaisir veut-on que Dieu trouve dans le « service coutumier » des Églises, succession de formalités et de rites, dont le cœur, si aisément, risque d'être absent ? Le vrai culte est un « acte de l'âme envers Dieu ». Il ne saurait être matérialisé dans des formes. D'essence, il est intérieur. L'Église n'est bonne qu'à la condition de respecter ce fait. Si elle tend à remplacer cet acte intérieur par des offices visibles, elle fait œuvre mauvaise.

Voilà pourquoi une association de quakers n'amènera pas les gens à parler ni ne chargera un frère de parler à la place des autres et pour eux. Le silence, quand il est recueillement, vaut plus que la parole, qui a chance de distraire. Si l'on se sent poussé à dire quelque chose aux autres, on doit le leur dire. Mais si l'on n'a rien à leur dire, on respecte plus les autres et soi-même en se taisant. Les vaines redites sont vides de pensée et de sentiment. Elles ne sont le véhicule d'aucune force spirituelle. Mais parler pour parler est l'indécence même, quand on s'adresse à Dieu. La prière n'a de raison d'être que si elle est produite par un besoin intérieur de crier vers Dieu. Toute espèce de formulaire est un mal. L'Oraison dominicale elle-même ne doit pas se substituer à la spontanéité. La prière n'a donc pas besoin de s'exprimer à haute voix. Celle que les hommes entendent ne doit être que la traduction au dehors de celle dont l'âme vibre au plus profond d'elle-même. La véritable est intérieure et silencieuse.

Cette peur du formalisme décide le quaker à répudier, non seulement tous les rites, mais encore l'observation systématique des jours fériés. Le dimanche n'est pas un jour plus saint que les autres. Il est bon que l'homme s'accorde, chaque semaine, un jour de repos qui lui permettra de méditer en paix, de se retrouver lui-même et de retrouver Dieu. Mais il faut se garder d'attribuer à cette pratique, en dehors des avantages spirituels que l'on poursuit, aucune valeur propre.

Le culte ainsi compris n'a pas besoin d'un ministère spécial. Comment un individu peut-il s'arroger le droit de régenter ses frères et de parler à Dieu en leur lieu et place? Il n'y a pas de prêtres ou plutôt tout homme est prêtre. Le ministère n'est donc pas une profession. Il comporte évidemment une équitable indemnité, lorsqu'il oblige à des voyages ou qu'il ne laisse plus à un homme le temps de s'occuper d'affaires temporelles. Mais un établissement lucratif, qui puisse fournir un appât à des hommes incapables ou immoraux, ne saurait être approuvé. Le quaker refusera d'y contribuer par ses dons. A plus forte raison, refusera-t-il de payer les dîmes ou les impôts qui ont pour but d'assurer le salaire des ministres d'une autre secte. Aucun homme, affirme-t-il, n'est tenu de participer aux frais d'une religion qui n'est pas la sienne. A ses yeux, le respect de toutes les consciences exige la plus radicale séparation des Églises et de l'État.

En un sens, il semble que, si nous ne sommes plus dans des questions de théologie, nous ne sommes pas sortis du domaine ecclésiastique. Ce serait là le plus grave contresens que l'on puisse commettre à l'égard des quakers. Il n'y a pas chez eux la moindre distinction entre la religion et la morale. Rien n'est moral, à leurs yeux, qui, par cela même, ne soit religieux, et rien n'est religieux qui, par cela même, ne soit moral. Dans leurs maisons d'assemblée, le culte ne consistera souvent qu'en un silence recueilli. Mais souvent aussi l'on n'y parlera que de misère à soulager ou d'oppression à supprimer, et ce sera, cé jour-là, pour eux, leur façon d'honorer Dieu. Nous entrevoyons donc que la religion ainsi comprise ne sera pas sans une certaine espèce de vie. Essayons de voir, avec quelque détail, en quelle espèce de vie cette religion s'épanouit. Nous allons assister à un développement prodigieux de ce qu'on pourrait appeler la logique de la sincérité et du respect de la personne.

On exclura, d'abord, le serment comme attentatoire au sentiment de la vérité. Quand un homme dit : « oui », il n'a pas le droit de n'être pas tout entier dans ce « oui ». Si par ce « oui », ou par un « non », il dépasse sa propre pensée, il pèche contre lui-même et il trompe les autres. On ne saurait admettre qu'il y ait deux espèces d'affirmations, l'une assermentée, l'autre simple. Sinon, il s'établit un parallèle entre les deux, et la première est jugée supérieure. La faute a deux formes, dont l'une passe pour plus coupable que l'autre : le mensonge et le parjure. Dès lors, la conscience est atteinte ; le mensonge paraît moins grave, parce qu'il y a un crime au-dessus de lui. Supposez qu'on abolisse le serment, disent les quakers ; la distinction mauvaise disparaît avec lui, le mensonge juridique apparaît dans toute son immoralité, et l'opinion publique, n'étant plus corrompue par une pratique absurde, le réprouve comme elle fait aujourd'hui du parjure. Et comme il faut toujours mettre sa vie d'accord avec ses principes, les quakers refusent de se plier à une pratique que leur conscience condamne. On a commencé par punir leur obstination de l'amende ou de la prison. Mais, depuis 1695, leur simple affirmation est admise à tenir lieu de serment devant les cours de justice.

Ce respect de la vérité, on le portera dans toutes ses paroles. On n'appellera pas « maître » ou « maîtresse » — c'est-à-dire, en français, « monsieur » ou « madame » — les personnes avec lesquelles on ne soutient pas de réels rapports de subordination. Donner des titres qui ne correspondent pas à une réalité, c'est mentir. De plus, c'est une façon de nuire aux gens par la flatterie, en encourageant chez eux l'amour-propre et la vanité. Pour être logique, on repoussera « ce mensonge grammatical qui attribue à un seul homme l'importance chimérique d'un être collectif ». Le tutoiement systématique est d'abord une nouvelle manifestation de la révolte contre les rites qui n'ont pas plus de valeur à l'égard des hommes qu'à l'égard de Dieu ; c'est ensuite un refus de se plier au formalisme social, dans lequel on a tort de voir le symbole des rapports normaux entre les frères ; c'est enfin un appel à la modestie, un procédé pédagogique, qui peut être choquant, mais qui frappe et qui porte.

Ce sont les mêmes raisons qui décident le quaker à ne pas ôter son chapeau en signe de respect. D'abord, ce geste est, la plupart du temps, machinal, il ne signifie aucune déférence réelle et, par suite, il est mensonger. Surtout il est celui qu'on a coutume de faire quand on prêche ou quand on prie, c'est-à-dire quand on parle au nom de Dieu ou à Dieu lui-même. Les hommes sont bien osés d'exiger pour eux le même hommage. Ce n'est point leur rendre service que de les laisser croire à la légitimité de leur exigence. Et la preuve qu'il en est ainsi, c'est qu'ils prennent pour insolence et rebellion le refus de consentir à de tels usages. Ils ne commettraient pas cette confusion, s'ils ne haussaient une formalité vaine au niveau des devoirs les plus sacrés, ou plutôt s'ils ne rabaissaient ces devoirs au niveau d'une formalité. « Les vrais égards envers nos supérieurs, dit Tuke, se démontrent beaucoup mieux par la conduite que par les compliments, et nous sommes loin de vouloir nous dispenser de ces devoirs sociaux et ne pas leur donner notre attention. »

Ce ne sont pas les autres seulement qu'il faut rappeler, par une attitude digne, à plus de modestie. Le quaker s'interdit à lui-même ce qui risque si aisément d'entretenir la vanité. Le luxe des vêtements, voilà ce qui met entre les hommes tant de séparations inutiles et mauvaises. Les riches toilettes et les beaux chapeaux font croire à certaines dames qu'elles ne sont pas de la même race que leurs sœurs plus pauvres ; et celles-ci, pour effacer des différences de classes, se privent du nécessaire ou peuvent faire pis encore. Voilà pourquoi le quaker s'en tiendra au costume de couleur sombre qui le caractérise et qui fait ressembler les femmes de la secte à des diaconesses.

Si nous entendons bien le sens de tous ces usages, ils apparaissent comme une manifestation visible d'un souci constamment le même : respecter toujours la vérité et, par ce respect de la vérité, marquer celui qu'on éprouve pour l'homme, victime de tant de mensonges sociaux et destiné à devenir le sanctuaire vivant de l'Esprit. Cette rupture avec toutes les fictions leur a valu l'inimitié de tous les pharisiens religieux ou irréligieux pour lesquels les fictions sont souvent l'essentiel de l'existence. Mais il ne faut pas se dissimuler qu'elle n'allait pas sans le danger d'un pharisaïsme d'un nouveau genre. On.peut transformer en une pratique maniaque le rejet de toutes les pratiques et en un formalisme agaçant la négation systématique de toutes les formes. On ne saurait nier que les quakers sont arrivés parfois à cet excès. Mais, pour s'en corriger, ils n'avaient qu'à s'inspirer du principe même qu'ils entendaient réaliser. Ce principe, c'est le respect de la vérité et de la liberté intérieure. De même qu'il exclut l'asservissement aux formes conventionnelles, il exclut un autre asservissement à des habitudes qui, en étant le contraire de ce que font la plupart des hommes, deviennent d'autres formes conventionnelles. Le quaker d'aujourd'hui repousse donc ce nouvel asservissement. Il sait donner des titres aux gens, se découvrir devant eux, leur dire « vous », être très poli, mais en mettant dans ses actes et ses paroles un je ne sais quoi qui communique la sensation de la vérité, du respect, de la liberté. De même il ne se distingue guère des autres hommes par son costume. Mais il a une façon à lui d'être à la fois simple et, s'il le faut, élégant, qui montre qu'il n'est l'esclave ni de son élégance, ni de sa simplicité.

*
* *

Poursuivons le développement de la morale. du quaker. Dans les détails où nous l'avons rencontrée jusqu'ici, les prescriptions qui se rapportent le plus à la vie individuelle ont toujours une portée sociale. Nous allons voir cette morale devenir de plus en plus sociale. Elle se réduit à un seul principe, et ce principe est exactement celui que Kant nommera plus tard le respect de la personne humaine.

Sa première application sera une exigence irréductible de la liberté de conscience. Nous retrouvons ici tous les arguments familiers aux quakers dans toutes les causes. Si la lumière intérieure, produisant la pleine persuasion, doit seule guider nos décisions et nos pensées, aucune autorité extérieure n'a le droit de se substituer à cette lumière. La contrainte en matière de foi est un attentat à la liberté de l'Esprit. Elle est de plus une suggestion de mensonge et d'hypocrisie. Toutes les opinions ont droit au respect. On leur doit ce respect, même quand on les combat. Voici, par exemple, un ouvrage de William Penn, le grand disciple de Fox. Il est intitulé : *Gardez-vous de la papauté*. Penn y distingue nettement entre les catholiques et le catholicisme. Il rejette une doctrine qu'il croit contraire à la raison, à l'Écriture sainte et à la liberté; mais il réclame qu'on respecte chez tous les hommes comme chez lui le droit de se.former et d'exprimer des convictions en pleine indépendance : « Quelle que soit la divergence de mes vues avec celles d'autres hommes, principalement sur la grande question des rapports de l'Église avec l'État, je ne connais aucune religion à laquelle on ne doive la politesse, les prévenances et la bonté ». Quelques années plus tard, en 1678, comme on voulait appliquer aux quakers les lois portées contre les catholiques, Penn proteste dans une pétition; puis, cité devant une commission de la Chambre des communes, il s'explique ainsi : « Pour demander que les quakers ne soient pas frappés comme papistes, je suis loin de vouloir que les papistes soient maltraités pour leur religion. Quoique la main levée en apparence pour leur châtiment soit tombée violemment sur nous, je m'affligerais si je la voyais tomber sur eux. La liberté que nous réclamons pour nous, nous la devons à

tous, et nous serions infidèles si nous tentions de rejeter
sur d'autres les coups qui nous sont portés ». On ne saurait s'étonner si, dans la colonie qu'il fonde en 1683, son
premier acte est l'établissement d'une absolue liberté religieuse, ce qu'il appelle « la sainte expérience », *the holy
experiment*. Et, depuis, partout où cette liberté est con-
testée, il y a toujours des quakers pour élever la protestation du droit contre les gouvernements qui la menacent.

Je viens de faire allusion à la Pensylvanie. C'est le
moment de dire que les quakers ont une politique coloniale.
On se doute qu'elle n'est pas celle de tout le monde. Elle ne
consiste pas uniquement en des théories abstraites et que
l'on rappelle surtout contre les agissements d'autrui. Penn
avait sur l'État une créance de 16.000 livres sterling,
somme équivalente, de nos jours, à un million de francs.
Il obtint de Charles II, en échange de cette créance, une
concession sur les bords du Delaware. Puis il décida
d'acheter la terre dont le roi venait de le mettre en possession. Les Indiens en parcouraient, depuis des siècles, les
solitudes. Ils pouvaient se considérer comme les propriétaires du sol. D'autres blancs s'étaient crus libres de les
en déposséder par la violence. Les Espagnols n'avaient pas
connu d'autre pratique. Les puritains anglais l'avaient
adoptée, et, vivant dans une guerre continuelle avec les
indigènes, ils avaient déjà compromis leur religion dans
plus d'un acte de perfide barbarie. Penn ne pouvait
admettre une pareille politique. Sa foi la condamnait comme
criminelle. Son intention était de ne pas mettre, même
pour leur défense, des armes aux mains de ses colons, de
fonder un État sur la justice et de le maintenir par l'équité.
On sourit de sa confiance dans la foi des Indiens; on se
railla de sa simplicité, sans parvenir à le faire douter ni

de son devoir ni de son succès. Il envoya au-devant des Indiens un de ses parents, Markham; et celui-ci leur tint un langage bien nouveau : « Vous êtes nos frères, et c'est comme frères que nous voulons vivre avec vous. Que nos sentiers s'élargissent, afin que tous puissent aller et venir librement; qu'ils soient unis, en sorte qu'il n'y ait péril, ni pour celui qui marche, ni pour celui qui dort. Quand un Indien trouvera un Anglais endormi, il dira : Il dort, paix lui soit ! Celui qui m'envoie ne veut pas qu'il soit fait tort à aucun Indien, en aucune chose. Quoique le roi lui ait donné toute la contrée, il ne prendra pas une verge de terre sans l'acheter. Tout ce que nous voudrons de vous, nous l'achèterons pareillement. Il n'y aura, entre nous, ni tromperie, ni violence. » Penn ne s'en tint pas à cet achat. Il parvint à conclure avec les Peaux-Rouges une véritable alliance qui était fondée sur une confiance réciproque. Ce fut un blanc qui, le premier, fut infidèle au pacte. Quarante ans après la conclusion de ce traité, et cinq ans après la mort de Penn, un colon assassina le premier indigène dont le sang ait été répandu dans la Pensylvanie. Le souvenir de Penn était encore vivant ; les Indiens demandèrent et obtinrent la grâce du meurtrier. Les quakers n'ont jamais été infidèles aux principes posés au xviie siècle. On devine quelle opposition ils dirigent contre les conquêtes coloniales.

Une question très grave s'était présentée devant le fondateur de la Pensylvanie. C'était celle de l'esclavage. Les nègres étaient assez nombreux dans la colonie. L'opinion générale considérait l'esclavage comme un héritage du passé et comme une institution naturelle. La reine Elisabeth, au xvie siècle, avait passé pour la première marchande d'esclaves de son temps, et, au xviiie siècle, la reine Anne

devait partager cette réputation. Locke, dans sa constitution, défend aux nègres d'aspirer à la liberté. Fox s'était
contenté d'exhorter ses amis à traiter les leurs avec douceur et à les libérer après un certain temps. Penn précisa
les idées du maître. Il était frappé par la différence de la
race noire et de la race blanche, et il croyait une égalité
sociale impossible jusqu'à ce que les noirs fussent parvenus,
par l'éducation, à une existence nouvelle. Il avait ordonné,
pour commencer, qu'après quatorze ans de service, les colons
donnassent à leurs nègres un espace de terre, avec ce qui
est nécessaire pour la culture, et préparassent ainsi leur
émancipation. Il voulut ensuite prendre toutes les mesures
capables de faciliter l'éducation libératrice. Il voulut empêcher que les esclaves fussent traités comme du bétail. Il
proposa à l'assemblée de la province tout un ensemble de
projets sur le sort des nègres et, en particulier, sur leur
mariage. Mais tous les colons n'étaient pas quakers ; tous
ceux qui l'étaient n'apercevaient pas toutes les conséquences de leurs doctrines. Les propositions de Penn furent
repoussées. Mais la logique ne pouvait pas être ainsi
battue. L'un après l'autre, les Amis renonçaient pour leur
propre compte à posséder des esclaves. Dès 1751, ils pros-
crivirent de la Pensylvanie l'institution qui jurait avec tous
leurs principes. Ils devaient, à partir de ce moment, devenir les apôtres et les protagonistes de la grande réforme.
Ils n'ont pas été seuls à la poursuivre au xixᵉ siècle. Mais
ceux qui l'ont poursuivie n'ont pas eu d'auxiliaires plus
énergiques et plus résolus.

* *
*

Le quaker — s'il veut être digne de sa vocation — doit

distinguer la dignité de la personne en tout être humain, même et surtout en celui qui ne peut plus la reconnaître, ni la respecter en lui-même. Il se penchera donc sur la détresse des criminels. Il les plaindra d'être descendus à ce point de corruption, et il rêvera de les en faire remonter. Ce souci est visible dès la Constitution provisoire que les amis de Penn se donnent, à Chester, à la fin de 1683. Les prisons doivent cesser d'être des écoles de dépravation et devenir des écoles de travail et d'honneur. Les lois répressives doivent perdre leur caractère d'inutile cruauté. Le talion est la devise des siècles abolis ; l'éducation et le relèvement seront celles des temps nouveaux. Désormais, partout où l'on s'occupera d'améliorer les systèmes pénitenciers, de travailler à la réforme morale des délinquants, d'adoucir le code pénal, de préparer l'abolition de la peine de mort, les quakers seront à l'origine de tous ces efforts, ils les provoqueront ou les systématiseront.

Leur place est comme marquée d'avance dans les associations qui se consacreront aux pires misères et aux tares les plus désespérantes. Un jour, dans l'Angleterre de l'*habeas corpus*, sous un prétexte d'hygiène, une loi obtenue par surprise donne à la police le droit de mettre la main sur les prostituées et de les river, sans espoir de relèvement, à leur métier. Le quaker intervient alors. Il fait remarquer que le Christ a dit à la femme tombée : « Va, et ne pèche plus ! » et qu'une société qui se dit chrétienne ment, tout simplement, quand elle prend une femme et la condamne aux travaux forcés de l'infamie à perpétuité. Voici comment Joséphine Butler, qui n'était pas quakeresse, raconte le fait : « Nos tout premiers adhérents furent des quakers, membres de ce corps tranquille et pacifique connu sous le nom de *Société des Amis*, dont l'aide active et pratique est toujours au service de toutes les souffrances dans le monde, en vertu de la règle posée par son fondateur, George Fox, qui institua dans son sein le « Comité de la souffrance ». La noble tâche de ce Comité, lequel n'a pas cessé de fonctionner jusqu'à ce jour, est de rechercher toutes les manifestations de la souffrance, sous quelque forme et dans quelque pays que ce soit, pour s'efforcer d'y porter remède. Ces chers amis nous secondèrent dès le début... Je fais allusion en particulier à mes chères camarades, Margaret Tanner et Mary Priestmann. La première vient de nous quitter, la seconde est aujourd'hui âgée et infirme. Représentez-vous ces deux dames assises en face de moi et tenant conseil. A la question : « Que faire? » l'une d'elles répond : « Il faut soulever le pays! » Brave créature, si douce, si parfaitement quakeressè, et cependant convaincue qu'à nous trois, pauvres femmes, nous allions *soulever le pays!...* »

La morale des quakers n'est donc pas un simple bêlement de fraternité. Les « Amis » veulent la justice. Ils la chercheront partout et dans tous les ordres de relations. Ils l'exigeront des collectivités aussi bien que des individus.

Ils condamnent la guerre, parce qu'elle ne peut, d'après eux, que consacrer le droit du plus fort. Au début, ils déclaraient qu'elle n'est jamais légitime et qu'elle provient toujours de l'esprit de haine et de convoitise. Tuke s'élève contre la distinction de la guerre offensive et de la guerre défensive : il affirme que chacune des deux parties est toujours persuadée qu'elle ne fait que se défendre, et que le mal ne peut être vaincu que par le bien et non point par une imitation du mal. Il semble que, sur ce point, la doctrine se soit un peu modifiée. Les quakers vivaient dans des pays qui n'étaient guère exposés à des agressions

directes. Ils n'avaient fait ni les expériences morales ni les
réflexions que ces sortes d'agressions suggèrent à ceux qui
en ont été les victimes. Plusieurs d'entre la secte ont ouvert
les yeux sur une réalité que leurs devanciers ne distin-
guaient point, et le droit de légitime défense ne paraît plus
condamné si âprement. Mais qu'il interdise absolument de
porter les armes ou qu'il le permette dans certains cas, le
pacifisme des quakers n'est pas fait de quiétisme et d'attente.
Il les pousse à élever la parole en toutes circonstances pour
dire quel est le droit et pour rappeler au respect de ce
droit celui qui manifeste l'intention de le violer. Ils se considèrent comme devant à tous la vérité. Ils la disent aux
souverains étrangers, si c'est nécessaire. Ils la disent avec
autant d'indépendance à leur propre pays. Ils ne se sont
pas tus durant le conflit avec le Transvaal. Et pour ne pas
s'épuiser jusqu'à la fin des siècles en des prédications inutiles, ils s'efforcent d'assurer des arrangements équitables
entre les nations, d'organiser l'arbitrage, d'obtenir, après le
recours aux armes, des traités qui ne contiennent pas les
causes de guerres futures. Ce sont les quakers qui ont
fondé les premières sociétés de la paix et provoqué leurs
congrès.

C'est la justice qu'ils rappellent sans cesse à tous les
peuples. Il y a un an un homme de leur secte se présentait
dans mon cabinet pour me demander s'il ne serait pas
possible d'organiser en France un mouvement d'opinion
contre les horreurs du Congo léopoldien. Je lui demandai
s'il ne craignait pas de passer pour un agent à la solde
des négociants de Manchester. Il sourit et me répondit
que, si, pour proclamer une réclamation de justice, il fallait attendre que la calomnie eût désarmé, l'attente serait
trop longue et trop d'iniquités auraient le temps d'être

commises : « Le chrétien, ajouta-t-il, doit accepter son devoir, même si ce devoir le condamne à être diffamé et bafoué parmi les hommes. »

Le quaker qui me parlait ainsi est un homme fort connu, encore qu'il cherche l'obscurité et le silence. Si les uns l'accusent volontiers d'être à la solde d'Anglais préoccupés d'expédier leurs cotonnades au Congo, d'autres l'accusent non moins volontiers d'être au service des ennemis de l'Angleterre. C'est qu'en effet, depuis qu'il a l'âge d'homme, il est la cheville ouvrière de la ligue contre l'opium. Il n'ignore pas que l'introduction forcée de l'opium en Chine est une source de richesses pour l'Inde anglaise. Mais il déclare que c'est surtout un déshonneur pour l'Angleterre. Il répète dans ses articles, dans ses conférences, que ce déshonneur étant consenti est pire que celui de batailles perdues. Il le dit en face à ses compatriotes. Il le dit devant l'étranger, avec l'espoir que le souci d'un bon renom à conserver à leur patrie rendra ses concitoyens capables des décisions généreuses et des sacrifices héroïques.

Quand on voit un homme de cette trempe agir toujours dans le même sens, avec un entêtement doux, irréductible dans ses revendications, capable de manifester une vraie tendresse pour ceux contre lesquels il s'indigne, on sent qu'il n'y a rien à faire contre une puissance de ce genre. On pense au mot de Cromwell qui, après avoir essayé en vain d'attirer Fox parmi ses fidèles et l'avoir trouvé aussi incorruptible à la faveur qu'inébranlable dans la persécution, s'était écrié : « Je vois s'élever une race de gens que je ne gagnerai ni par des honneurs, ni par des présents, ni par des emplois... » C'est la race des gêneurs que les politiciens ont toujours haïe. Elle pullule dans le quakerisme.

Ce qui fait la force de ces gêneurs, c'est que chacun d'eux doit être encore plus sévère pour lui-même que pour les autres. Il ne doit avoir rien de commun avec ces justiciers, dont la vie privée ne gagnerait rien à être examinée de trop près. S'il est commerçant, par exemple, il est tenu de s'astreindre à des règles rigoureuses. Il tiendra sa parole avec la plus scrupuleuse exactitude et ne retardera jamais son paiement au delà du temps prescrit. Il s'interdira de jamais endosser et mettre en circulation des billets par des spéculations qui donneraient à son papier une valeur fictive. Il se gardera d'avoir des relations de commerce avec les personnes convaincues ou suspectes de manquer à la vérité ou de travailler à consolider ce qu'il condamne. Autrefois il ne devait rien avoir de commun avec quiconque avait des intérêts dans la traite des nègres. Aujourd'hui comme autrefois il s'impose cette règle vis-à-vis de ceux qui s'enrichissent dans la fabrication des armes de guerre. Il ne trafiquera jamais avec quelqu'un qui fraude, soit aux dépens des particuliers, soit aux dépens de l'État. Et comme on sait qu'il est fidèle à ces règles consenties ou plutôt posées par sa conscience, il est, parmi les hommes, celui qui inspire une confiance absolue. Et comme, en commerce, le crédit est un facteur essentiel, le quaker se trouve avoir tous les avantages de son honnêteté irréductible. Ses adversaires lui reprochent volontiers sa prospérité. Mais ils ne consentent pas à imiter ce qui en est la cause : ce qui prouve peut-être que le calcul n'est pas toujours un motif suffisant pour s'imposer les gênes de la morale.

On le voit : le quakerisme ne consiste pas uniquement dans les excentricités par lesquelles on a parfois essayé de le caractériser. Dans les débuts, il a eu quelque peine

à se défendre contre l'illuminisme. Il a failli être compromis par quelques extravagants, qui se seraient volontiers
donnés comme de nouveaux Messies. Mais si ces folies
pouvaient se greffer sur la théorie du témoignage intérieur du Saint-Esprit, elles ont été suggérées beaucoup
moins par cette théorie que par les persécutions auxquelles
la secte était soumise. Elles surgissent partout où l'âme
religieuse est opprimée. Le quakerisme en a été guéri
par l'obtention de la liberté de conscience.

On peut lui reprocher d'avoir été parfois ridicule par
son dédain des formes. Ce dédain n'a pas été sans quelque
affectation, et cette affectation n'a pas toujours été dépouillée de toute vanité. Cela prouve ce dont on pouvait se
douter : que les quakers sont des hommes et qu'ils ne sont
pas à l'abri des défaillances communes. Mais ce défaut
aurait été très grave, si la peur même du formalisme
n'avait réagi contre lui. Dès la seconde génération, on a
pu craindre que tout ce beau zèle en faveur de la liberté
de l'esprit n'ait abouti qu'à un pharisaïsme d'un nouveau
modèle. Le quakerisme moderne a su s'affranchir de la
servitude qui peut se présenter sous les espèces d'une
indépendance affectée. Le ridicule d'autrefois et le péril
couru par la liberté intérieure ne sont plus que des souvenirs.

Le quakerisme est en décadence, si l'on consulte la statistique des sectes. Mais la statistique ne note les faits que
du dehors. Elle laisse à l'écart de ses colonnes ce qui est
invisible et qui souvent est le plus important. Ce qui a fait,
historiquement, la valeur et la force du quakerisme tend
de plus en plus à s'insinuer dans toutes les Églises issues
de la Réforme et à les travailler. Il serait curieux de
constater le rôle toujours plus grand que joue, dans la

dogmatique protestante, ce qu'on appelle le témoignage intérieur du Saint-Esprit. C'est un principe essentiel de la Réforme du xvie siècle, mais que la scolastique réformée ou luthérienne des xviie et xviiie siècles avait atténué jusqu'à le faire presque disparaitre. Et tout à coup il reprend vie et redevient conquérant jusqu'à inquiéter ceux qui l'avaient méconnu. Il serait encore plus curieux d'examiner comment, pour une foule de penseurs religieux et de théologiens, la religion apparaît de plus en plus comme n'étant rien, si elle n'est pas le service de Dieu dans l'humanité, si elle n'aboutit pas à un épanouissement de la piété dans l' « action bonne », si elle ne met pas l' « action bonne » dans une revendication incessante de justice et une pratique quotidienne de fraternité active. C'est le résultat d'une évolution interne, qui a été provoquée, non point par une influence directe du quakerisme, mais par certaines des expériences spirituelles qui ont été à l'origine du quakerisme. La cause du fait importe peu : le fait est certain. Le quakerisme n'est pas une secte en lutte contre d'autres sectes. Mais à l'intérieur de chaque Église il y a un certain esprit quaker en lutte contre ce qui lui est contraire. Il finira par s'incarner, semble-t-il, dans des organisations très diverses qui n'auront pas les mêmes pratiques sur certains points, comme, par exemple le baptême ou la cène, mais qui subordonneront tout à la vie, à une vie qui sera morale par son inspiration religieuse et qui sera religieuse par ses exigences morales. La suprême victoire viendra sans doute au quakerisme, quand il aura l'air d'être définitivement vaincu et expulsé, en d'autres termes, le jour où, n'étant plus nulle part, c'est-à-dire dans aucune secte particulière, il sera partout, c'est-à-dire dans tous les systèmes d'Églises.

XI

LA MORALE JAPONAISE

Par Félicien CHALLAYE,
Agrégé de philosophie.

La morale japonaise s'est formée sous l'influence directe
de religions nationales ou étrangères. Elle a exercé une
action profonde sur la vie mentale et sentimentale, sur les
coutumes et les mœurs du peuple. Étudier la morale japonaise, c'est étudier l'influence des religions sur les idées
morales, et des idées morales sur la moralité réelle.

Trois religions ont contribué à former les idées morales
des Japonais : le Shintoïsme, le Confucianisme, le Bouddhisme.

*
* *

Le Shintoïsme est la religion primitive et, pour ains
dire, autochtone du vieux Japon. Du vi^e au xixe siècle de
notre ère, l'expansion du Bouddhisme nuit au développe-
ment du Shintoïsme. Le vieux culte continue cependant
à exercer une action secrète et profonde sur les idées et sur
les mœurs. Au xviie siècle, surtout au xviiie et au xixe,
plusieurs écrivains essayent de faire revivre le passé de
leur pays, étudient les vieux textes, les vieilles légendes :
Maboutchi (1697-1769), Motoori (1730-1801), Hirata
(1776-1843). Mouvement à la fois nationaliste, religieux et

politique : il s'agit de faire prendre au Japon conscience
de lui-même, de faire triompher le Shintoïsme, religion
nationale, sur le Confucianisme et le Bouddhisme, religions étrangères, d'arracher le pouvoir aux Shogoûns
pour le rendre au descendant des Dieux, le Mikado. Ce
mouvement aboutit à la révolution de 1868 : l'Église
bouddhique est séparée de l'État, le Shintoïsme est proclamé culte officiel.

Le Shintoïsme est surtout le culte des *Kamis*, les esprits
des morts qui sont à la fois mânes et Dieux. Les esprits
des morts continuent à vivre parmi les vivants, ils
hantent leurs tombeaux, leurs maisons anciennes, les
demeures de leurs descendants. Ils participent aux joies
et aux peines de leurs enfants et petits-enfants ; ils sur-
veillent leur conduite. Ils gardent, divinisés, le caractère
qu'ils avaient durant leur vie ; il y a de bons et de mauvais
Kamis. Mais tous acquièrent par la mort des pouvoirs sur-
naturels. « Tous les morts deviennent des Dieux », écrit
Hirata. Ce sont eux qui déterminent tous les événements
naturels : ils peuplent le monde, fécondent les champs,
amènent le retour des saisons, provoquent aussi les catas-
trophes et les famines. Puissants pour le bien comme pour
le mal, ils sont bienveillants si les vivants gardent leur
souvenir et leur adressent des offrandes, malveillants si on
les oublie et les néglige. Ils récompensent ou ils punissent.

Ainsi un lien de dépendance réciproque unit les morts et
les vivants. Les morts ont besoin des vivants. La
croyance primitive, c'est que le bien-être des morts dépend
des soins que prennent d'eux les vivants, des aliments et
des boissons que ceux-ci déposent sur les tombes : il
faut donner une épée au guerrier, à la femme un miroir.
Puis l'idée se spiritualise : c'est de respect que les morts

ont besoin, de reconnaissance et de tendresse. Les vivants
dépendent des morts : la protection ou l'hostilité des morts
fait le bonheur ou le malheur des vivants.

Il y a plusieurs sortes de *Kamis* : les *Kamis* de la
famille (entendue au sens le plus large), que l'on honore
dans les chapelles des maisons ; les *Kamis* du clan ou du
village, que l'on honore dans les chapelles des villages ;
les *Kamis* de la nation, les esprits des grands hommes,
surtout les esprits des ancêtres de l'Empereur, que l'on
honore au palais de l'Empereur et dans les temples d'Icé ;
les *Kamis* qui animent la nature, le ciel, les arbres, les
pierres, même les objets fabriqués, jusqu'aux outils et
aux instruments de cuisine. L'imagination japonaise
emplit le monde d'esprits bons ou mauvais. De mystérieux
rapports unissent le visible et l'invisible.

C'est aux ancêtres de l'Empereur que se rattachent les
plus antiques légendes japonaises. Elles nous sont rappor-
tées dans deux livres sacrés du vi[e] siècle, le *Kodjiki* et le
Nihongui. Le *Kodjiki* conte la création du Japon par le
dieu Izanagui et sa sœur la déesse Izanami. Izanagui,
debout sur un pont jeté en plein ciel, bat la mer avec une
lance enrichie de pierres précieuses ; la mer se solidifie :
ainsi apparaît la première ile japonaise. Descendus sur
cette terre, Izanagui et Izanami s'aiment et s'unissent. De
ces amours fraternelles et divines naissent les autres îles
japonaises. Izanami meurt. Izanagui descend aux Enfers
pour en arracher sa sœur-amante. Il la rencontre, il promet d'attendre qu'elle ait débattu avec les dieux souter-
rains les conditions de son départ. A mesure que le temps
s'écoule, il perd patience ; pour contempler plus tôt celle
qu'il aime, il allume une dent de son peigne: Mais il n'a
plus sous les yeux que le cadavre d'Izanami, grouillant de

vers... Après cette horrible aventure, Izanagui se puri-, fie dans un fleuve. Des gouttes qui lavent ses paupières naissent deux divinités : de l'œil gauche, Amatéraçou, la Déesse du soleil; de l'œil droit, Tsoukinokami, le Dieu de la lune. C'est d'Amatéraçou que descendent les Mikados.

A cette métaphysique sommaire et à cette mythologie compliquée, quelle morale se rattache ? Le Shintoïsme se différencie des autres grandes religions en ce qu'il paraît n'avoir pas de morale pratique. On ne trouve pas de préceptes commandant ce qu'il faut faire ou ne pas faire, pas de code ni de décalogue. C'est, disent les commentateurs shintoïstes, que les Japonais n'en ont pas besoin : race divine, ils ont en eux un sens inné du bien et du mal; pour bien faire, ils n'ont qu'à suivre leur nature. Le mot *Shinto* signifie *Voie des Dieux* : or, dit Motoori, « connaître qu'il n'y a pas de voie à suivre, c'est connaître et suivre la Voie des Dieux ». Si les Chinois (et les Européens) ont eu besoin de préceptes formulés par des sages, c'est à cause de leur naturelle dépravation...

Ne nous laissons pas prendre aux subtilités des commentateurs shintoïstes. En réalité, il y a, dans la vieille religion japonaise, tout un ensemble de traditions puissantes, sançtionnées par la loi ou par l'opinion, ordonnant d'accomplir' ou de ne pas accomplir certains actes. Un esprit corrompu à l'européenne ou à la chinoise peut dégager de ces traditions toute une morale pratique : morale familiale, morale communale, morale nationale, morale de purification individuelle.

D'abord morale familiale. « La famille est une religion, le *home*, un temple[1]. »

---

1. Lafcadio Hearn, *Japan, an interpretation* (Macmillan, New-York, 1904), p. 56. J'emprunte plusieurs des idées exprimées dans cette étude

Avant tout, il faut garder le souvenir respectueux et reconnaissant des ancêtres. Devant les *tablettes des ancêtres*, que toute maison possède, il faut faire des offrandes, dire des prières, remercier en esprit les morts : nous tenons d'eux tout ce que nous avons, tout ce que nous sommes. Les morts ont besoin de l'affection des vivants : les en priver serait une cruauté, doublée d'une injustice. Puis les morts « représentent l'expérience morale de la race..., la loi non écrite[1] ». Ils voient nos actes, entendent nos paroles, lisent dans nos cœurs ; et ils nous jugent. C'est un crime que de les attrister par une conduite déshonorante. Il faut maintenir leur haut idéal : les morts doivent continuer à gouverner les vivants.

« La dévotion à la mémoire des ancêtres est la source de toutes les vertus », dit Hirata. Et il ajoute : l'homme qui accomplit bien ses devoirs envers les morts, on peut être sûr qu'il accomplira bien aussi ses devoirs envers les vivants, et d'abord ses devoirs envers ses parents. Dans la famille, une discipline est nécessaire, la subordination volontaire des inférieurs aux supérieurs. Les enfants doivent obéissance aux parents, les femmes aux hommes, les plus jeunes aux plus âgés. Que l'enfant soit docile ! que la femme soit douce ! Le respect de cette discipline apparaît jusque dans les circonstances les plus communes de la vie : au repas, on sert les membres de la famille par ordre d'âge ; dans certaines familles, on appelle plaisamment le dernier-né *Monsieur Riz-Froid* : comme il est servi le dernier, le riz a le temps de refroidir avant que son bol soit rempli... Même soumission volontaire aux

à ce remarquable ouvrage, l'équivalent, pour la société japonaise, de la *Cité antique* de Fustel de Coulanges pour la Grèce et Rome.

1. Lafcadio Hearn, *Japan*, p. 54.

heures les plus graves de la vie : ce sont les parents qui choisissent la profession de leurs enfants, ce sont eux qui les marient. Le mariage, qui assure la continuité de la famille, ne peut être abandonné à la fantaisie des jeunes gens ; il doit être voulu par les parents ou les grands-parents, qui représentent, en la circonstance, les esprits des morts.

La sévérité de cette discipline est atténuée par le devoir d'aide mutuelle, qui oblige les supérieurs à se préoccuper des inférieurs, à les secourir et les consoler, à leur adoucir la vie. Enfin et surtout c'est un devoir essentiel de maintenir la famille par un mariage fécond. Il faut avoir un héritier mâle qui continue à rendre hommage aux ancêtres morts. L'opinion condamne le célibat. La stérilité de la femme autorise le mari à divorcer, ou à prendre à la maison une concubine légale pour en avoir des enfants. Une autre solution consiste à adopter un descendant. Si l'on a une fille, on peut adopter le gendre auquel on la marie. Le plus souvent la fille entre dans la famille de son mari, y est considérée comme adoptée. Le mariage est donc toujours un cas particulier de l'adoption. La fréquence de l'adoption complique à l'infini la famille japonaise. Un spirituel japonisant, le professeur Chamberlain, conseille à l'Européen fixé au Japon de s'amuser à établir la généalogie et les parentés de ses serviteurs indigènes : c'est, dit-il, la meilleure distraction pour les jours de pluie [1]...

Comme la morale familiale prescrit la subordination des individus aux traditions de la famille, la morale communale prescrit la subordination des familles aux traditions de la commune. Elle ordonne le culte des ancêtres du clan. Elle interdit les querelles, les insultes entre habitants du

---

1. Chamberlain, *Things Japanese* (London, 1902, 4ᵉ édit.), p. 18-19.

même village. Elle leur recommande l'aide mutuelle, par exemple en cas de vol ou d'incendie. Enfin elle impose avec une force accrue le respect des devoirs envers la famille. La violation de la tradition familiale est considérée comme une offense aux ancêtres du village : celui qui s'en rendait coupable était puni jadis de la peine très sévère du bannissement qui l'empêchait partout de se créer un foyer, le condamnait à une vie errante. De nos jours encore, l'opinion du village contraint chacun à accomplir toutes ses obligations envers les siens.

Au delà de la famille et du village, la nation. Avec les esprits des ancêtres de la famille et du clan, les esprits des ancêtres du Souverain. La piété filiale s'élargit en patriotisme et loyalisme. La morale nationale est à base religieuse : les îles japonaises ont été créées par Izanagui et Izanami, le Japon est *le pays des Dieux* ; la race japonaise est une race privilégiée, d'origine divine ; le Mikado descend de la Déesse du Soleil, il est le roi et le grand-prêtre, l'incarnation du divin. Le Japonais doit obéir en toute circonstance à la volonté du Mikado. Il doit respecter l'autorité, se soumettre à ses supérieurs, dans la société exactement hiérarchisée. Il doit être toujours prêt à tout sacrifier au Mikado et à la nation que le Mikado représente : tout, ses biens, sa liberté, sa vie, sa famille même.

Enfin à l'égard de tous les *Kamis*, quels qu'ils soient, le Shintoïsme prescrit le devoir de purifier son cœur et son corps pour les honorer. Il faut purifier son cœur, se reprocher d'avoir offensé les esprits même sans en avoir eu conscience. Et il faut se présenter au temple ou à la chapelle domestique le corps propre. La propreté physique est considérée comme un devoir religieux.

Vénération du passé, culte des morts, reconnaissance

aux ancêtres, respect des vieillards et des parents, discipline volontaire, aide mutuelle, patriotisme et loyalisme,
propreté et pureté, ces sentiments, nés du Shintoïsme, sont
la base de la vie morale — et de la morale — des Japonais.

*
* *

La première religion étrangère importée au Japon y vint
de Chine : le Confucianisme. Il y pénétra, avec toute la
civilisation chinoise, au début de l'ère chrétienne. Son
influence fut limitée à quelques cercles cultivés jusqu'au
XVIIe siècle. A cette époque, un grand homme de guerre et
de gouvernement, le Napoléon du Japon, Iéyaçou, décida
de faire publier et répandre les classiques confucéens. Les
idées morales chinoises exercèrent une influence considérable sur l'éducation ; et elles favorisèrent l'établissement
d'une monarchie centralisée.

Le Confucianisme est moins une religion qu'une philosophie ; et c'est une philosophie agnostique ou positiviste. A
quoi bon s'occuper des choses du ciel, dont nous ne pouvons rien savoir ? Les choses de la terre sont si difficiles à
comprendre et si importantes qu'elles méritent d'attirer
toute notre attention. Ce positivisme convenait bien à l'esprit
japonais, assez peu métaphysicien. Surtout la morale confucéenne, familiale et conservatrice, s'adaptait bien à l'âme
japonaise, formée par le Shintoïsme à l'amour de la famille
et au respect du passé. Le Confucianisme a agi dans le
même sens que le Shintoïsme.

Le Confucianisme recommande lui aussi le culte des
ancêtres, la fidélité au souvenir des morts. Il met lui aussi
au premier plan la piété filiale. Le livre de morale favori
du peuple japonais est un recueil de légendes intitulé les

Vingt-quatre modèles de piété filiale. L'un de ces modèles,
à la peau très délicate, repose la nuit sans moustiquaire,
pour attirer sur lui tous les moustiques de la maison et
assurer ainsi à ses parents un sommeil sans trouble. Un
autre est tyrannisé par une belle-mère méchante et gour-
mande qui adore le poisson : l'hiver il va s'étendre tout nu
à la surface glacée d'un lac ; la chaleur de son corps fait
fondre la glace, des poissons s'approchent pour respirer, il
s'en empare et les porte à sa belle-mère. Un autre modèle
de piété filiale, âgé de soixante-dix ans, a des parents
presque centenaires qui s'affligent de leur extrême vieillesse : alors il s'habille en bébé, se traîne sur le sol comme
s'il ne pouvait pas encore marcher, pour suggérer à ses
parents l'illusion bienfaisante qu'ayant un enfant si jeune
ils ne peuvent être si vieux !

Le Confucianisme rattache à la piété filiale le devoir de
respecter toute autorité, le devoir de respecter le supérieur,
le maître, le chef. Le maître, le professeur, c'est « le père
de l'esprit ». Le chef a les droits du 'père. Il faut manifester le respect du supérieur par une extrême politesse et un
absolu dévoûment. Le Confucianisme a contribué à développer le goût des formules aimables, des gestes courtois.
Surtout il a recommandé de pousser le loyalisme chevaleresque jusqu'au sacrifice de la vie. A tout prix il faut venger son maître victime d'une offense : on ne peut « vivre
sous le même ciel » que l'insulteur de ses parents, de son
professeur, de son chef. Si l'on échoue dans cet effort de
vengeance désintéressée, ou si l'on risque un châtiment
pour avoir accompli ce devoir, il est beau de se tuer, en
s'ouvrant le ventre : c'est le célèbre *harakiri*.

La morale confucéenne du respect de l'autorité, du
dévoûment au chef, de la vengeance obligatoire, a beaucoup

contribué à former le vif sentiment de l'honneur qui caractérise la féodalité japonaise. On appelle *bouchidô* le code
moral chevaleresque qui déterminait lès rapports des suze-
rains, les *daïmyos*, et de leurs vassaux, les *samouraïs*[1].

L'une des plus belles expressions du sentiment de l'honneur japonais, c'est l'histoire, si populaire au Japon, des
quarante- sept *rôninns* (sortes de chevaliers errants) : récit
authentique d'un fait qui s'est passé au début du XVIIIᵉ siècle.

Le seigneur Açano, insulté par son ennemi Kira dans
le palais du Shogoun, tire son épée et s'apprête à le tuer ;
mais celui-ci trouve son salut dans la fuite. Pour ce scandale, Açano est condamné à commettre *harakiri*. Ses vassaux, dispersés, deviennent chevaliers errants. Mais ils
jurent de venger leur maître. Pendant deux ans ils en cherchent l'occasion. Par une nuit de neige, ils forcent les
portes du château de Kira, coupent la tête du mauvais
seigneur. Avant de porter cette tête sur la tombe de leur
chef, ils la lavent, parce qu'un inférieur doit se présenter
propre devant son supérieur, et que Kira est devenu l'inférieur d'Açano. Avec la tête coupée, ils déposent sur le
tombeau de leur maître l'épée vengeresse et une lettre
expliquant leur acte. Condamnés à mort, ils commettent
harakiri. On les enterre à côté de leur chef... Depuis deux
siècles, les Japonais vont en pèlerinage brûler des baguettes
d'encens sur les tombes de ces héros ; aujourd'hui encore
ils continuent à s'y rendre, y déposent leur carte de visite...

*
* *

Le Bouddhisme fut apporté aux Japonais par les Coréens
qui l'avaient reçu des Chinois. Introduit au VIᵉ siècle de

---

1. Voir l'ouvrage (écrit en anglais par un Japonais), *Bushidô, the
Soul of Japan*, par Nitobe.

notre ère, il exerça une immense et profonde influence surtout à partir du ix⁰ siècle. Il agit sur les idées morales et
les méthodes d'éducation ; il modifia la vie sociale ; il créa
la poésie dramatique, la sculpture, la peinture, la gravure,
tous les arts du Japon. Les prêtres shintoïstes ne prêchaient
ni n'enseignaient ; les temples shintos étaient d'une simplicité toute nue, silencieux et vides. Le Bouddhisme agit
par la prédication de ses moines, par l'enseignement de
ses écoles, par l'attrait des œuvres d'art décorant ses
temples. Il a été la religion dominante jusqu'à la révolution
de 1868, après laquelle l'Église bouddhique fut séparée de
l'État. Cependant la plupart des Japonais continuent à participer en même temps aux cérémonies shintos et boud-
dhiques ; d'ordinaire, on présente les enfants, un mois
après leur naissance, au prêtre shinto, mais on se fait enter-
rer par le prêtre bouddhiste. Plusieurs Japonais cultivés se
rattachent plutôt au Bouddhisme, qu'ils considèrent comme
la religion la mieux adaptée à l'esprit moderne.

Il n'y a pas lieu d'étudier ici en détail ce que fut le
Bouddhisme du Bouddha, ce qu'est le Bouddhisme orthodoxe de Ceylan ou de la Birmanie. Le Bouddhisme est
avant tout une métaphysique et une morale de la douleur.
Dans cette vie passagère, il n'y a que souffrance : souffrance de la maladie, souffrance de la vieillesse, souffrance
de la mort, souffrance provenant de l'instabilité des choses
et de l'inconstance des sentiments. L'origine de la souffrance, c'est la soif d'existence : après la mort, nous nous
réincarnons sous d'autres formes, parce que nous tenons
à survivre ; ces réincarnations constituent un progrès ou
une déchéance, selon que nos vies antérieures ont été
meilleures ou pires. Comment mettre fin à cette succession
d'existences douloureuses ? Il faut tuer en soi le désir d'exis-

tence. Alors on atteint à l'anéantissement de l'individualité, à la dissolution de.toute vie personnelle, au Nirvâna.

Le Bouddhisme orthodoxe heurtait sur bien des points la conscience japonaise toute pénétrée de Shintoïsme. Le Shintoïsme admet une infinité de Dieux, les *Kamis*; le Bouddhisme peut' être considéré comme une religion athée : car, s'il y a des êtres supérieurs qu'on appelle Dieux, ils ne jouent dans le monde aucun rôle ; et le Bouddha n'est pas un Dieu, c'est un Révélateur et un Sauveur, Celui qui sait et qui délivre. D'autre part, le Shintoïsme admet la survivance permanente des esprits des morts, sans punition ni récompense ; idée toute contraire à la théorie bouddhique des transmigrations.

Le Bouddhisme dut se modifier pour s'adapter à la conscience japonaise. Un conciliateur intelligent le rapprocha du Shintoïsme, Koukai, plus connu sous le nom de Kobodaïshi, au début du ixᵉ siècle. Il déclara que les grands Dieux shintos sont des incarnations du Bouddha : les esprits des morts, divinisés par le Shintoïsme, ne doivent-ils pas tous, selon le Bouddhisme, parvenir un jour à l'état de Bouddha ? Puis le Bouddhisme accorda au Shintoïsme que les esprits des morts habitent auprès des vivants pendant une centaine d'années : ensuite ils se réincarnent, recommencent une existence nouvelle...

Le Bouddhisme s'est adapté, par une autre transformation, au tempérament plutôt optimiste des Japonais. Les bouddhistes japonais ont négligé de plus en plus la métaphysique pessimiste du Bouddha. Dans la prédication populaire, l'idée du Nirvâna ne joue aucun rôle. Tout l'effort se concentre sur la morale. Aujourd'hui même il se produit au Japon une curieuse évolution du Bouddhisme, dans la secte la plus florissante, le *Shin Shou.* J'ai eu

l'occasion de m'entretenir à Kyoto, au temple Nishi Hon-
gandji, avec l'un des plus intelligents prêtres de cette secte,
ancien élève de notre Sorbonne, Ryanon Foudjishima : ce
néo-Bouddhisme a cessé d'être une religion ultra-métaphy-
sique, ascétique, antinaturelle, c'est une sorte de religion
laïque, purement morale, justifiée par ses avantages nationaux et sociaux.

Dans la morale japonaise, faite d'éléments shintos et confucéens, noble et haute, mais trop hiérarchique, trop raide
et sévère, le Bouddhisme a introduit un esprit nouveau de
bonté égalitaire, de pitié, d'humaine tendresse.

Le Bouddhisme japonais recommande la résignation aux
souffrances personnelles et la pitié pour les souffrances
d'autrui. Il faut éviter de faire souffrir même les animaux :
c'est après l'introduction du Bouddhisme que les Japonais
ont renoncé à la nourriture animale, faisant une seule
exception, peu bouddhique, au détriment des poissons. A
l'égard des autres hommes il faut être poli, bienveillant,
dévoué, charitable.

Parmi les êtres sacrés du Bouddhisme, ceux que préfèrent
les Japonais, ceux qui leur servent de modèles, ceux dont
la statue se dresse aux carrefours et dont l'image sourit
dans les temples, c'est surtout Djizô et Kouanonn. Djizô
est l'ami des enfants, qui les aide à percer leurs dents et
les berce quand ils pleurent ; c'est le compagnon de jeu
des petits enfants morts. Kouanonn est la Déesse de la
pitié, celle qui secourt les malades et les isolés, sèche
toutes les larmes, apaise toutes les douleurs [1].

Il n'est pas de légende plus séduisante que la légende

1. Kouanonn « est tout ce qui console, ce qui porte secours, ce
qui aime : sa religion semble le mystérieux panthéisme de la Pitié ».
Marquis de la Mazelière, *Le Japon, Histoire et Civilisation* (Paris, 1907),
t. I, p. 365.

bouddhique chinoise de la princesse Kouanynn, devenue la Kouanonn japonaise.

La princesse Kouanynn était très belle et très bonne. Dans sa bonté elle participait aux souffrances de tous les souffrants ; elle soulageait toutes les misères qu'elle réussissait à atteindre ; elle s'affligeait des misères lointaines qu'elle ne pouvait soulager. Souvent elle songeait aux Enfers, avec une infinie tristesse ; elle vouait une pitié sans borne aux damnés coupables et malheureux, torturés dans leur corps et dans leur cœur. Un jour elle descendit aux Enfers : alors un miracle s'accomplit. La princesse Kouanynn était si belle et si bonne : à son approche les damnés cessaient de souffrir ; une joie mystérieuse emplissait leurs pauvres cœurs ; ils souriaient en la voyant passer souriante. Une lumière très douce brillait autour d'elle. Des fleurs poussaient sous ses pas. Par sa seule présence, elle avait transformé le lieu de supplices en lieu de délices, les Enfers en Paradis...

* *

Shintoïsme, Confucianisme, Bouddhisme : à ces trois grandes religions sont empruntées toutes les idées dont l'ensemble constitue la morale japonaise. Ces idées ont modelé la vie intellectuelle et sentimentale, les mœurs et les coutumes du peuple : l'idéal moral a créé une moralité réelle. Tous les traits caractéristiques de la vie matérielle et de la vie intérieure des Japonais s'expliquent par de telles influences : la propreté, la simplicité, la politesse, la profondeur du sentiment familial, l'ardeur du sentiment national, l'amour passionné de la nature.

La propreté. Dans presque toutes les maisons, dans

toutes les auberges, il y a une salle de bains. Et les bains
publics abondent. Le Japonais de la condition la plus infé-
rieure se baigne au moins une fois par jour ; beaucoup se
baignent trois ou quatre fois. On a remarqué que la foule
japonaise est la plus propre du monde : elle ne dégage
jamais qu'un léger parfum de géranium !... Cette propreté
japonaise n'est certes pas une importation de l'Europe ;
ce n'est pas non plus une importation de la Chine, à
laquelle, pour tout le reste, le Japon doit tant. Il faut en
savoir gré au vieux Shintoïsme, exigeant qu'on se présente devant les esprits des morts le corps propre comme
le cœur pur.

La simplicité de la vie matérielle est frappante. Une
maison de bois et de papier. Dans la chambre rien que des
nattes, et qu'une petite alcôve aux œuvres d'art ; pas un
seul meuble. Les meubles n'apparaissent que pendant le
temps qu'ils sont utiles : coussin pour s'agenouiller, petite
table laquée au moment du repas, couvertures servant de
lit. Vêtement très simple aussi : le *kimono*, longue robe
à manches pagodes, dont la forme est traditionnelle et
immuable, pour les hommes comme pour les femmes ; à
part les peignes et les épingles des femmes, pas un seul
bijou. Comment expliquer cette simplicité de la vie matérielle ? Par des raisons d'ordre économique, la pauvreté
du pays, et des raisons d'ordre esthétique, l'horreur du
luxe inélégant, un goût très sûr du beau simple ; mais
aussi par des raisons morales. Le Shintoïsme et le Confucianisme, en prêchant la reconnaissance envers le
passé, apprennent à respecter les biens créés par le travail des morts, à ne pas les gaspiller égoïstement. Le
Bouddhisme recommande à l'individu de chercher, par
bonté, à ressembler aux autres plutôt qu'à se distinguer

d'eux : c'est proclamer la valeur morale de la simplicité
égalitaire.

Tous les voyageurs s'accordent à louer l'exquise politesse des Japonais. Salutations respectueuses et prolon-
gées : debout, on se courbe très bas, en faisant entendre
une sorte de sifflement de plaisir ; assis ou agenouillé, on
se jette à plat ventre, le visage contre la natte. Formules
étranges, amusantes et séduisantes : « Condescendez à
me donner de l'honorable riz, ou de l'honorable thé ».
Perpétuel sourire : on se maîtrise pour ne pas attrister
les autres en leur révélant ses souffrances ; la plus jolie
des élégances c'est de souffrir en souriant... Cette politesse
délicieuse, d'où vient-elle ? Du Shintoïsme et du Confucianisme, ordonnant de manifester en gestes et en paroles le
respect des supérieurs ; du Bouddhisme, conseillant d'exprimer à tous les inclinations bienveillantes qu'on porte en
soi.

Le sentiment familial continue à être très fort. Les
vieillards sont toujours entourés des plus grands égards.
Au respect imposé par le Shintoïsme et le Confucianisme
se mêle un peu de tendresse bouddhique.

Le patriotisme est intense. C'est par patriotisme que les
Japonais se sont imposé la tâche énorme de moderniser
leur pays pour le rendre plus fort. Tous ceux qui ont
assisté aux récentes guerres japonaises ont célébré l'hé-
roïsme des officiers et des soldats sacrifiant sans regret
leur vie au Grand Japon et au Mikado. Dans les cœurs
des Japonais actuels continuent à vivre la croyance shinto
à la divinité de la race japonaise et l'idéal confucéen du
dévoûment poussé jusqu'à la mort.

Enfin l'amour de la nature embellit l'âme des Japonais,
anime leur joie souriante. Ils contemplent leur pays d'un

œil amoureux. Ils aiment la limpidité bleue de leur *Mer
intérieure*, la pureté des neiges éternelles du Foudji Yama,
le mystère des forêts sacrées de Nikko et de Yamada.
Ils prêtent divers degrés de beauté aux pierres. Ils vouent
une particulière dévotion aux fleurs : les fêtes les plus
populaires, les véritables fêtes nationales se célèbrent à
l'occasion de l'apparition de certaines fleurs... Dans cet
amour de la nature on retrouve la double influence du
Shintoïsme et du Bouddhisme. La mythologie shinto a
enseigné aux Japonais la valeur infinie de leurs îles, nées
d'amours divines. Le Bouddhisme, philosophie de l'imper-
manence, les a conduits à apprécier ce qu'il y a en un
paysage de plus éphémère, de plus changeant, les nuances
fuyantes des choses, le mouvement des brumes légères,
les reflets des rayons de lune ; les spectacles naturels
qu'admirent le plus les Japonais sont d'une mélancolique·
brièveté : en automne la splendeur des feuilles rougies
des érables, en hiver la magique beauté de la neige, surtout au printemps la grâce éclatante des fleurs de pruniers
et de cerisiers.

*   *
*

Dans la moralité japonaise actuelle, autant il est facile
de retrouver la marque des grandes religions nationales,
autant il serait malaisé de découvrir la trace de conceptions européennes. Le Christianisme, la morale ou les
morales européennes, ont fait peu de progrès, ont exercé
peu d'influence dans le Japon modernisé. C'est que la
civilisation européenne a été, en partie, adoptée par les
Japonais, pour des raisons d'ordre matériel, non pour
des raisons d'ordre sentimental. L' « européanisation »

du Japon n'est pas générale et superficielle ; elle est volontairement limitée. Consciemment les Japonais ont sur certains points repoussé, sur d'autres accepté l'influence de l'Europe. Ils ont tenu à conserver tout l'essentiel de leur civilisation antique, depuis la vie matérielle jusqu'aux traditions morales et religieuses. Ils n'ont emprunté à l'Europe que ce qui fait les États européens forts et indépendants : armée, marine, administration, commerce, industrie, enseignement. Toutes ces imitations procèdent de l'énergique volonté qu'a ce peuple de rester libre pour garder sa propre façon de vivre et sa propre façon de penser. Les Japonais ne se sont transformés que pour pouvoir conserver leurs chères habitudes. Le Japon s'est européanisé contre l'Europe, pour rester mieux japonais [1].

L'européanisation du Japon est un hommage rendu à l'excellence de la morale japonaise.

L'Europe a donné au Japon sa science et sa puissance : est-il téméraire de souhaiter qu'en échange le Japon donne à l'Europe quelques-unes de ses idées morales ou plutôt de ses vertus? Nous aurions intérêt à emprunter aux Japonais quelques-unes de leurs qualités nobles ou charmantes, la reconnaissance envers les morts, le respect des vieillards, la propreté minutieuse, la politesse souriante, l'amour de la beauté de la nature.

Nous devrions tâcher de concentrer en nos consciences tout ce qu'il y a, dans la Vie universelle, de raison, de sagesse et de bonté.

---

1. J'ai développé et essayé de justifier ce point de vue dans l'ouvrage, *Au Japon et en Extrême-Orient* (Paris, 1905).

TABLE DES MATIÈRES

ÉVREUX, IMPRIMERIE CH. HÉRISSEY ET FILS